新时期
高等职业教育管理研究

王 帅 郭媛媛 刘丰铭 / 著

SPM 南方传媒 | 广东人民出版社
·广州·

图书在版编目（CIP）数据

新时期高等职业教育管理研究 / 王帅，郭媛媛，刘丰铭著 .-- 广州 ：广东人民出版社，2024.6.-- ISBN 978-7-218-17663-5

Ⅰ.G718.5

中国国家版本馆 CIP 数据核字第 202453NM95 号

XINSHIQI GAODENG ZHIYE JIAOYU GUANLI YANJIU

新时期高等职业教育管理研究

王 帅 郭媛媛 刘丰铭 著

出 版 人： 肖风华

责任编辑： 马妮璐
责任技编： 吴彦斌
装帧设计： 马静静

出版发行： 广东人民出版社
地　　址： 广东省广州市越秀区大沙头四马路 10 号（邮政编码：510199）
电　　话：（020）85716809（总编室）
传　　真：（020）83289585
网　　址： http://www.gdpph.com
印　　刷： 北京亚吉飞数码科技有限公司
开　　本： 710mm×1000mm 1/16
印　　张： 18.25　**字　　数：** 327 千
版　　次： 2025 年 1 月第 1 版
印　　次： 2025 年 1 月第 1 次印刷
定　　价： 92.00 元

如发现印装质量问题，影响阅读，请与出版社（020-85716849）联系调换。
售书热线：（020）87716172

前　言

我国高等职业教育历经30多年的发展，已由规模扩张阶段进入高质量发展时代。30多年的发展实践证明，办好高等职业教育的关键和核心在于建立有效的管理体系。高等职业教育管理体系主要是通过多样化的管理方式来维持教学秩序，完善高素质技术技能型人才的培养目标。高等职业教育管理既包括行政管理工作，更涉及人才培养各个环节的管理工作，其主要内容包括教育教学、性质特征、发展规律等，重点内容是教育教学，关键因素是教师管理，最终目的是提高教学效率和质量，原则是使管理具有科学合理性和快捷实效性，进而服务区域发展。简而言之，高等职业教育管理体制既要培养教师、学生以及管理者的综合素养，也要提高教学质量，实现高素质技术技能型人才培养质量和综合办学实力提升的目标。只有这样，高等职业教育才能更好地适应新时期经济转型的需求。

目前，我国高等职业教育与普通教育具有同等重要地位，是高等教育的“半壁江山”，但高等职业教育管理无论是宏观层面的行政管理，还是微观层面的学校管理以及中观层面的教师管理都存在一系列突出的、亟待解决的问题。新时期高等职业教育管理体系改革需要灵活处理政府机构、社会、企业和用人单位以及学校的关系，可基于教育行政管理、办学体制和学校内部治理等方面进行改革。

我国高等职业教育发展起步较晚，管理体系缺少积淀，而国际上又已经形成了多种职业教育管理理念和模式，每种体系下都有相应的教学模式和理论，并获取了一定的成就。在新形势下，我们不仅要借鉴国外成功案例和经验，并将其应用于我国，还要根据我国实际发展情况进行相应的调整和优化，这样才能更好地提高我国高等职业教育管理体系的质量。

本书以高等职业教育管理为研究对象，力求从理论和实践上对教育管理进行研究，为新时期高职院校实施教育管理提供理论依据和实践指导，从而逐步形成科学的、完善的、具有高等职业教育特色的管理体系。全书共八章，第一章对新时期高等职业教育管理体系系统性建设的相关理论、主要任务、创新维度及改革实践进行了阐述；第二章阐述了高等职业教育高质量发展的内涵及影响因素、高等职业教育高质量发展的重点，研究了高等职业教育高质量评价；第三章对新时期高等职业教育管理信息化进行了研究；第四章至第七章从高等职业教育专业建设与发展、教学管理、教师管理、学生管理等方面对新时期高等职业教育管理进行详细的论述；第八章从高等职业教育服务区域发展的角度对新时期高等职业教育管理进行探索。

本书内容新颖，体系完整，重点突出，条理清楚，全方位、多维度、深层次地对高等职业教育管理进行了探究。我们致力于在理论层面进行创新，使理论更好地与实际联系，建立一个有效、全面、科学的研究体系。

本书第一、五、六、八章由华中师范大学教育学院博士生、河南机电职业学院教师郭媛媛编写；第二、四、七章由华中师范大学教育学院博士生、信阳师范大学教师刘丰铭编写；第三章由华中师范大学博士生导师、教授王帅编写。

本书在撰写过程中得到了学校领导、校内校外专家学者以及关注高等职业教育管理发展的同人们的帮助与指导，在此表示诚挚的谢意。由于作者水平有限，书中难免存在疏漏与不足之处，敬请同行专家及各位读者批评指正。

作者

2023年7月

目　录

第一章　新时期高等职业教育管理体系系统性建设

高等职业教育管理系统是一个复杂的非线性系统，主要表现为高等职业教育多部门、多层次、多环节、多主体之间矛盾的差异性和统一性。新时期高等职业教育的主要目标是为社会主义现代化建设培养高素质技术技能型人才，促进我国产业结构优化升级和经济转型，提高我国劳动者的技能水平和综合素质，有力地推动我国发展为社会主义强国。在《中国制造2025》规划的背景下，社会经济发展已进入转型升级的阶段，智能化、数字化不断融入工业生产及管理过程，这也就使得社会经济发展亟须大量的技能型人才，这为高等职业教育的发展提供了肥沃的土壤。我国高等职业教育经过三十多年的发展，在完善高等教育结构体系、促进高等教育大众化方面发挥了举足轻重的作用。因此，正确分析高等职业教育管理体系建设的功能、类别、特点和方法，梳理新时期高等职业教育管理主要任务与创新维度，对系统性建设高等职业教育管理体系具有重要的现实意义。

第一节 新时期高等职业教育管理体系建设的功能、类别、特点和方法

现代职业教育体系适应地区区域经济社会发展的需求，主要由中职、高职、应用本科、专业研究生教育四个部分组成，四个部分具有整体性、衔接性。对于我国职业教育来说，高等职业教育作为兼具中国特色和符合世界标准的职业教育体系，占据着非常重要的地位，展现出蓬勃发展的势头。有关统计数据显示，截至2022年5月31日，全国高等职业院校共计1521所；根据中国教育部公布的数据，2022年全国高等职业院校在校生总数约为1670.90万人，高等职业院校的数量和在校生数量在我国高等教育领域占比较大。“十四五”期间，高等职业院校在办学条件建设、师资队伍建设、专业建设、课程与教学方法改革、实训基地建设、校企合作、工学结合人才培养模式改革等方面取得显著成效。在教育部持续践行“国家示范性高等职业教育建设计划”中，打造了一批处于领先水平的职业院校；发展“教育质量与教学改革”工程，成立了一批特色鲜明、品牌突出的特色专业打造出许多精品课程、优秀教学团队、人才培养创新试验区、教学名师。同时，不同省市的教育部门带头进行省级示范性职业院校建设、倡导推动“教育质量与教学改革”工程、多元主体共建市域产教联合体建设，[①]许多高等职业院校走上了与中小企业合作、共同培养人才的改革之路。2022年以前的十年中，职业院校（不包括技工学校）培养了7900多万毕业生，为我国社会经济与现代化建设生产、管理、服务等方面输送了大量第一线高端技术技能型人才。回顾30多年的发展，我国的高等职业院校几乎都经历了规模式发展、内涵式发展、品牌式发展这三个阶段，学校的办学定位和具体决策经历了阵痛、改革、发展的过程，将学校的教育水平提升到一个新的水平。同样，现代职业教育的发展给高等职业教育的发展带来了新的机遇和挑战，高等职业教育的发展也面临着新的定位和决策过程。

① 郭媛媛，王帅. 多元主体协同视角下市域产教联合体建设：内在机理、实然困境和应然路径[J]. 职业技术教育，2023（8）：41-49.

一、高等职业教育管理体制的功能

高等职业教育管理体制指的是与高等职业教育相关的组织制度、隶属关系、职权划分等方面的体系和制度，从根本上来说可以解决高等职业教育有效运转的问题。高等职业教育是与地方经济和社会发展相辅相成、融为一体的“生活教育”“生存教育”和“发展（包括就业、创业等）教育”。[①]从静态维度看，职业教育管理体制是隶属于职业教育系统的组织体系；从动态维度看，职业教育管理体系属于运行机制，二者相互融合成为一个统一体。职业教育管理体制的功能主要包括以下四个方面。

（1）领导指挥。在管理体制中，职业教育管理者可以行使国家所赋予的权力，从而更有效地开展职业教育。

（2）权力分配。依靠相应的管理制度，职业教育活动中的主体遵守一定的规则，弄清不同主体具有的权利和义务，确保职业教育活动的正常开展。

（3）分工协作。管理体制一方面是不同教育因素在职业教育系统中共同发挥作用的表现，另一方面也是不同教育因素分工协作的表现。

（4）提高效率。追求效率是组织结构发展的重要方面，对管理体制的构建和改革具有重要意义。

二、高等职业教育管理体制的类别

从职业教育的发展来看，仅有教育部门的推动是表层的和难以可持续发展的，必须有政府、企业、学校和个人（包括学生和家长）需求等至少四个支柱的共同支撑。[②]高校的管理体制从管理层面来看是上层建筑的一部分，根据经济学有关原理，其改革和发展会依赖经济基础和生产力水平的发展，反过来，它的发展也会促进生产力水平的提高。我国高等职业教育管理体制的类别可以从主办者或按照举办主体两个角度入手加以分类。

---

① 程方平. 教育能真正改变吗？[M]. 南京：南京师范大学出版社，2011.

② 程方平. 教育能真正改变吗？[M]. 南京：南京师范大学出版社，2011.

（一）按照主办者进行分类

按照主办者进行分类，高等职业教育管理体制可分为地方政府主办的管理体制、行业企业主办的管理体制、民间投资主体主办的管理体制三种。

1.地方政府主办的管理体制

我国高等职业院校从管理体制来看，多数情况下是地方政府主办，具体来说，主要是由地方政府担任主办者、投资者、管理者。该管理体制符合我国高等职业教育产生、发展的内驱力，同时与当前企业生产需求相匹配。在经济高速发展的背景下，为了匹配生产力的发展水平，应培养满足生产、建设、服务、管理等基层工作具体需求的技术型人才。改革开放的最初阶段，乡镇工业的崛起和农村经济的迅猛发展，成功地加快了南方尤其是江苏省的工业化脚步。1973年，江苏省设立了我国第一所地方性职业大学——南通职业大学，在这之后，江苏省紧接着设立了几所地方性高等职业院校，成为我国创办的第一批高等职业院校。这些职业院校是在当地经济发展的需要下应运而生的。地方政府管理学校的具体事项，包括专业设置、干部任用、办学经费筹集等。在此之后，我国建立的高等职业院校通常采用这种地方政府主办的管理体制。

2.行业、企业主办的管理体制

我国过去的高等职业教育中，行业、国有企业设立了不少成人院校、中等专业学校。此类学校升级为高等职业院校后，通常还是由行业或企业管理。因此，该类职业院校同行业或企业存在着密切的关系，所以自身在学生实习、实训资源、专业设置、就业等方面拥有非常显著的优势。比如：由北京市大型国有企业北京祥龙资产经营有限责任公司主办的北京市商业学校，长期身处行业企业之中办学发展，不断完善校企共治、产学研训联动、制度文化融合、双向互动赋能的“祥龙职教模式”。这一模式初步形成了具有国有企业职业教育特色的代表性模式，逐步形成了互动式、紧密型、开放性的产教共同体。

3.民间投资主体主办的管理体制

由民间投资主体承担管理职责的高等院校是民办高校。中华人民共和国成立之初，有69所私立高等学校，在20世纪50年代改制成公办学校。在接下来的近三十年间，我国并未创建民办高等教育机构。直到改革开放后，我国的民办高等教育才逐渐发展起来。20世纪80年代以后，随着我国经济体制改革的推进，多种所有制形式同时存在，在教育系统，民办高等职业院校占据了很大的比例，取得了长足的进步和发展，逐渐成为中国高等教育体系中的一股重要力量。

（二）按照举办主体进行分类

按照举办高等职业教育的主体进行分类，高等职业教育管理体制可以分为以下三类。

1.由独立设置、成人高校改制、普通高等专科学校举办的高等职业教育

这几种高等院校在教育层次方面，都属于高等教育中的专科层次，具有开展高等教育的经验、完善的管理体系以及高素质的师资队伍，尤其存在部分专科学校、成人高校是由行业、企业建立的等情况，这些因素都是他们举办高等职业教育的优势所在。在很长一段时间内，不少院校没有清晰的办学定位，同时进行着传统学科教育和职业能力培育，使得这些院校缺乏明确的培养目标，严重制约了学校的发展。这类职业院校在经历了一系列的改革探索，尤其是在学校的定位发生了显著的转变后（从重视学科教育、学历教育转变为重视技术技能的高等职业教育），高等职业教育步入了新的发展时期。

2.由普通本科院校二级学院举办的高等职业教育

20世纪90年代中后期，普通本科院校开始通过成立二级学院来进行高等职业教育。在该时期，高等职业教育已经发展了近二十年，不过规模还没有发展起来，并没有得到社会大众的普遍接受。因此，由普通本科院校举办的高等职业教育具有吸引高素质学生、提升公众认知、促进职业教育发展等重要意义。比如：内蒙古农业大学职业技术学院是内蒙古农业大学二级学院。该学院是内蒙古自治区示范性高等职业院校，是自治区最早开设本科专业的高等职业院校，是自治区唯一设置硕士点、培养硕士研究生的高等职业院校。普通本科院校开展高等职业教育的优势主要包括：本科院校的学校形象、社会声誉对学生和家长来说都是重要的关注点，有助于招收更多素质较高的学生；本科院校的办学实力较为雄厚，包括师资、设备、图书等，这有助于创办高质量的高等职业教育；本科院校的科研实力较为强劲，能够为开发新技术、校企合作提供有力的支持；经过长期的办学经验积累，本科院校具备了一定的管理经验，建立了较为完善高效的管理规范，给高等职业院校教学管理提供了参考价值，为本科院校进行高等职业教育提供了有力的保障。

当然，本科院校开展高等职业教育也存在一定的问题。一方面，本科教育与高等职业教育具有明显的不同。前者是为了学科进行的学术性教育；后者是为了能力提升进行的应用型、职业型教育。其主要差异存在于专业设置、培养目标、培养模式、教学方法和师资结构等方面，对于部分普通本科学校开设的高等职业

教育来说，还没有专门的师资队伍以及教学条件。因此，与独立的高等职业院校相比，本科院校所开展的高等职业教育在教育规律的研究、实践教学的相应条件等方面都存在明显的不足。其教学活动体现出本科教学特有的方式和内容，在专业建设、课程体系建设、教学方法、管理手段等方面带有较强的学科性。[①]另一方面，本科院校的核心工作是开展高质量的本科教育，不能为了开展高等职业教育而牺牲本科教育，这势必会造成本科院校在高等职业教育方面的投入远远比不上本科教育。本科院校是否应该发展高等职业教育以及如何发展，不仅是给本科院校自身出的难题，也是相关管理部门亟须研究的问题。显然，对此不能进行简单的抉择，而是要根据地区、院校的实际情况制订相应的解决方案。例如，对于高等教育事业处于发达水平的本科院校来说，可以选择不再开展高等职业教育，而是专注于本科及研究生教育。

3.五年制高等职业教育

五年制的职业院校所招收的学生范围是初中毕业生，接受五年的职业教育，达到一定标准即可取得大专学历的高等职业教育学历。20世纪80年代至90年代末，我国有22所中专学校和技术专科学校能够进行五年制高等职业教育。发展至今，我国的很大一批院校能够开办五年制高等职业教育，现在采用的办学模式主要有两种，一种是在中专学校学习两年或三年再继续在高等职业院校学习，称为“2+3”模式或“3+2”模式；另一种是在高等职业院校学习五年，即五年一贯制模式。在理论层面来看，五年制高职能够充分利用中职学校和高等职业院校两者的教育优势，协调中等和高等职业教育，有效地去掉了冗余课程，实现在更短的教育年限内，设置更为合理的课程体系，加强职业技能的学习，减少取得专科学历的受教育年限，促进中等教育与高等职业教育的衔接。除此之外，也有利于为中职教育确定培养目标，而不至于进行应试教育，也能使部分学生不用选择走高考这条竞争压力较大的道路。这些在实际发展中起到了积极作用，不过，由于一系列的原因导致该教育模式显示出较难克服的困难。例如，“2+3”模式或“3+2”模式都包括两个办学主体，在教学计划、教学衔接方面出现了各种问题。在实践中，这导致在制定某些课程或资格措施方面重复或缺乏努力，这对学生的教育质量产生了负面影响。即使在单一的五年制职业院校制度下，学校也很难在保证职业培训质量的同时平衡中等职业教育的特点。因此，必须不断加强、整合和改进

---

① 郭玉梅.高等职业教育实践教学管理研究[M].北京：中国农业大学出版社，2009.

管理体系案例研究。

总之，进入21世纪以来，随着我国普通高等教育结构的调整，职业技术高等教育进入了新的发展阶段，多种类型的高等职业教育共同发展。目前，高等职业教育中包括普通大学的职业教育，也包括职大、电大和中专升为高职学院后的职业教育，以及民办大学的职业教育。具体的招生范围有两种，一种是普通高中毕业生，另一种是中等职业院校的毕业生。具体的培养学制有两种，一种是三年制，另一种是五年制。由于职业高等教育的层次和起点不同，教育机构、招生目标和学习制度不同，教育和培训的方法、手段和形式也不同。这不可避免地导致学生的技能、结构和特点存在差异。当然，高等职业教育突破了发展的局限性，为不同层次、不同类型的职业院校创造了更好的条件。公立和私立职业教育机构之间存在着相互丰富、共同发展的趋势。

三、高等职业教育管理体系的基本特点

高等职业教育管理是为了持续、稳定、高质量、高效地进行职业教育，在遵循有关原则的基础上，尽可能科学地统筹分配和利用一切资源。具体来说，要发挥职业教育系统中组织结构、人事、政策发挥、信息等优势，科学、民主地组织、利用系统内的人员、资金、物资、时间以及信息等，在规定时间内有效地完成各级各类职业技术人才培养任务。与普通教育不同的是，高等职业教育所培养的人才是满足经济社会发展变革和产业结构调整的需求的高素质应用型技术人员、管理人员、服务人员、技术工人和城乡劳动者，这就要求高等职业教育始终坚持终身教育理念，着力推动高等职业教育管理系统适合现代化社会变革发展需求。高等职业教育管理体系具有以下基本特点（图1–1）。①

① 廖伏树. 创新视角下的高等职业教育管理[M]. 北京：光明日报出版社，2021.

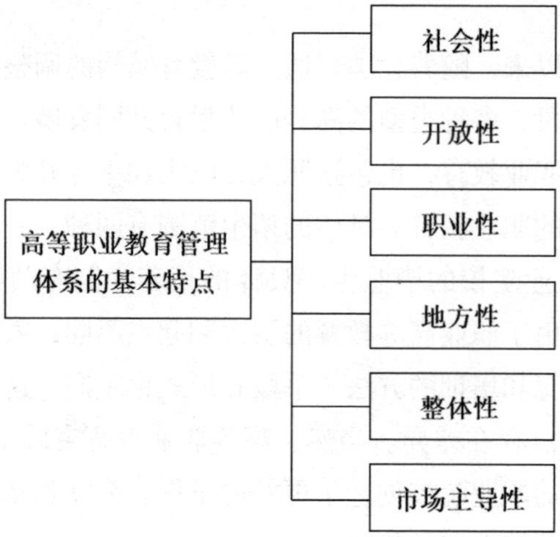

图1-1 高等职业教育管理体系的基本特点

（一）社会性

社会性是高等职业教育体系的基本特点之一。学校布局、专业环境、人才规格、教学内容等必须服务于社会经济建设及发展，同时，职业教育管理体系的全面运作依赖职业教育主管部门与其他相关部门，需要企业和社会的共同支持，职业教育的这一特点使得职业教育管理具有社会性。一方面，向社会各行各业、不同部门传播、扩散和辐射发展职业教育的责任与义务，动员全社会共同建立重视、协助、参与职业教育的社会环境和办学局面，使职业教育实现“百花齐放”的发展态势；另一方面，要引入不同的力量参与职业教育管理，与各部门、各利益相关方形成实体型的行政管理机构，实现职业教育管理的社会化。从现阶段来看，除了不同行业、企业单独建立的职业院校外，行业、企业和相关社会机构在职业教育管理方面的参与并不积极，不同层次的职业教育主管部门与许多职业院校管理机构多是由政府和学校的人员组建的，所作出的决策有一定的局限性。

（二）开放性

高等职业教育管理是一个动态的社会活动过程，同时也是助力个体成长和职业生涯发展的过程。高等职业教育管理体系设计一方面要着眼于个体职业和身心的发展，关注学生个体成长的全过程，关注学生整个职业生涯发展，遵循个体的发展规律；另一方面要服务区域经济发展，助力地方产业转型升级，具有开放性。工作维度的开放性，从宏观层面来看，是社会发展和个体发展对职业教育的客观要求，需要将实践教学贯穿始终，作为整个教学过程的重要组成部分，打造有利于提高实践技能的实习、实训基地。从微观层面来看，开放性就是要做好职业教育管理体系的衔接设计，避免高等职业教育体系的管理设置构建走向封闭，这就意味着教学形式需灵活多样。与此同时，可以让不同类型、层次的人接受职业教育，为社会培养更多的服务区域经济发展的应用型、技术技能型人才，使社会各方面的需求得到满足。

（三）职业性

职业是社会分工的产物，是高等职业教育系统管理开展的载体，同时也是职业教育的目标。职业是职业教育的一个核心概念，高等职业教育的职业属性是其不同于其他教育的最本质的特征。高等职业教育管理过程中需要凸显“职业”，正如美国教育家约翰·杜威所认为的“通过职业而教育”。[①]

高等职业教育管理的职业性要求教育管理者必须紧密结合市场需求和行业发展趋势，灵活调整人才培养方案和教学内容，以满足社会对技术应用型人才的需求。

高等职业教育管理的职业性是高等职业教育人才培养目标的重要特征之一，是高等职业教育区别于其他高等教育类型的核心标志之一。高等职业教育管理的职业性是指以培养学生从事有关专业应用性、技术性实际工作的能力为目标，推动知识向生产力转化。高等职业教育作为高等教育的重要组成部分，其人才培养目标应定位于培养生产、建设、管理和服务第一线的技术应用型人才，强调对专门知识和技术的应用能力和实践能力的培养。从经济学看，职业就意味着工作，意味着谋生手段，意味着创造社会财富的途径。为了保障社会健康发展，离不开各行各业的人才。高等职业教育致力于培养从事技术应用和操作的技能型人才、能够满足社会发展所需的各行各业的具有职业性的高素质技术技能型人才。所培养的学生能够把设计、规划、决策转化为实际产品，实际应用于工作岗位，能够

① 约翰·杜威. 民主主义与教育[M]. 王承绪译. 北京：人民教育出版社，2019.

转化为企业经济效益。高等职业教育能否在制订培养目标、办学方向时牢牢把握该定位，决定着高等职业教育是否能够可持续发展并健康运行。

（四）地方性

高等职业教育的核心作用是为当地的经济建设服务，服务区域经济发展，这也是国家的方针政策指出应以地方为主来兴办职业教育、由地方政府职能部门协调管理的原因。当前，我国经济发展水平不均衡，如城市和农村、东部和西部、沿海和内陆，职业教育管理体系的地方性表明地方职业教育主管部门承担着管理当地职业教育发展规模、发展趋势、政策导向和管理措施的落实情况等责任。进行地方职业教育管理要做到在当地产业发展现状的基础上因地制宜、因时制宜，广泛进行宏观指导和管理，赋予高等职业教育全面、系统的办学自主权。现阶段，在相关文件的指导下，地方政府正在加大探索区域职业教育管理模式改革的力度，一些地区已经取得了显著的进展。然而，对于职业院校而言，它们的管理仍然缺乏足够的自主权，一些有形或无形的限制不利于学校的发展。

（五）整体性

在职业教育管理过程中，应从整体的视角出发，统筹规划，统一管理。中华人民共和国成立七十多年来，我国建立了具有中国特色和世界水平的现代职业教育体系。按层次划分，可以分为初级、中级、高级；按类型划分，可以分为高职、高技、中专、中技、职业中学、成人中专等职业院校，以及劳动就业训练中心和社会组织的职业培训机构；按就业情况划分，可以分为职前劳动后备力量培养、职后成人提高专业教育和继续教育。①上述不同层次、类型的职业教育组织构成职业教育管理体系，具有整体性，都会承担相应的社会责任，在社会经济生活中发挥着举足轻重的作用。同时，整体性体现为不将职业教育活动进行单独管理，也体现在与其他行业的技术、劳动和人事制度的改革、完善联系起来，同就业需求和职业发展联系起来。我国职业教育管理体系形成当前布局，不同的主管

---

① 中国财政科学研究院《中央与地方间职业教育事权和支出责任划分》课题组，白景明，韩凤芹，等. 中央与地方间职业教育事权和支出责任划分[J]. 财政科学，2017（9）：68-80.

部门共同管理同一层次、同一类型的职业教育，从这一角度来说，势必会阻碍对职业教育进行统一管理。

（六）市场主导性

高等职业教育是一个面向市场、面向企业的教育类型，其管理和发展也应该以市场和企业需求为导向。然而，当前我国的高等职业教育管理仍存在行政力量干预过多、市场主体参与不足等问题，导致职业教育培养的技术人才无法完全满足企业需求。如果将行政管理权下放，让更多的市场主体参与高等职业教育的办学，实现共治共建，那么高等职业教育的薄弱现状就可以得到改变。高等职业教育管理体系在构建的过程中应坚持市场主导性。高等职业教育的办学规模、发展速度、专业设置、发展层次和教学内容是根据劳动市场对人才的具体需求（人才的数量、类别、层次、岗位技能）制订的。因此，职业教育管理必须扎根于社会的需要，以市场需求为导向，根据当前和未来社会经济发展和人们的实际需求来开展和评价高等职业教育管理，随着劳动力市场的变化及时调整办学定位。

四、高等职业教育管理体系建设的方法

高等职业教育建设现代化、高质量、科学的管理体系，确立正确的培养目标，健全管理过程需采用现代化的管理手段和科学的管理方法。常用的高等职业教育管理体系建设的方法包括调查研究法、工作激励法、行政管理法。

（一）调查研究法

高等职业教育作为我国高等教育的重要组成部分，担负着培养高素质、高技能人才的重要使命。而高等职业教育管理调查研究则是提高管理水平、提升教育质量的关键环节之一。因此，我们需要加强高等职业教育管理调查研究，不断探索新的管理模式和方法，以更好地满足社会对人才的需求。高等职业教育管理调查研究的主要目标是提高管理效率、提升教育质量，以实现高等职业教育的可持续发展。因此，我们需要加强调查研究和数据分析，不断探索新的管理方法，不断完善管理体系，以更好地实现高等职业教育管理的高效性、稳定性和科学性。

调查研究是谋事之基、成事之道，是高等职业教育管理者应具备的基本技能，同时也是高质量管理的必要的方法之一。为了显著提高管理效率，管理者一定要深入地了解管理对象，包括管理对象的历史和现状，人员的基本素质、技能和要求，工作中的有利方面和不利方面。调查研究是科学开展管理工作的基础。在进行调查研究的前提下，以此为依据确立高等职业教育管理的目标、制订相应的计划、控制管理过程、评估管理效果。进行深入的调查和研究，可以弄清现状，确定今后的发展方向，有利于管理工作的长远发展。

高等职业教育管理调查研究的方法有许多种，包括问卷调查、个案研究、小组讨论等。不同的方法有不同的优缺点，因此我们需要根据不同的研究目的和实际情况选择合适的方法。同时，我们也需要不断探索新的方法和技术，以提高调查研究的质量和效率。经常采用的调查研究方法有问卷法、直接观察法、报告法、个别访问法、开会调查法、填表调查法等，管理者可以根据具体情况决定采用哪种方法。

（二）工作激励法

工作激励法是调动高等职业院校的各级领导者和员工为实现管理目标而努力工作，通过目标激励、物质激励、情感激励、负激励、差别激励创新管理体制，充分调动其工作自觉性、积极性的重要方法。

采用工作激励法一方面应注意掌握好“质”和“量”的问题。工作激励法中涉及心理学、社会学和行为科学等方面的理论，为了更好地利用该方法，应从“质”和“量”这两方面着手。从“质”的方面来说，遵循准确、公正的原则，清楚地认识问题，准确地把握问题的本质，选择适合的方法，高等职业教育管理才能准确、公平、令人信服。从“量”的方面来说，进行工作激励要把握一定的“量”，即把握好工作中的“度”这一问题，太多或太少都不能有效地调动和保持全体人员的积极性。另一方面，采用工作激励法应讲究艺术性。这里的艺术性通常是从时间把握、形式变换上体现出来的。对于时间把握方面，不能只是一味地急于解决有关问题，也不能将一项教育活动拖延太久，必须确保教育管理活动和工作激励机制是紧密联系的，避免发生脱节。对于形式变换方面，有必要强调管理活动形式的多样性及交叉转换的使用，具体和抽象的工作必须相互结合，避免形式单一僵化。

（三）行政管理法

行政管理法是管理领域中的一种基本方法，主要指的是高等职业教育管理者通过行政手段进行规范管理、计划管理、绩效管理、领导管理、人力资源管理、财务管理。行政管理法在管理活动中发挥着重要的作用，能够帮助高等职业教育管理者实现有效的管理和运作，实现高质量管理的目的。

运用行政管理法进行高等职业教育管理能够有力地保障管理目标的实现。不过，如果不能恰当地采用行政管理法，则会违反客观规律，损害人民的利益，影响到高等职业院校的正常运行。一方面，不能滥用行政管理法。行政管理法具有强制性和权威性。由于行政手段具有强制性，体现着不同层级政权的权威，每个人都必须遵守并执行。对于高等职业教育管理来说，行政管理法的适用范围不能任意扩大，应结合实际情况在合适的方面使用，并在实践过程中不断进行改进和完善，从而与客观规律更加匹配，也更能满足高等职业教育管理的需求。另一方面，与其他管理方法结合使用。现代管理理论采用分权的方式，信息传递快速准确，沟通没有阻碍，使子系统能在充分发挥自身作用的基础上，展现出较高的积极性和创造性。行政管理法的基本特征是强制性和权威性，在管理实践过程中必然要求集中统一性。由于这一特征，再加上管理层级多、垂直指挥等，会阻碍各部门、各单位间的沟通，容易出现下一级管理人员空有职位，却缺少相应的权力，没有明确的责任等现象。行政管理法与其他方法融合能够取长补短，取得更好的效果。

总之，只有灵活运用高等职业教育管理体系建设的方法，才能促进我国高等职业教育健康发展，为社会主义建设培养合格人才，满足经济社会发展多样化的人才需求，助力区域经济高质量发展。

第二节　新时期高等职业教育管理主要内容与创新维度

教育世界在过去的几十年间一直很稳定，学校反映着他们所属社区的相对同质的以及文化上稳定的特征。然而，那样的时代已经被一个更加复杂的时代取代了。[①]新时期高等职业教育改革的重心与生存发展的价值主要在于提升人才培养质量，培养适应国家发展需要和社会需求的高素质技术技能人才，更好地为经济社会发展服务。高质量的教育管理是高职教育实现内涵式发展的关键要素。高等职业院校应立足于新时期治理体系和治理能力现代化，精准把握教育管理内容定位，不断更新教育教学管理的理念方法，创新教育管理的实施路径与策略，并能持续优化和提质增效。

一、新时期高等职业教育管理的主要内容

现代高等职业教育管理是促进教育发展和培养高素质人才的关键环节。在新时期，为了适应经济社会的快速变革和发展需求，现代高等职业教育管理必须具备全面、科学、有效的管理内容和体系。该体系包括教育思想管理、教育要素管理、教育事务管理、教育设备管理、教育环境管理以及教育质量管理等多个重要方面。这些内容构成了现代高等职业教育管理的核心要素，旨在保障教育质量、推动教育改革、提升教育效能。

（一）新时期高等职业教育思想管理

领导干部进行高等职业教育管理系统设计，使各项工作的开展能够保持正确的方向性、可持续性、及时性，放在首要位置的就是教育思想管理。高等职业教育管理在具体实施的过程中应遵循党的教育政策的总体要求，全面落实党的教育方针，以各级相关职业教育改革文件为行动指导，抓住“培养什么人、怎样培养人、为谁培养人”这一根本问题；始终坚持教育的核心目标是落实立德树人。“古今中外都把‘立德’、品德和人格养成作为重要内容，这是中国文化和中国精神非常重要的一面。”教育部部长怀进鹏于2023年7月6日在北京说：“我们希望生活在什么样的社会和世界当中，就决定了我们会选择什么样的教育。新时代中国教育的核心目标，就是落实立德树人这个最根本的任务，也是教育强国最核心的课题。”高等职业教育思想管理应在立德树人的基础上传授

① 丁钢，黄锦樟.聆听世界：多元社会中的教育领导[M].上海：华东师范大学出版社，2008.

知识、形成思想、培养技术技能和提高身体素质，凸显教育工作的社会性、科学性、继承性、创造性。党的二十大报告把教育、科技、人才统筹安排、一体部署，凸显了教育事业在党和国家工作全局中的分量。高等职业教育管理过程中要结合当前社会对于高素质技术技能型人才的需求，深入贯彻落实党和国家关于职业教育工作的部署，奋力推进高等职业教育事业持续健康发展，对全体教职人员的思想、行为和教学过程予以指导。

基于上述规定，结合教育工作的规律开展的教育研究，教育思想管理的核心任务为让教师树立健康的思想观念。包括全面贯彻党的教育方针，全面提高教学质量的思想；教书育人、管理育人和服务育人的思想；改革开放思想，理论联系实际，使教育教学满足社会主义现代化建设的要求。①

（二）新时期高等职业教育要素管理

教育的构成要素丰富多样，通常包括教师、学生、教材和教学设备等基本要素。对于某种事物或发展过程来说，若想对全局加以优化，首要的就是对个体要素加以优化管理。教育要素管理的目的在于重点提升构成要素的质量，也就是均衡提升教师、学生、教材和教学设备的质量；致力于使教育要素实现全面优化。根据管理理论可知，要做到一流的工作品质，需要合理的组合和规律的工作，然而，仅仅对个体加以优化，不代表完成了全面优化。

在此基础上，要素管理的内容既要注重个体优化，也要注重整体优化，即实现不同要素的合理组合，确保常态化运作，这是一项管理任务。教育要素管理主要是通过计划决策、组织实行、检查指导、总结提高以及实验改革等活动逐步完成的。

（三）新时期高等职业教育事务管理

教育事业的规模和发展速度越快，它占有的人力资源、物质资源和经费越多，教育管理包含的内容越烦琐，越具有挑战性。②新时期高等职业教育日常事

① 郭芹，方来，高春艳. 现代教学管理与校园建设研究[M]. 长春：吉林人民出版社，2020.

② 陈桂生. 聚焦教育价值[M]. 北京：教育科学出版社，2011.

务管理是高等职业教育管理过程中不可忽视的重要内容。高等职业教育管理服务于教学，又管理着教学，能够有力地保障学习秩序、教学质量。高等职业教育事务管理是具体而复杂的，既具有较强的专业性和业务性，又具有强烈的政策导向，许多任务必须通过行政手段完成。高等职业教育事务管理涉及不同方面，具体包括：招生编班、学籍管理和档案管理；教学计划、教学大纲、教材的具体使用，教师工作的分配和使用，教学日历、教学活动的制定和安排，作息时间表、课程表、周活动表的制定及调整；开展教学督导、教学评价、教学经验交流等重要教研活动；创造并提供基本的学习条件，如教材和教学设备；建立和改革教学指挥系统、教学科研机构和教学管理制度。这些任务错综复杂，但都是基本、例行的教育事务管理，每一个任务都决定着教学工作是否开展良好，教学质量是否得到提升，教学秩序是否正常运行，教育政策是否落到实处。

高等职业教育事务管理为常规管理的内容，应尽可能实现标准化、规范化、现代化、可持续化。为了更好地开展这一工作，需要充分发挥教务处的职责。充分发挥教务处管理职能部门的重要作用，在学校的教学行政和教学工作方面起到至关重要的作用，例如指引、控制、参考、调研、评估、服务等。以上工作要求更加凸显教务处工作对学校的教学行政管理的重要性。

（四）新时期高等职业教育设备管理

高等职业教育的教育设备包括实验室、图书馆、计算机室、语言教室等。可将其简单分为传统教育设施和现代教育实施，在实际教学中灵活使用这些设施能够达到更好的教学效果，助推教育教学水平高质量提升。每个教育设备均在教学过程中发挥着独一无二的作用。实验室是开展应用研究与实验研究的重要场所；图书馆是学校的信息资源库；基于计算机硬件设备的电子教育可以摒弃落后的学习方式，跟上时代的步伐；语言教室是进行文科实验的基地。这些设备保障是构成不同于传统教育的现代教学体系的重要条件。

与此同时，教育设备的管理必须规范化和现代化。对传统教学的改革需要重视教育设备的配备及更新，而对教育设备的建设、使用和管理有助于建立系统化的高等职业教育管理平台。

（五）新时期高等职业教育环境管理

教育环境管理是高等职业教育管理的基本要素和重点研究问题。高等职业教育活动是在相应的教育环境中实施的，在学校场域、企业场域、社会场域等多场域下进行教学活动。教育环境会影响教学活动的开展情况，同时，不同外部因素会促使教育活动形成多样化的发展方向。目前，社会生产力和科学技术方面的发展日新月异，带动着学校的不同设施都上了新台阶，社会信息呈几何级数增长，学校面对的教育外部环境更加多元化，使其在教育管理方面受到更加深刻的影响。总体来看，如何更科学地看待教育环境在高等职业教育中的地位，如何建设更适合高等职业教育发展的多场域教育环境，以更好地匹配教学过程，是现代高等职业教育管理中需要重点探讨的问题。

（六）新时期高等职业教育质量管理

稳步提升高等职业教育质量是高等职业教育管理的出发点和目标。在高等职业教育管理中采取的行动需围绕如何提升教育教学质量和人才培养。质量是教育的首要追求，进行质量管理是综合处理上述各种管理任务的系统性提升。教育质量管理是以高质量发展为导向，在教学过程中实施的，通常涵盖了制定质量标准、质量检查与评价、质量控制、质量分析等方面，这些因素相互配合，共同发挥提高教育质量的作用。具体来看，进行教育质量管理应从三个方面着手。首先，制定质量标准，这是进行教育质量管理的首要内容。其次，进行教育质量控制，质量控制是在实施教育质量标准的过程中监督其是否符合相关规定。最后，对教育质量进行评估，质量评估是全面评价教育过程和教学成果的质量，也是衡量质量控制有效性的工具。

二、新时期高等职业教育管理的创新维度

新时期高等职业教育管理要注重创新，与时俱进地适应社会变革和经济发展的需要，不断提高教育质量和培养效果，为国家经济发展提供人才支持和智力支持。新时期高等职业院校教育管理的创新可以从以下几方面着手展开。

（一）从功能管理向效能管理的创新

进行高等职业院校教育管理工作往往是基于具体的功能加以划分，并在此基础上设置管理组织结构，例如，高等职业院校主要承担着教育功能、政治功能、经济功能、文化功能等，据此可以相应设定开展教学管理、行政管理、经济管理和校园文化管理等的目标。不过，即便实现了以上目标，也不能使教育管理效能有质的飞跃。现阶段，高等职业院校教育管理要处理的任务越来越复杂、难度升级，管理者应尽可能地发挥现有驾驭管理资源的作用来提升管理效能。因此，进行高等职业院校管理时应积极设定效能目标，结合实际完善组织管理目标，逐渐形成更加科学合理的教育管理机制。弄清楚管理工作的方法，逐步建立效能管理模式。例如，职业院校的不同专业能够共同使用教学楼、实验室、图书馆以及教师等资源，使教育资源得到有效利用，不用刻意区分不同专业使用哪些资源，使用过程中合理分配教育资源。进一步地，为了建立起符合实际要求的高等职业院校效能管理模式，学校应重视目标管理、全面质量管理、科学教育评价等教育管理方式，从根本上提高学校教育管理活动的质量。[①]

（二）从职能部门管理向整体优化管理的创新

以系统论的角度来看，整体大于部分之和。自高等职业院校创立开始，都是按照不同的职能划分进行教育管理的，根据教育管理工作的特定任务设置相应的部门，包括行政管理部门、教学管理部门、后勤服务部门、校园文化管理部门等。多年来，在这一管理模式的指导下，学校的各项工作安排得井井有条，部门及员工的职责和职位也相对明确，但很容易导致不同部门之间形成小团体，在某些情况下，学校的教学主管部门可能会发现难以与其他部门实现统一指导和有效合作。例如，一所学校的财务部、人力资源部和教学管理部门从根本上来说是独立的，在有冲突发生时，每个部门很有可能互相推诿，造成内部摩擦。因此，本位主义和小团体思想将变得更明显，长此以往，高等职业院校的教育管理目标便不容易实现。以整体优化管理的思路开展教育管理工作，对学校教育管理人员提出了一些新标准和评价方式，他们不易被过去的职能管理模式限制住。学校教育

---

① 许旭丹. 高等职业教育管理创新模式及应用实践探究[J]. 湖北函授大学学报，2018，31（9）：3-5.

管理人员积极主动地学习现代化的管理思想，各部门形成从学校大局考虑的意识和系统性的思维，在一些部门产生利益冲突的情况下，必须将关注点放在整体利益上，同时要保证学生的利益不会受到侵犯，投入更多的人力和物力在教学管理和学生管理方面。与此同时，职业院校应宣传并树立质量管理理念，制定岗位责任制及绩效激励举措，落实考核评估办法及应对方案，创新特色管理及应用，有效地应对部门间存在的差异。在全面优化管理模式的指导下，推动学校管理朝着现代管理模式发展。

（三）从封闭强制管理向柔性开放管理的创新

由于当前社会环境复杂，许多职业院校倾向于在学校管理体系的基础上采用强制性、统一性、规范化的封闭式管理模式。然而，封闭式管理容易与一些学生个体的学习和发展相矛盾，不利于学生个性成长。一些学校干部在学生管理工作中高度依赖辅导员，辅导员往往承担更多的学校管理任务。此外，教师和学生之间的严重不平衡使得有效管理和引导学生变得困难。同时，在具有强制性的封闭管理模式中，学生只是被管理的对象，而不是主动参与者，因此，在教学管理中缺乏主动“为学生服务”的意识，无法有效引入情感教育因素，许多管理者不熟悉学情、不了解学生，仅靠机械化的教育管理工作也不太可能获得预期的效果。

面对上述问题，深化高等职业教育改革，要让高等职业教育回归到“以育人为本”的轨道上。[①]高等职业教育要始终坚持并遵循“以育人为本”的教育管理理念，逐步摆脱“封闭式”“训导式”的管理方式，始终坚持以学生为管理核心，致力于为学生发展服务，不断摸索形成开放式、咨询式的教育管理模式，以管理者与管理对象间的情感联系为钥匙，打开柔性管理的大门。例如，在学校形成健全的心理咨询体系，对学生的思想状态有清晰、科学的把握，对于存在心理问题的学生，一定要采取必要的干预措施，有效地对学生心理危机进行干预，及早预防、及时疏导、快速干预、有效控制避免可能出现的心理危机事件；构建以人为本的校园文化，使校园文化具有更隐蔽的管理功能，进而发挥出教育管理相应的作用；校园制度设计应人性化，减少学生的束缚感，避免学生被动地遵守，使学生管理工作能够在较为轻松的环境下开展。

---

① 柳斌. 改造我们的教育[M]. 北京：人民教育出版社，2012.

（四）从“单主”向“双主”管理的创新

不难发现，高等职业院校的教育管理工作是围绕“教”来开展的，具体是在教师的教学方面和管理者的管理方面制定相应的措施，教学管理模式是“单主管理”“单向管理”，学生在学校的教育管理过程中是从属的角色。采用这种管理模式可以最大化地发挥以教师为代表的管理人员的领导作用，简化教师的组织管理，控制管理过程，但几乎抹去了学生在管理中应发挥的作用，这样不利于学生形成良好的主观意识，也不能激发他们参与校园管理的动力和主动性。管理模式从“单主”向“双主”的创新、转变，要求高等职业院校更加重视学生在学校管理中的地位，将其作为学校管理的另一个主体，让学生拥有一定的管理自主能力，而管理者应在组织和引导方面投入更多精力，随时随地注意学生的管理状态，承担起及时监督和有针对性地指导的责任，达成“双主”管理模式下双方之间的平衡，实现“双主”管理模式追求的两个主体的和谐发展。例如，高等职业院校的一些院系或班级针对学生问题制定决策时应采取相应的措施，建立更加便捷的沟通机制、学生参与机制，大力号召学生关注高等职业院校的教育管理，鼓励他们大胆说出自己的想法，让他们拥有决策和参议的权利，努力打造一个公平、公开的学校管理环境，从而更好地保障、维护学生的利益，让学生自主管理成为现实。

（五）从传统人工管理向信息化管理的创新

在过去很长一段时间内，高等职业院校采用的教育管理大部分是通过人工完成的，整个管理过程需要非常庞大的人力、物力、财力资源，尽管如此，取得的管理效果并不令人满意。随着社会信息化的飞速发展，现代信息技术为职业教育和培训管理提供了一系列技术以支撑辅助教育管理，学校管理人员要主动调整一直以来采用的传统人工管理思维，加强信息化管理模式建设。例如，可以通过信息平台开展素质测评、学籍管理、教学管理、就业咨询等工作；可以借助即时通信软件匿名交流，向学生提供心理咨询；以电子方式发布通知；使用电子档案；图书馆管理可以进行线上借阅、电子阅读和文件共享等。高等职业教育信息管理模式的创新、实践和应用，可以为教育管理的发展提供良好的支持，数字化、信息化管理模式已经成为高等职业教育管理改革的必然趋势。

三、新时期建设高等职业教育管理体系的必然要求

职业教育是现代国民教育体系的重要组成部分。建设一个高质量高等职业教育管理体系是新时期建设现代高等职业教育管理的必行之事，也是实现教育强国战略、教育现代化宏伟目标的现实需要，更是为了满足社会发展和学生个体健康发展的基本诉求。

（一）区域经济社会发展的必然要求

在当前的社会背景下，高等职业教育向学生传授了最先进、最有活力的现代化职业技能，培养和强化了学生的实践动手能力、就业创业能力、自立能力和独立学习能力，为社会各行各业输送了大量高素质技术技能型人才。

第一，随着经济发展和产业结构调整，社会对不同层次、不同领域的高素质职业人才的需求日益增加。建设高等职业教育管理体系可以根据各地实际情况，培养更多具备实践能力和创新精神的高素质技术技能型人才，推动产业升级和创新发展，为区域经济发展注入新的活力，提升区域的综合竞争力。

第二，高等职业教育管理体系的建设可以促进产教融合，加强与企业和行业的合作，打造技术研发平台和人才培养基地。同时，为学生提供创业的支持和指导，培养更多具有创新精神和创业能力的企业家和高级专业技术人才。

第三，高等职业教育管理体系的建设可以提升毕业生的就业竞争力和职业素养，帮助他们更好地适应就业市场需求。与此同时，系统性的高等职业教育管理体系也能够促进区域内人才的流动，促进人才资源的优化配置。

第四，高等职业教育的普及和质量提升对于缓解就业压力、促进社会稳定和公平发展具有重要作用。高等职业教育管理体系的建设能够更好地满足不同层次、不同群体的学习需求，推动教育公平和社会发展的可持续性。

总之，高等职业教育管理体系的建设能够促进学生成长为拥有共产主义信仰、崇高理想、正确信念、高尚道德情操、高度的社会责任感和作为未来祖国建设者的自豪感的社会主义事业接班人，以培养适应生产、建设、管理、服务一线的高素质技术技能型专门人才为根本任务，是区域经济、社会发展的必然要求。

（二）高素质技术技能型人才培养的现实需要

随着经济的快速发展和科技进步的加速，社会对高素质技术技能型人才的需求越来越迫切。与普通高等院校一样，高等职业院校也是聚集和培养人才的重要场所，致力于实现人才培养、知识创新、教学科研、社会服务和文化传承等，因此，建设高等职业教育管理体系是高等职业院校培养高素质技能型人才的现实需要。

第一，高等职业教育管理体系的建设可以有效满足当前社会对多样化职业技能的需求。通过结合产业发展趋势和市场需求，高等职业院校需要建立有针对性的专业设置和课程体系，培养学生具备应对实践工作的专业知识和实践技能。

第二，高等职业教育管理体系的建设还注重实践教育和校企合作，为学生提供实习、实训、实践项目等机会，将理论知识与实际操作紧密结合起来。这样的教育模式使得学生能够更好地适应职业要求，提高他们的就业竞争力和实际应用能力。

第三，在建设高等职业教育管理体系相关的教育思想管理、教育质量管理等方面，通过制定科学的教育理念和评价标准，不断提升教育质量，为培养高素质技术技能型人才提供坚实基础。

总之，高等职业院校一定要以社会需求为目标、以岗位技术要求为主线，探究教育管理过程中存在的现实问题，摸索出适合学校发展的教育管理体系，营造出健康、可持续发展的高素质技术技能型人才培养环境。

（三）学生个体健康发展的基本诉求

为了更好地面对日益激烈的社会竞争，为国家的建设贡献自己的力量，高等职业院校的学生需达到更高的水平。高等职业院校的学生不仅要具备深厚的专业知识和丰富的社会知识，还要注重培养高尚的道德品质、较强的组织协调能力、良好的人际交往能力等素质，更应具备可持续发展的自主学习能力，真正发展成为满足企业岗位需求的高素质技术技能型人才，适应社会需求。①

高等职业教育管理体系的建设注重学生的个性化发展和全面健康成长。通过提供多元化、跨专业的学科选择和专业课程，学生可以根据自身兴趣、潜能和价值观进行合理选择，并在相关专业领域中深入学习和实践。这种个性化的教育方式可以更好地满足学生的诉求和发展需求，帮助他们形成自己的专业特长和核心竞争力。此外，高等职业教育管理体系也要重视学生的身心健康。通过提供良好的学习环境和丰富的校园文化活动，培养学生的创造力、合作精神和社交能力，促进他们全面发展和健康成长，为高等职业教育校园文化“铸魂”。②与此同时，高等职业教育管理体系也要关注学生的职业发展和就业需求。通过开展职业生涯规划和就业指导，帮助学生理清自己的职业方向和发展目标，提供实习和实践机会，为他们顺利就业提供支持。

第三节　新时期高校分类对高等职业教育管理体系建设的现实意义

随着中国经济结构的调整和工业现代化对技术技能人才需求的增加，高等职业教育的发展也引起了社会的高度关注。进入21世纪，高等职业院校取得了重大进展，教学条件越来越好，基础设施也越来越健全，学生和学校数量显著增加。随着高等职业院校的发展，院校办学机构变得更加多样化，内部结构也变得更加复杂。因此，高等职业院校的类型定位逐渐进入了教育研究者的视野，并开始引起一些学者和研究人员的注意。

---

① 曹英国. 积极教育视域下高等职业院校学生教育管理体系的构建[J]. 北京工业职业技术学院学报，2015，14（2）：61-64.

② 王庆杰. 高职教育发展新视野[M]. 北京：光明日报出版社，2013.

一、高校分类是新时期教育发展的现实需要

在过去的发展中，高等教育以大学为主，追求综合性和研究型的目标。然而，随着社会的不断发展和需求的多元化，传统的大学模式面临着一些挑战和问题。为了更好地适应社会的需求和培养更加符合市场需求的专业人才，高校分类成为一种必要的探索和改革方向。

（一）教育机构的多样化与结构的复杂化促使高校分类

对于具有职业属性的高等职业教育，其机构的多样化与结构的复杂化使得各主体只能管中窥豹，带来认识上的诸多困难。围绕高等职业教育、企业、行业、社会、政府多元主体阐释其对高等职业教育分类的需求能够促使高等职业教育更好地适应技术发展的需要，有助于教育的精细化，是迈向高质量管理的重要途径，更是高等职业教育满足社会不同主体的现实需要。

（二）高校功能定位分工的细化加速了高校分类

值得反思的是，高等职业教育出现办学趋同、盲目升格的“痼疾”。所谓“办学趋同”，体现为学校定位的整合，即与综合研究型大学的整合，是高等职业教育发展的方向和目标。中世纪的欧洲，现代意义上的大学刚刚建立，“高等教育”与“大学”属于同一范畴，主要功能集中在传授知识和培养人才方面，类型和层次比较单一。即使到20世纪40年代，世界高等教育尚未跨入大众化、普及化阶段，高等教育并没有囊括职业教育、成人教育、培训教育等教育类型。随着高等教育的发展及办学体系逐渐分化，现在大学已经涵盖了不同类型的教育主体，例如，普通高校、成人高校、网络高校。高校办学规模扩张过程中存在内部结构差异，加速了大学之间的分工，而“分类是人类思维的重要手段和工具，是人们认识事物的方式之一”。[①] 高等职业院校也遵循高校教育发展模式。当前，高校专业设置雷同，即偏向热门专业，忽视有益的教育学科和特色专业，盲目增设新专业。所谓“盲目升格”，主要是指高校不能正确自我定位，表现为忽视现实情况，

---

① 陆正林，顾永安. 高等教育分类的方法论思考[J]. 教育发展研究，2011，（11）：54-57.

追求完美。造成这一问题的主要原因是高等职业院校对自身的认识不足，导致缺乏“身份认同”。因此，在高校不断扩招的背景下，有必要对高校的分类体系进行规划，研究和实施高等职业教育类型定位发展。同时，政府应增加政治和财政支持，以“确保”高等职业教育的健康有序、高质量、可持续化运行。

（三）社会发展需要高校分类

除了以上所述的高等职业院校本身的原因之外，社会对高等职业院校认识和了解的愿望和要求也在不断增强。在经济社会的实际需求以及国家政策的支持和引导下，目前和今后一段时间内，职业类高校的办学质量和社会地位将会逐渐提高，更多的求学者也会选择到职业类高校中去学习知识，提高自己的技能。另外，从业人员在职业类高校任职，用人单位聘用职业类高校毕业生，都需要对学校有一定的了解。总之，不同的主体对高等职业教育有不同程度的认知需求，需要社会各有关方面对高等职业院校有更多的认识，但由于高等职业院校的内部结构比较复杂，人们对高等职业院校的了解也往往是“雾里看花”。在这一过程中，分类法又是一座“桥梁”，是人们理解复杂事物的一种重要手段。

二、新时期现代高等职业教育的分类维度

通过对高校服务对象的界定，可以从多个方面对高校进行分类，并由各个主体根据自身条件、现实目标来自主选择高校。为了更好地明晰职业类高校的分类体系，本研究将从专业设置、人才培养、宏观管理、服务区域、师资力量和学生成分等六个方面对职业类高校进行划分。

（一）专业设置维度

高校的学科性质和布局结构直接影响大学的功能发挥和价值实现。一般来说，高职高专院校的专业设置所涵盖的专业大类的数量，可以反映出高职高专院校的专业集中程度，在一定程度上反映了高职高专院校的发展定位和战略目标。高等职业院校的专业集中程度越高，越能凝聚力量，越能形成特色。虽然在院校

建立的初期，专业的数量与办学实力之间存在着一种正相关关系，但是随着职业类高校的发展，这种关系会慢慢地减弱，直至消失。也就是说，开设专业的多寡并不能简单地表征职业类高校办学水平的高低，而院校的综合性发展之路并不是提高办学质量的灵丹妙药。同时，从高等职业院校为地区经济发展服务的角度出发，高等职业院校的专业设置也应符合地区经济结构和行业需求。具体来说，根据专业设置的不同方向和领域，现代高等职业教育可以从以下维度进行划分。

第一，根据不同行业的需求和发展趋势，将现代高等职业教育划分为不同的行业导向。例如，工程技术、信息技术、医疗保健、旅游酒店管理、金融与会计等。每个行业导向的学习内容和专业课程都以相关行业的需求和标准为基础。

第二，根据不同职业的特点和技能要求，将现代高等职业教育划分为具有不同职业特色的专业。例如，汽车维修与检测技术、电子商务与跨境电商、航空服务与管理、环境监测与治理等。每个专业都注重培养学生在特定领域的实际操作能力和职业素养。

第三，根据多个学科的交叉融合，将现代高等职业教育划分为具有跨学科特点的专业。例如，智能制造技术与管理、电子信息工程技术、艺术设计与数字媒体等。这些专业注重培养学生在不同领域中的综合能力和创新精神。

第四，根据培养学生创新创业能力的目标，将现代高等职业教育划分为具有创新创业导向的专业。例如，创业与管理、创意设计与品牌营销、信息技术与产品开发等。这些专业旨在培养学生具备创新思维、团队合作和创业能力。

通过以上几个专业设置维度的划分，可以针对不同领域和职业需求，提供多样化、精准化的高等职业教育专业，满足学生个性化发展和就业需求。这有助于提高学生的专业素养和适应社会经济的能力，促进现代高等职业教育的发展和改革。

（二）人才培养维度

培养人才是高校最早产生的一项社会功能，它是大学的基本功能和重要功能。职业教育应重视职业技能的培养。[①]高等职业院校的主要任务是服务区域经

① 刘桂林.中国近代职业教育思想研究[M].北京：高等教育出版社，1997.

济社会发展，核心工作是培养高素质、高技能、高技术的高等专门人才。目前，高等职业教育在改革道路上呈现不同层次、不同水平的办学效果，不同区域甚至同一地区的高等职业教育在规模和水平上还存在着一定的差距。根据人才培养的不同特点和目标，可以将现代高等职业教育进行以下划分。

第一，根据人才培养的学历层次，可以将现代高等职业教育分为大专（高职）、本科、研究生等级别。不同学历层次对学生的要求和培养目标也有所差异。

第二，根据人才培养的职业定位和需求，可以将现代高等职业教育分为技术技能型、管理型、创新创业型、服务型等。不同职业定位对学生的专业知识、实践能力和创新创业能力有着不同的要求。

第三，根据人才培养的知识结构，可以将现代高等职业教育分为综合素质教育与专业技能培养相结合的模式、全面发展协调性强的模式、实践能力和创新能力为主导的模式等。不同知识结构的培养模式可以满足不同行业和岗位的需求。

第四，根据人才培养的跨学科能力需求，可以将现代高等职业教育分为专一型、宽基础型、交叉型等。跨学科能力培养要求学生具备多方面的知识和能力，能够适应复杂、跨领域的实践环境。

第五，根据人才培养的实践教育特点，可以将现代高等职业教育分为工学结合型、企业实习导向型、实验教学为主的模式等。实践教育是现代高等职业教育的重要组成部分，能够提高学生的实际操作能力和应对实践问题的能力。

以上分类有助于提高现代高等职业教育人才培养的适应性和针对性，培养出更符合社会需求的高素质职业人才。

（三）宏观管理维度

高等职业院校的宏观管理体现在办学层次和性质、机构设置与办学模式、资金运作与投入机制等方面。通过宏观管理的不同方式和机制，可以将现代高等职业教育进行以下划分。

第一，根据高等职业教育机构的办学层次和性质的不同，可以将现代高等职业教育分为国家级职业院校、地方级职业院校、行业专业学院等。不同层次和性质的高等职业教育机构在宏观管理方面的政策和制度有所差异。

第二，根据高等职业教育机构的机构设置和管理模式的不同，可以将现代高等职业教育分为独立设置的职业院校、普通高等院校合并的职业学院、行业主管部门直属的职业学校等。不同的机构设置和管理模式在组织架构、决策权与责任划分等方面存在差异。

第三，根据高等职业教育机构的资金运作和投入机制的不同，可以将现代高等职业教育分为财政拨款型、社会资本投入型、企业赞助型等。不同的资金运作和投入机制影响着高等职业教育机构的经费来源和使用情况。

第四，根据高等职业教育机构的质量监控和评估体系的不同，可以将现代高等职业教育分为内部评估导向型、外部评估导向型、多层次评估导向型等。不同的质量监控和评估体系有助于提升高等职业教育的质量和水平。

第五，根据高等职业教育机构之间市场竞争与合作的不同，可以将现代高等职业教育分为激烈竞争型、合作共享型、特色互补型等。不同的市场竞争和合作机制对高等职业教育机构的发展和合作关系有着重要影响。

（四）服务区域维度

高等职业院校在办学定位上要立足于地区发展的现实需要，其发展方向要与地区发展的需求紧密结合。由于各地经济发展程度的差异，高等职业院校在专业设置和发展策略上会有所侧重。同时，高等职业院校的招生规模、服务对象等可以从一定程度上反映出高等职业院校的辐射范围、对社会的服务能力等。具体来说，通过服务区域的不同范围和特点，可以将现代高等职业教育划分为以下几个维度。

第一，全国性职业类高校。这类高校覆盖全国范围，吸引来自全国各地的学生，有较大的知名度和影响力。这些高校通常具备较大规模的办学条件和资源，并且面向全国的人才培养需求。

第二，地方性职业类高校。这类高校主要为特定地区或省份提供服务，注重满足当地经济发展和人才需求。它们更加贴近当地产业和企业，提供与当地经济相适应的专业设置和培养方案。

第三，区域性职业类高校。这类高校汇集了一定区域内的资源，通过合作共享、互补发展等方式来提供教育服务。它们可以跨越行政区划，形成具有一定规模和辐射力的区域性教育体系。

第四，国际交流合作高校。这类高校注重与国外高等职业教育机构的交流与合作，开展国际课程、联合培养等活动。它们为学生提供国际化的教育和培养机会，帮助学生了解和适应全球化的职业发展需求。

通过以上几个服务区域维度的划分，可以更好地满足不同地区产业经济发展对高素质技术技能型人才的培养需求，为学生提供多元化的发展机会。这样的分类维度有助于提高现代高等职业教育的适应性和针对性，促进高等职业教育在不同地区和国家之间的合作与交流，拓宽学生的国际视野，增加就业机会，提升教育质量和服务水平。

（五）师资力量维度

高等职业院校主要培养的是高级技能型人才，因此，它的专业教师既要有扎实的理论知识，又要有高超的实际操作技能。高等职业院校“双师型”师资在专业师资中所占的比重是评价高等职业院校师资水平的一个重要指标，而学生与教师的比率又是评价高等职业院校师资水平的一个重要指标。师资队伍结构合理，规模适度，实力雄厚，是高职高专院校发展的根本保证。师资力量维度主要包含以下几个方面。

第一，根据师资的学历层次和学术能力划分，包括博士生导师、硕士生导师、高级职称教师等。这些师资具备较高的学术水平和研究能力，能够为学生提供深入的学科知识和研究指导。

第二，根据师资的行业经验和实践能力划分，包括来自企业或实际工作岗位的专业人士、职业技能大师等。这些师资具备丰富的行业经验和实际操作能力，能够将理论与实践相结合，为学生提供职业领域的真实案例和实践指导。

第三，根据师资的学科交叉能力划分，包括具备多个学科背景或跨学科研究能力的师资。这些师资能够在不同学科领域中进行对接和整合，促进学科交叉与创新。

第四，根据师资的国际视野和跨文化交流能力划分，包括具有海外学习和教育背景的师资，以及具备国际化教育背景和经验的师资。这些师资能够为学生打开国际视野，培养跨文化交流与合作能力，为国际化教育提供支持。

第五，根据师资的教学和指导能力划分，包括具备良好教学评价和辅导能力的师资。这些师资能够运用有效的教学方法和手段，激发学生的学习兴趣并提供个性化的指导。

（六）学生构成维度

高等职业院校是我国实施终身教育和全民教育的主要推动者，具有开放和灵活的办学特点。随着新发明、新技术的迅速应用和不断更新，工作岗位的技术含量也在不断地提升，原本由中等职业教育所承担的提供技能培训的工作，正逐步地转向高等职业教育，职业类高校将会变成各个年龄段的人群学习高级技能、参与职业培训、实现他们的理想的主要场所，它的学生构成将会越来越多元化，也越来越复杂。通过对高等职业院校未来发展趋势的分析，可以从学生构成方面对高等职业院校进行分类。

第一，根据学生的来源地划分，比如城市生源、农村生源、外地生源等。这些学生的背景差异对教育资源配置、培养方式及学术路径产生影响，因此可能需要有针对性的教育支持和服务。

第二，根据学生的学历背景划分，包括高中生源、成人学历提升生源、转专业生源等。这些学生的学习能力和学术水平可能有所不同，需要针对其特点制定相应的教学方案和评价体系。

第三，根据学生的社会经验划分，包括应届生、就业人员返校学习、来自企业的员工培训生等。这些学生中有的可能已经具备一定的职场经验或技能，需结合其实际需要提供相关实践和专业课程。

第四，根据学生是否具备未来成为教师的潜力和意愿划分，包括师范生和非师范生。师范生可在教育理论和教育实践方面接受更多的培养，而非师范生则注重技能培养和实践能力的提升。

第五，根据学生的国籍或居住地划分，包括来自国外的留学生、外籍人士和中国境内学生。国际学生在参与多元文化交流和了解国际事务方面具有优势，需要提供相应的语言支持和跨文化交流能力培养。

通过以上划分，可以更好地了解和满足不同学生群体的教育需求，为其提供有针对性的教学和培养方案。这样的分类维度有助于提高现代高等职业教育的适应性，实现教学目标与学生需求的有效衔接，促进学生个体化发展和职业成功。

三、新时期高等职业教育的分类原则

职业类高校分类标准需要立足实际，回归高等职业教育本真；正本清源，矫正职业类高校发展误区；超前规划，预测职业类高校发展方向；着眼长远，引领终身教育与全民教育，通过发挥还原作用、矫正作用、预测作用、引导作用促进高等职业教育的发展，分类标准遴选过程中需要遵循以下原则来保障这些作用的实现。

（一）立足实际，回归高等职业教育本真

职业类高校与其他类型高等院校一样，都是为社会主义现代化建设服务的，它们肩负着为社会培养各类各级高级专门人才的重任，在管理体制与运作机制上存在着共性，在发展过程中也存在着相似的问题，并且彼此之间相互影响。但是，各类高校在其特定的社会作用和办学功能上却有着明显的区别。比如，在人才的培养上，一般院校的重点是“学者型”和“工程型”，而高等职业院校的重点是“工作现场”“高级技能”；在专业设置上，一般院校以学科、产业为导向，而高等职业院校则以工作岗位、职业群为导向；在教学过程中，一般的大学注重学生对理论知识的学习和创新思维的启发，而高等职业院校注重培养学生的实践能力和动手能力，着力培养德才兼备的高素质技术技能型人才。

相对于一般院校而言，高等职业院校的分类标准选择具有更强的针对性，因此，高等职业院校在选择分类标准时也有一定的差异。比如，一些具有强大办学能力的大学承担着重要的科研任务，所以很多学者在对大学的分类标准进行研究时，把大学的科研水平作为一个分类维度；但是对于高等职业院校来说，目前和今后一个阶段，培养社会迫切需要的高素质技术技能型人才仍是首要任务，所以，在对其进行分类时高等职业院校的类型定位及职业技能需求的特殊性决定了高等职业院校不应以科学研究的因素为主要指标，分类标准的选择和设计必须立足于工作实际，回归工作岗位。

（二）正本清源，矫正职业类高校发展误区

近几年来，高等职业教育在不断地探索和发展中取得了长足的进步，但是，由于受到各种内外因素的影响和限制，以及对高等职业教育的理论研究和认识的欠缺，高等职业教育在发展过程中出现了许多误区。第一，在专业设置上，“贪大求全”，把有限的教育资源都用在了扩建校舍、扩大规模上，很难把学校的教育资源和教师队伍都提高到较高的水准，“大楼路线”取代“大师路线”，严重影响了学校的内涵建设；第二，随着专业水平的提高，高职高专院校的办学能力越来越强，专科层次的高职高专院校想努力晋升为本科层次的职业院校、高职高专院校实行本科教育是没有错的，但是，如果一味地跟风，就会形成职业类高校发展误区，缺乏特色；第三，盲目追求“高学历”，虽然“双师型”教师具有扎实的理论知识和较强的业务能力，是提高高等职业院校教育质量的重要因素，但

是，许多学校在选择专业课教师时，往往以“高学历”为标准，而忽略了申请人的业务能力。这种认识上的误区，已严重影响了高等职业院校的整体素质，并已成为高等职业院校可持续发展的“瓶颈”。针对高等职业院校中“双师型”师资在高等职业院校中地位突出和数量不足的矛盾，以高等职业院校中“双师型”师资在高等职业院校中所占的比重为划分标准，有助于加速高等职业院校师资力量的建设。

（三）超前规划，预测职业类高校发展方向

高等职业教育规模的扩大，既是我国经济和社会可持续发展的需要，也是世界高等教育向纵深发展的必然趋势。尽管每个国家的经济水平和社会制度都不一样，但是，任何一个国家的高速发展，都离不开大批的高素质技术技能型人才。在这个过程中，高等教育的分化和重组以及高等职业院校的扩大已经成为一种普遍趋势。

从当前高等职业教育的发展态势可以看出，随着高等职业教育体制的确立，高等职业院校将在未来一段时间内获得巨大的发展。例如，就办学水平而言，高等职业院校需要本科甚至研究生水平的职业院校。从主管机构方面来看，目前由县级机构管理的职业类高校相对较少，但是在将来，也不是不可能出现社区级和县区级的职业类院校。所以，在进行职业类分类标准的设计时，有必要进行前瞻性的规划，预测出职业类高校未来的发展方向，使分类标准具备一定的稳定性和灵活性，以此为基础设计出的分类体系对职业类高校的发展也会有一定的指导性并产生影响。

（四）着眼长远，引领终身教育与全民教育

“终身教育”与“全民教育”是20世纪出现的两种重要的教育思想，对世界范围内的教育界产生了深刻的影响。“终身教育”这一概念最早由法国成人教育家保尔·朗格朗于1965年在联合国教科文组织举办的“第三次国际成人教育促进协会”中提出，此后，“终身教育”的概念逐步从“成人”向“全社会”扩展，并在“全社会范围内”形成了一种新的、全球性的教育思想。《世界人权宣言》将全民教育作为一项基本人权。20世纪90年代开始，全民教育成为全球范围内教育发展的一个重要课题。在未来国家的教育方针中，将以终身教育和全民教

育为主导，而高等职业教育则在这两种教育理念的实践和运用中起着举足轻重的作用。

首先，从终身教育的角度来看，高等职业教育是连接中等学历和高等学历的纽带，是技能衔接的“桥梁”，是实现学历教育与技能教育的纽带；其次，高等职业院校要为在校大学生提供学习高等技术的机会和场所，以提高他们的终身学习意识，提高他们的技术水平，从而使他们终身受用；再次，在新经济的时代，知识的更新速度很快，学习的时间也很短，毕业生如果不能及时“充电”，很容易跟不上社会的发展，所以“回炉”就成了他们最好的选择。

在全民教育方面，随着学历教育和非学历教育的“双轨”并行机制的逐步完善，高等职业院校将使更多不同行业、不同年龄层次的人群获得更多的高等教育和更多的技能训练机会。所以，在选取职业类高校分类标准的时候，有必要选择一些对引导和推动终身教育与全民教育有益的因素，这样才能持续提升公民的文化素养和技能水平，推动教育事业的发展。

四、新时期面向区域发展的高等职业教育的类型

我国高等教育地区贡献水平的差异，不仅来自各经济地区自身的差异，而且来自各地区高等教育发展水平的差异，特别是省级和地方级高等职业教育，要立足于为地方经济发展服务、增强地方竞争力、提高地方人民生活质量。高等职业教育与地方经济之间的不同联系程度，反映出高等教育的发展方向、发展阶段和发展程度。从行动者的视角来看，参与高等职业教育建设的政府、企业、院校、行业组织等关联主体作为社会个体嵌入高等职业教育建设中，高等职业教育又作为社会组织嵌入区域社会网络中。正如迈克尔·富兰所言：“一切事物和一切人都是互相关联的。每一件事物影响另一件事物。不管差距多么大、距离多么遥远，我们都是相互关联这个整体的一部分。”①

根据高等职业教育与地区经济的不同联系程度，可将高等职业教育划分为四种类型。

---

① [加]迈克尔·富兰. 变革的力量：透视教育改革[M]. 中央教育科学研究所，加拿大多伦多国际学院组织，译. 北京：教育科学出版社，2004.

（一）高度关联型

高度关联型的现代高等职业教育在定位上与当地经济高度契合，以满足当地经济发展的需求为导向。高等职业教育积极了解当地产业结构和经济发展趋势，将其作为教学、课程设置和实践活动的重要依据。通过与当地企业和行业的紧密合作，高等职业院校能够获得最新的行业信息和市场需求，并将其及时纳入教学内容和实践环节中。课程设置紧跟当地经济的发展方向，注重培养学生在相关行业就业所需的技能和知识。职业教育还注重引入行业专家和行业导师，使学生接触到真实的工作环境和岗位要求。学生参与实习、项目实训等实践活动，可以直接应用所学知识解决实际问题，培养实际操作技能和职业素养。此外，高度关联型的现代高等职业教育还注重培养学生的职业意识和创新能力。学校鼓励学生参与创新项目、科研活动，培养他们的创新思维和解决问题的能力，以适应快速变化和不断创新的经济环境。

高度关联型的现代高等职业教育对于当地经济的发展具有积极而实质性的影响。通过培养与经济相契合的专业人才，学校为当地提供了各行各业所需的技术人才和管理人才，推动了当地经济结构的优化升级，促进了地区经济的健康发展。同时，这种紧密联系还能够有效地缩小产业结构和人才供给之间的鸿沟，促使高素质技术技能型人才供给与需求耦合，为学生提供更好的就业机会和发展空间，真正实现教育与产业相互融合、相互促进。

（二）中度关联型

中度关联型的现代高等职业教育与当地经济的建设水平比较一致，旨在为当地经济提供服务和支持。高等职业教育紧密关注当地的产业结构和经济发展趋势，通过与行业合作和对接，将课程设置和实践活动与当地经济需求相匹配。教师队伍在中度关联型的职业教育中得到了保障，拥有一定的学术水平和行业经验。教师们通过与行业专家、企业合作，不断更新教学内容和方法，保持与行业的密切联系，能够及时掌握行业发展动态，为学生提供最新的职业知识和实践经验。学生在校期间有机会参加与当地经济相关的实习、项目实训等实践活动。这些活动能够让学生深入了解当地的产业环境、企业运营模式以及市场需求，培养适应当地经济发展的实践能力和职业素养，在步入社会之后能够比较快速地转换自己的角色，从社会的消费者变成社会的建设者，从知识的接受者变成知识的传播者，对地区的社会生产力发展做出更大的贡献。

中度关联型的现代高等职业教育也注重科研水平与现实情况相匹配。学校开展与行业相关的应用研究，关注解决实际问题和推动当地技术创新。对于经济建设和社会发展的需求，学校能够有效利用社会资源，提供切实可行的解决方案，并更好地满足社会对知识和人才的需要。

（三）一般关联型

一般关联型的现代高等职业教育与当地经济的关联程度相对较低。一般关联型的职业教育可能缺乏对当地经济现状和未来发展的深入理解。学校在制定教学计划和培养方案时，可能没有充分考虑当地经济的实际需求，导致教育内容与就业市场存在一定程度的脱节；一般关联型的现代高等职业教育可能存在一些不作为和低效的现象。学校教职员工的教学水平和专业知识水平不足以满足学生的需求，缺乏先进的教育理念和教学方法，导致教学质量欠佳。一般关联型的现代高等职业教育可能缺乏对社会资源的充分利用。学校与行业、企业的合作联系不够紧密，缺乏直接的行业实践机会和就业指导，使得学生在步入社会后适应能力较差。鉴于上述分析，一般关联型的现代高等职业教育需要进行定位调整。学校应优化内部制度，提高教育质量，加强师资队伍建设，注重教师的教学能力和专业素养培养。同时，学校需要加强与当地经济的紧密合作，了解当地经济的实际需求，调整教学内容和课程设置，为学生提供与实际职业环境紧密对接的实践机会和就业指导服务。

（四）松散关联型

松散关联型的现代高等职业教育存在较大的问题。比如，可能存在着对高等教育的投资不足的问题，社会对高等教育所提供的资源较少或没有得到充分利用，导致教育质量和效果无法得到有效提升，从而无法发挥出其应有的积极作用；学校与社会发展方向的背离是松散关联型教育的一个突出问题，学校设置的专业和课程与当地经济需求和产业结构存在严重脱节，无法为社会和经济发展提供符合实际需要的人才；教师队伍的短缺也是松散关联型教育的一个困境，学校可能面临教师数量不足、教学水平较低的问题，导致教学质量无法保证；专业结构的极端不合理也制约了松散关联型教育的发展，学校未能及时调整专业设置，导致部分专业人才过剩，而其他一些重要的专业则供不应求，无法满足市场和社会的需求；由于人才流动性低，学生就业机会受限，学生就业率下降，就业和经济发展之间的联系不够紧密，地区间的人才流动也不同程度地影响着松散关联型教育的效果。

为解决以上问题，松散关联型的现代高等职业教育需要进行全面调整和改进。学校应加大对高等教育的投资力度，提高教学质量和效果，确保资源得到有效利用。学校应密切关注当地经济发展的方向和需求，调整专业设置和课程内容，提供符合实际需要的人才培养方案。同时，加强教师队伍建设，提高教师的教学水平和专业素养。此外，促进地区间的人才流动和交流，增加就业机会，加强学校与企业等行业的合作，提供实践机会和就业指导，加强与社会的联系和融合。

五、高等教育分类助力政府优化教育资源配置

高等教育分类作为政府优化教育资源配置的重要参考，对于提高教育资源的有效利用和公平分配具有重要意义。在人口红利逐渐消失、人才需求多元化的背景下，政府需要精确把握各类高等院校的角色定位和办学特色，以实现高等教育资源的合理配置和优化。

（一）高等教育资源短缺需要政府发挥调控职能

发展教育是政府一项重要的公共职责，保障教育投入是落实教育优先发展、实施科教兴国战略的根本措施，增加教育投资是落实教育战略地位的根本措施。[①]政府的性质和作用决定了其在高等教育资源配置中的主导地位。高等教育资源短缺需要政府“优化”资源配置。事实上，由于高等教育资源的普遍缺乏，许多大学无法及时利用其教育资源。高等教育产品的特殊性决定了其独特性、社会性、公益性，其不能像其他产品一样可以通过交换直接获取经济利益。作为管理者，政府应关注资金的有效使用及其相关的社会效益；教育资源短缺，意味着

---

① 孙霄兵.推进教育优先发展政策与制度建设研究[M].北京：教育科学出版社，2010.

教育对象人均资源不均，教育投入不足。长期以来，特别是高等教育扩招政策实施后，高等教育规模扩大与教育资源短缺之间的矛盾成为阻碍高等教育发展的瓶颈。与此同时，我国高等教育的“造血”能力较低，公立大学的学费主要以财政拨款和学杂费为主，民办大学的学杂费和其他费用占总收入的90%。考虑到大规模教育的局限性、公共投资和高等教育机构筹资能力薄弱的现状，相关职能部门应将高等教育资源配置放在必要而紧迫的管理范畴，最大限度地给予支持，减少浪费，优化大学资源配置。

不同的高等教育主体根据办学定位不同有着不同的需求，政府可以利用分类框架来对高等教育进行比较和区别，这样就可以对高等教育进行更有针对性的管理，进而对高等教育资源进行合理配置，并引导高等教育发展。因此，政府应重视高等教育的隶属关系、建设层次、服务能力等方面的问题。如果公众想要通过高等教育进行相关的学习及培训，就必须要对高等教育有一定的认识，才会在自己的兴趣爱好、社会需求程度和院校的专业实力之间寻找一个平衡点，与此同时，公众还会考虑到院校的地域位置、学制类型、师资力量等，所以他们会对高等教育的专业设置、招生面向、教师资源等进行考虑。通过分类框架与分类结果，高等教育也可以了解自己与其他高等教育之间的不同之处，以及自己在同类高等教育中所处的位置。这样，高等教育就可以借鉴别人的长处，准确定位自己，因此，分类对高等教育自身也很有价值和意义。

（二）高等教育分类是政府优化资源配置的重要参考

当前，我国高等职业院校的办学规模在持续扩大，建立高等职业院校必须要有基本的办学条件和必要的办学设施，这就需要有庞大的资金来支持和保证。但是，在现实中，我国对高等职业院校的投资与办学规模之间存在着不成比例的关系。同时，我们也看到，随着我国对高等职业教育的重视，高等职业院校的办学水平也在不断提高。为了对各种类型的高等教育进行协调，在对高等教育资源进行配置的过程中，政府有必要以高等教育的发展和社会的实际需要为基础，以高等教育的分类体系为参照，对不同类型的高等教育进行区分，采取强有力、具有针对性和切实有效的措施。具体地说，由于职业类高等教育的办学成本相对较高，在配置高等教育资源时，有必要对高等职业教育进行适当倾斜。比如，在条件成熟的时候，国家可以对高等职业院校的学生减免一部分学费，这既是政府在高等职业教育发展过程中的一项民心工程，也可以提升高等职业院校的社会地位，吸引更多的优秀生源，促进高等职业院校的良性发展。在此期间，以职业类高等教育数量持续增加、高等职业教育结构趋向复杂为现实依据，政府配置高等职业教育资源的过程中，为了更全面地认识规模庞大的职业类高等教育，有必要利用特定抓手或借鉴一些工具对职业类高等教育进行分类，并以此作为政府优化高等教育资源配置的重要参考。

通过以上分析可以看出，目前高等职业教育的发展状况及教育资源的稀缺需要政府对高等职业院校进行更多的支持和政策倾斜。在这种情况和背景下，构建高职高专院校分类制度，使得高职高专院校具有不同的归属感，为国家合理配置高职高专教育资源提供了依据。国家应根据职业院校的“类”与“层”，根据职业院校的办学特点，有针对性地进行高等教育资源的合理配置，以防止或减少教育资源的浪费，并对社会迫切需要的专业进行有效的指导，为社会输送更多的高技术技能人才，这对于构建具有中国特色的世界一流的职业教育体系，具有重要的理论与现实意义。

第二章　新时期高等职业教育高质量发展

高等职业教育是我国教育体系中的重要组成部分，其目标是培养具有专业技能和实践能力的高素质人才。2021年10月，中共中央办公厅、国务院办公厅印发了《关于推动现代职业教育高质量发展的意见》，以质量提升为主线，提出“强化职业教育类型特色”“完善产教融合办学体制”“创新校企合作办学机制”“深化教育教学改革”“打造中国特色职业教育品牌”等多个方面的发展目标。高职教育高质量发展属于典型的政策诱导型发展方式，是我国进入高等教育普及化阶段，党和国家在对当今国际国内形势、经济社会发展趋势以及民众对美好生活向往等诸多因素进行科学研判的基础上，提出的一种新发展要求、新发展方式，体现了党和国家对高职教育改革发展规律性认识的不断深化。在新的历史时期，提高高等职业教育质量已成为社会和经济发展的必然要求。当前，我国已进入新发展阶段，经济结构正在深化调整，新能源、新消费、新制造等战略性新兴产业快速崛起。新的发展阶段、发展理念、发展格局，都对高职教育提出了更高的要求。不论是促进企业的创业创新与产业的发展，帮助我们从制造大国走向制造强国，还是促进职业教育的高质量发展，满足就业需求，提高民生福利，培育出一批数量众多、水平高的“大国工匠”、能工巧匠等高素质技术人才，发展高等职业教育都是顺应时代的必然选择。

第一节　高等职业教育高质量发展的内涵及影响因素

高等职业教育是国民教育体系和人力资源开发的重要组成部分，肩负着培养多样化人才、传承技术技能、促进就业创业的重要职责。在全面建设社会主义现代化国家新征程中，职业教育前途广阔、大有可为。职业教育高质量发展是实现人才培养目标、满足社会经济需求的重要途径。它不仅涉及教育机构的教学水平和专业能力，更关乎学生的就业竞争力和对行业的发展。为了实现职业教育的高质量发展，必须深入理解其内涵及影响因素。

一、高等职业教育“高质量”发展的内涵

在《国家职业教育改革实施方案》中，“质量”和“高质量”两个词出现的频次非常高，达22次，并第一次提出“推进高等职业教育高质量发展”。在《职业教育提质培优行动计划（2020—2023年）》中，“质量”和“高质量”两个词出现的频次更是惊人，达30次，并指出要以此为抓手，以“提质培优”为主线，打造一批公平的、有质量的、有类型的、有特色的职业教育。《职业教育法》于2022年5月进行了26年来的第一次修订，该修订在法律层面上明确了职业教育与一般教育同等的地位，并在此基础上进一步加强产教融合、校企合作，进一步健全了相关的保障体系，为促进我国职业教育的高质量发展打下了坚实的法律基础。从一系列的政策和法规的修订中，我们可以看到国家对职业教育的支持和推动，“高质量”成为未来职业教育发展的主旋律。

（一）培养高素质技能人才

培养高素质技能人才是高等职业教育的核心任务，也是实现高等职业教育高质量发展的关键。

1.明确培养目标

高等职业教育的目标是培养具备高素质、高技能的实用型人才，以满足社会

和经济发展的需要。因此，高等职业教育必须紧紧围绕这一目标，制定科学合理的人才培养方案，明确各专业人才培养的具体目标。首先，高等职业教育应该根据经济社会发展的需要，结合市场需求和行业发展，制定各专业的培养目标。这需要深入了解行业、企业和市场需求，与企业和行业专家紧密合作，共同制定人才培养方案，确保培养出来的人才能够适应市场的需求，具备实际工作的能力和素质。其次，高等职业教育应该注重培养学生的综合素质，包括人文素质、职业素质、道德素质等。要注重培养学生的创新精神、创业意识、实践能力、团队合作能力和沟通能力等非技术性能力，使培养出来的人才不仅具备专业知识，还具备较高的综合素质，能够更好地适应社会的需求。

2.优化课程体系

课程体系是人才培养的基础，是培养高素质技能人才的重要保障。高等职业教育应该根据各专业的培养目标，结合行业、企业和市场需求，构建科学合理的课程体系。首先，高等职业教育应该注重课程内容的更新和优化，将最新的科技和行业发展的成果纳入到课程内容中，使学生能够及时掌握最新的知识和技能。其次，高等职业教育应该注重课程设置的针对性和实用性，开设与行业、企业和市场需求紧密相关的课程，注重培养学生的实际操作能力和职业技能，使学生能够更好地适应市场的需求。

3.强化实践教学

实践教学是培养高素质技能人才的重要环节，是实现高等职业教育高质量发展的关键。高等职业教育应该注重实践教学的重要性，加强校内外实践基地建设，为学生提供更多的实践机会和实践项目。首先，高等职业教育应该增加实践教学的课时比例，使学生有更多的机会参与到实践中去。其次，高等职业教育应该积极开展校企合作，与企业合作建立实践教学基地，共同开展实践教学活动。同时，可以将企业实际项目引入实践教学中来，使学生能够通过实际项目来锻炼自己的实践能力和职业技能。此外，高等职业教育应该注重开展课外实践活动，通过组织各类竞赛、社团活动、社会实践等，培养学生的创新精神、团队合作能力和实践能力等。

4.加强师资队伍建设

教师是人才培养的主体，是培养高素质技能人才的关键。高等职业教育应该注重加强师资队伍建设，提高教师的专业素养和教育教学水平。首先，高等职业教育应该鼓励教师参加各类培训和学习活动，提高教师的专业素养和教育教学水平。可以定期组织教师参加校内外培训、企业实践和学术交流等活动，使教师能够不断更新自己的知识和技能，更好地服务于人才培养工作。其次，高等职业教育应该注重引进具有丰富实践经验和较高理论水平的双师型教师。双师型教师具有较高的理论水平和较丰富的实践经验，能够更好地指导和培养学生的实践能力和职业技能。此外，高等职业教育应该注重鼓励教师开展科研工作和社会服务活动，通过参与科研项目和社会服务活动，提高教师的专业素养和综合能力。

（二）优化职业教育体系

现代职业教育体系为适应地方经济社会发展的需要，满足人民群众多样化职业的教育需求，实现了从中职、专科、本科到研究生的有机衔接。进一步强化职业教育类型特色，巩固职业教育类型定位，对于激发职业学校发展动力、增强职业教育的认可度和吸引力至关重要。

1.加强中等和高等职业教育的衔接

中等职业教育和高等职业教育是职业教育体系中的两个不同层次，它们之间应该建立更加紧密的联系和衔接。高等职业教育应该加强与中等职业学校的沟通，共同制定人才培养方案和教学计划，建立起有效的衔接机制。在中等职业学校中，可以开设一些高等职业教育的课程，使中等职业学校的学生能够提前接触和了解高等职业教育的知识体系和技能要求。同时，高等职业教育可以与中等职业学校合作开展联合招生和培养，进一步拓宽招生渠道，提高人才培养质量。

2.加强职业教育与普通高等教育的沟通

职业教育和普通高等教育是两种不同类型的教育体系，但它们之间应该建立起更加灵活的衔接机制。高等职业教育可以通过与普通高等院校的合作，共同制定人才培养方案和教学计划，建立起学分互认、课程互选等机制。同时，可以探索“双学位”模式，使高等职业教育的学生在获得职业技能的同时，也能够获得更加全面的普通高等教育学位。此外，还可以通过“专升本”等途径，使高等职业教育的学生能够继续深造，提高自己的学历水平和综合素质。

3.加强职业教育与经济社会发展的互动

职业教育与经济社会发展之间有着密切的联系，它们之间应该建立起良性互动机制。高等职业教育应该加强与企业和社会的联系，了解市场需求和行业动态，及时调整人才培养方案和教学计划。同时，高等职业教育应该积极参与地方经济建设和社会发展，为当地提供技术支持和服务。通过校企合作、校地合作等方式，建立起互利共赢的模式，促进职业教育与经济社会的共同发展。

4.加强国际交流与合作

职业教育是一种国际性的教育类型，高等职业教育应该加强国际交流与合作，引进国外先进的教学模式和教学资源，提高我国职业教育的国际竞争力。可以通过参加国际会议、开展校际交流等方式，了解国际职业教育的发展动态和趋势，学习国外先进的教学理念和方法。同时，可以探索与国外高等职业教育的合作办学，共同培养具有国际视野的高素质技能人才。

（三）深化产教融合

深化产教融合是实现高等职业教育高质量发展的重要途径之一。高等职业教育应该加强校企合作、推行工学结合的教学模式、加强师资队伍建设等方面的工作，建立起紧密的产教融合模式，培养出更多高素质技能人才，为经济社会发展做出更大的贡献。

1.建立产教融合的长效机制

高等职业教育应积极与企业建立长期稳定的合作关系，共同制定人才培养方案和教学计划，共同开展实践教学和科学研究等活动。通过建立产教融合的长效机制，可以确保人才培养与市场需求的高度契合，加强产教融合的规范化管理。高等职业教育应该建立完善的产教融合规范化管理制度，明确合作双方的权利和义务，加强对于合作过程的管理和监督。同时，企业和学校也应该共同制定合作方案和计划，明确合作目标和任务，实现互利共赢。

2.推动实质性的合作内容和形式

高等职业教育应该积极推动与企业的实质性合作，加强教学内容与实际工作的衔接，开展实践教学和实习实训等活动。同时，企业也应该积极参与到学校的教学过程中来，提供实习和就业机会，共同培养符合市场需求的高素质技能人才。增加企业对于产教融合的投入力度，企业应该认识到产教融合的重要性和意义，积极参与到产教融合过程中来。企业可以提供资金、技术、设备和人员等方面的支持，加强与高等职业教育的合作深度和广度，共同推动产教融合的发展。

3.创新产教融合的教学方式

高等职业教育应该根据市场需求和行业趋势，不断创新教学方式，引入现代化的教学手段和技术，提高教学质量和效果。同时，企业也可以将最新的技术、设备和行业标准引入学校的教学中，帮助学生掌握前沿知识和技能，提高人才培养质量。职业教育的本质是产教融合，因此职业教育的高质量发展必须深化产教融合。通过加强与企业的合作，建立起紧密的合作关系，共同制定人才培养方案，共同开发课程和教材，共同开展实践教学，实现教育链和产业链的有效对接。

二、高等职业教育高质量发展的关键因素

校长是学校的灵魂，是全体教师的领导者，建设一支优秀的高校队伍是实现新时期教师队伍建设改革目标的重要保证。为了促进高等职业教育的改进和优化，一系列战略的实施需要职业学校校长的领导和把控，需要校长有远见和综合谋划能力，具备良好的专业技能和个人素质。

（一）专家型校长

校长对学校的生存和发展起到了非常重要的作用。可以说，高职院校的校长是学校领导工作的核心人物，在学校发展中发挥着领导、协调、团结、创新的作用。校长具有的办学理念、决策素质和管理技能在很大程度上影响着职业学校的改革、发展和未来。高等职业教育想要实现创新性的发展、开展让社会满意的职业教育，一定离不开对高等职业教育充满热爱、高等职业教育经验丰富的专家型学长。

高职院校的校长应既可以深入理解和遵循办学、育人的规律以及高等职业教育教学规律，明确行业发展现状和职业发展规律；又可以理解行业和技术发展趋势，在学校教育和发展中形成一套反映其特点的办学育人思想，并为学校发展提供创造性建议。具体来说，应当具备以下几方面能力。

理解高等职业教育，能够运用先进的教育理念，培养职业型人才，提高学生的专业素质、技能和能力，发展个性。在具体的培养过程中，在培养目标的指引下，依据职业型人才知识、能力提升和身心不断完善的核心理论，采取科学合理的措施，为社会建设源源不断地培养各方面的技术型人才，从教育思想、办学理念和办学模式等方面入手开展教学改革创新。①

① 成立平.专家型校长办学是高职教育的必然选择[J].职业技术教育，2012，33（21）：38-40.

校长在职业技术学校管理方面应具有突出的能力。职业技术学院专家型校长是学校的领导者和管理者，除了热爱和献身于高等职业教育，他还必须具备优秀的学校管理技能。校长的主要任务是依靠全体师生并充分利用师生等利益相关者的发展意识和执行能力，运用有效的管理方法和机制，整合他们的主动性，促进学校的发展。职业高等教育学校的以人为本、专业性决定了职业高等教育的开放性。因此，在我国高等职业教育发展的宏观经济背景下，职业学校校长需要开发和协调外部资源，创造有利于实现办学目标的有利外部环境。学校结合了该地区社会发展的不同水平和特点。这就要求校长拥有与现代大学理念、有效的管理方法和技术相适应的优秀的控制力。

熟悉行业、企业和高等职业教育之间的关系。大学教育培养服务于生产、管理和基层的高技能型人才，与行业/公司密切相关，高等职业教育离不开产业/企业的参与与合作，其办学定位、培养目标、专业设置、培养过程、课程开发和教学评估在不同程度上取决于行业/公司在不同方向和水平上的参与。如果没有生产企业的参与合作，就不可能在职业教育和培训中实现高等教育的办学特色。随着高等职业教育的发展，对产业、企业的依赖与合作将加深，融合程度也将加深。在教育过程中，我们需要走一条更全面的校企合作、产教融合、工学交替的道路。毕业生就业市场是企业，那么就需要校长对企业的商业模式、管理方法、工作机制和企业文化有深入的认识，他们还需要了解产业发展的现状和趋势，不断调整教育方向，准确定位教育，保持教育特色，培养符合社会需求的人才。

（二）适应市场需求

适应市场需求是职业教育高质量发展的关键因素之一。市场需求是职业教育发展的导向，职业教育的目的是满足社会和经济发展的需要，为各行各业培养适应市场需求的高素质技能人才。

1.适应市场需求是职业教育高质量发展的基础

适应市场需求可以促进人才培养与市场需求的紧密衔接。职业教育通过了解市场需求和行业趋势，可以更好地把握人才培养的方向和目标，使人才培养更加贴近实际需求。同时，通过与企业合作、开展实践教学等方式，可以增强学生的实际操作能力和职业素养，提高人才培养质量和就业竞争力。适应市场需求可以推动职业教育的改革和创新。随着市场经济的发展和产业结构的升级，职业教育面临着许多新的挑战和机遇。只有紧密关注市场需求，不断调整和优化教学方案，才能保持竞争力和活力。例如，近年来新兴的人工智能、大数据、新能源等产业对人才的需求发生了很大的变化，职业教育需要及时跟上这些变化，调整专业设置和课程安排，培养适应新市场需求的人才。适应市场需求可以加强职业教育的产教融合。产教融合是职业教育发展的重要趋势，是实现职业教育与经济社会发展紧密对接的关键环节。通过与企业、行业紧密合作，共同开展人才培养、技术研发等活动，可以促进教育链和产业链的深度融合，实现资源共享、优势互补、互利共赢。

2.主动适应市场需求

加强市场调研，把握市场需求。高等职业教育学校应加强对市场的调研和分析，把握行业和企业的需求，了解市场对人才的要求和标准。通过深入企业、走进社区、开展校企合作等方式，收集市场信息和反馈，及时调整和优化教学方案。创新人才培养模式，强化实践教学。职业教育要打破传统的人才培养模式，注重实践教学和技能培养，提高学生的实际操作能力和职业素养。通过开展实践教学、加强实验室和实训基地建设、引入企业项目等方式，让学生在实践中学习、在实践中成长。深化产教融合，推动教育链和产业链的深度融合。职业教育要积极与企业、行业合作，共同制定人才培养方案和教学计划，实现资源共享、优势互补、互利共赢。通过建立产业学院、开展技术研发合作、共同培养人才等方式，促进教育链和产业链的深度融合。及时跟进新技术和新产业的发展，调整专业设置和课程安排。职业教育要关注新技术和新产业的发展趋势，及时跟进市场需求的变化，调整专业设置和课程安排。通过开设新兴专业、更新教材内容、引进新技术等方式，提高人才培养的针对性和适应性。

（三）加强师资队伍建设

加强师资队伍建设是职业教育高质量发展的关键因素之一。职业教育需要加强师德师风建设、提高教师专业素养、加强“双师型”教师培养、推动教师专业化发展等措施，建设一支高素质、高水平的师资队伍，为职业教育的高质量发展提供有力保障。

1.加强师德师风建设

师德师风是评价教师队伍素质的重要标准，加强师德师风建设是职业教育师资队伍建设的重要内容。首先，要建立师德师风建设的长效机制，将师德师风建设贯穿于教师队伍建设的全过程。通过加强宣传教育、建立健全制度、强化监督检查等方式，引导教师树立良好的职业道德和行为规范。其次，要加强对教师的思想教育和心理疏导，增强教师的责任感和使命感，激发教师的积极性和创造性。

2.提高教师专业素养

教师专业素养是保证人才培养质量的重要因素，提高教师专业素养是职业教育师资队伍建设的重要任务。首先，要加强对教师的专业化培训，提高教师的学科专业素养和教育教学能力。通过开展校内培训、鼓励教师参加国内外学术会议和研讨会、鼓励教师学历提升等方式，不断提高教师的专业素养和教育教学水平。其次，要鼓励教师深入企业实践，了解行业企业需求和最新技术发展，不断更新教学内容和方法，使教学内容更加贴近实际，更加具有针对性和实效性。

3.加强“双师型”教师培养

“双师型”教师是指既具备教学能力又具备实践经验的教师，是职业教育中非常重要的师资力量。加强“双师型”教师培养是提高职业教育教学质量和促进产教融合的重要保障。首先，要完善“双师型”教师培养机制，制定相关政策，为“双师型”教师提供更好的发展平台和待遇保障。其次，要加强对“双师型”教师的引进和培养力度，通过与企业合作、设立专项基金等方式，吸引更多的优秀人才加入职业教育师资队伍。最后，要加强对“双师型”教师的管理和考核，建立健全评价机制和激励机制，鼓励教师不断提高教学水平和专业素养。

第二节　高等职业教育高质量发展的重点

高职教育从最初的探索，到大规模扩招，再到高质量建设，这一过程中，高职教育不仅为我国的经济转型升级提供了大量的高素质的技能人才，同时，它也是高职教育体系的主要组成部分，在促进现代职业教育迈向更高水平方面发挥着非常重要的作用。

一、高等职业教育高质量发展的重点

2022年12月，中共中央办公厅、国务院办公厅印发《关于深化现代职业教育

体系建设改革的意见》，提出探索省域现代职业教育体系建设新模式、打造市域产教联合体、打造行业产教融合共同体的战略任务，进一步推动高质量职业教育体系的机制创新。

（一）专业建设高质量

专业建设高质量需要紧密结合地方经济和行业发展的需要。高等职业教育需要了解市场和行业的需求和趋势，根据市场需求和行业趋势来设置和调整专业方向。例如，当前现代制造业、现代服务业和现代农业等领域是经济发展的热点，高等职业教育可以针对这些领域设置相关专业，以满足市场需求。专业建设高质量需要注重教学质量的提高。教学质量是专业建设的关键，高等职业教育需要建立起一个教学质量保障体系，包括教学质量标准的制定、教学质量的监控、教学评价与反馈等环节。通过定期进行教学评估、学生满意度调查和毕业生跟踪调查等，及时了解教学质量情况，发现问题并采取有效措施进行改进，以保障人才培养质量。专业建设高质量需要注重师资队伍的建设。师资队伍是专业建设的核心力量，高等职业教育需要注重教师队伍的建设，提高教师的素质和能力。可以通过引进优秀人才、加强教师培训和专业化发展等方式，提高教师队伍的整体素质。同时，要鼓励教师参与实践和科研活动，提升教师的实践能力和学术水平。专业建设高质量需要注重实践教学环节。实践教学是高等职业教育的重要环节，通过实践教学可以提高学生的实践能力和技术应用水平。可以通过建立实训基地、加强校企合作等方式，为学生提供实践机会和实践教学条件。同时，要注重实践教学质量的监控和评价，及时发现和解决问题，提高实践教学的效果和质量。

（二）课程建设高质量

课程教学高质量是高等职业教育高质量发展的核心环节。提高课程教学高质量需要关注教学内容、教学方法、教学手段、考核评价等多个方面，以提高课程的教学效果和质量。只有不断提高课程教学质量，才能培养出高素质的职业技术人才，推动高等职业教育的持续发展和社会进步。

采用多种教学方法和手段，以提高教学效果和质量。教学方法和手段是课程教学质量的重要保障，应该根据不同的教学内容和学生特点采用不同的教学方法和手段。例如，可以采用案例教学、项目式教学、讨论式教学等多种教学方法，以激发学生的学习兴趣和主动性。同时，应该注重使用现代信息技术手段，如多媒体教学、网络课堂等，以提高教学的效率和质量。考核评价要科学合理。考核评价是课程教学质量的重要环节，应该采用多种考核方式，以全面了解学生的学习情况和效果。例如，可以采取笔试、口试、实践操作等不同的考核方式，以全方位地考查学生的知识、技能和能力。同时，应该注重考核评价的反馈和改进，以发现问题和不足，便于及时进行改进和提高。要注重实践教学环节。实践教学是高等职业教育的重要环节，也是提高课程教学质量的关键。可以采取多种实践教学形式，如课程设计、实验、实习等，以培养学生的实际应用能力和职业素养。同时，应该注重实践教学质量的管理和控制，确保实践教学的高效性和质量。

（三）职业培训高质量

按照职业教育的类型进行教育定位，职业培训是职业教育的应有职能，为技术技能人才接受终身教育提供服务是高等职业教育履行社会服务职能的重要延伸，是职业教育促进经济社会发展的重要途径。要实现职业培训高质量需做到以下几点。

1.精细化培训内容设计

要提升职业培训的质量，首先要对培训内容进行精细化的设计。这需要根据学员的职业需求和学习特点，系统地规划和设计培训课程。培训内容应该包括必要的理论知识和实践技能，以及相关的案例分析和实际操作，使学员能够全面、深入地理解和掌握所学内容。同时，培训内容的设计还应当与行业和企业的需求紧密相连，及时反映行业发展和企业需求的变化，使学员能够学以致用。

2.多元化培训方式

为了更好地满足学员的需求和提升培训效果，职业培训应该采用多元化的培训方式。线上教学和线下教学相结合，理论教学和实践教学相结合，班级授课和个人辅导相结合，以及课堂教学和实际操作相结合等方式，都可以提高学员的学习积极性和参与度，帮助学员更好地理解和掌握所学内容。

3.强化培训师资力量

优秀的教师是高质量职业培训的重要保障。因此，要提升职业培训的质量，必须加强师资力量的建设。一方面，要积极引进具备专业知识和丰富实践经验的专业人才，另一方面，也要加强对现有教师的培训并提高他们的专业素质，从而保证教学质量。

4.完善培训评估体系

为了确保职业培训的质量，需要建立完善的培训评估体系。这包括对学员的学习成果进行评估和反馈，以及对教师的教学质量进行评估和反馈。通过对学员的学习表现和教师的授课情况进行评估，可以及时发现和解决教学中存在的问题，从而提升职业培训的质量。

5.与产业发展紧密相连

职业培训的最终目的是帮助学员实现就业和提高职业素质。因此，职业培训应该与当地的产业发展紧密相连，根据当地产业的实际需求和未来发展趋势，及时调整和更新培训内容和方式，使学员能够获得最新的技能和知识，提高他们的就业竞争力。

二、高等职业教育高质量发展的实现路径

高等职业教育是我国培育现代工业专门技术人才的主要方式，它要与我国的经济和社会发展相适应，在建立现代职业教育体系、健全高质量保障体系、打造产教融合共同体、加强“双师型”师资力量等几个层面上，全方位推动高等职业教育高质量发展。

（一）建设现代化的高职教育制度，解读高等职业教育高质量发展的厚薄

要推动高等职业教育的各个层级之间的“无缝衔接”。加强中、高等职业学校之间的互联互通和普职之间的协作，健全中职、高职、本科各层次学校之间的协作机制，尤其是在教学内容、培养模式和专业设置上，加强资源共享，技术研究和管理上的协作。在制定人才培养计划时，各个方面都要有所侧重，中职强调基本的培养方式，而高职则强调多层次的培养方式，逐渐形成一条完善的高水平技术人员的发展道路。积极探索，稳步推进高职高专院校建设。“双高计划”中的高职高专要起到示范带头的作用，在高职高专专业设置上，重点关注与先进制造、人工智能等新兴行业相关的学科，优化提升传统学科，吸纳更多行业主体参

与到高职高专的学科建设和人才培养中，积极促进技术技能人才的形成，并在高度匹配高端技术技能人才的前提下，使其招生数量得到大幅度增加。

（二）健全职业教育的质量保证制度，控制优质育人的方向性

在高职教育以百万扩招为前提、以高质量发展为前提的两个条件下，要想让高职教育保持高质量，就需要建立起一套完善的质量保障制度，让高职教育能够更好地保护好人才质量的生命线。首先，要健全高等职业教育质量的内在评估体系。从点及面对高等职业教育的内部质量进行检查，在关键的过程环节，比如专业建设和质量审查上，要严格控制质量标准，在校内要建立一个负责协调的质量监管部门，并将其重点放在对人才培养质量、专业课程规划、课堂教学设计、实践效果反馈等方面的周期式评定工作上，还要在校外聘请专家作为专业审查员或督导员，按照一定的标准，对高等职业教育办学情况展开动态审核和定期抽查，最终形成主动化、完整式的高等职业教育质量评价系统，让高职教育质量保障管理制度得到加强。其次，要完善财政支持体系。充足的资金是高等职业教育实现高质量发展的根本保证。与其他种类的教育相比，高等职业教育具有经费来源单一、经费保障渠道不稳定等问题。虽然它的办学经费的最大来源是各级政府的财政性拨款，但是，政府资金的投入和支持相对来说是非常有限的。

（三）构建产学合作社区，提升教育品质

高等职业教育“产教结合”是高等职业教育优化类型定位、激发办学活力、实现高质量发展的必然选择。“产教融合”和“校企合作”是当前高等职业教育发展的主要思路。高等职业教育加强产教结合，是实现高等职业教育高质量发展的重要环节。

构建地方政府、企业和高等职业教育等多方协作的合作模式；突破公立和私立之间的制度壁垒，在产业和税收方面给予扶持，鼓励民营企业和外资企业开展股份制和混合所有制等多种形式的合作，以行业学院和企业的合作方式，培育产教融合的企业，构建学校和企业“双主体”的双赢关系，激发创新技术和技术人才的培育活力。在此基础上，利用当地政府的辅助奖励政策以及产教融合的服务机构，为学校与企业提供一个以市场为导向，以信息共享为目的的沟通平台。要把产学结合作为学校和企业“双主体”的合作培养模式。要对双方的利益进行平

衡，加强学校与企业之间的深入合作，使双方的教育效率与经济效率得到最大限度的发挥。基于行业发展与技术创新的需要，开展“引企入校”，适时引入行业前沿要素，构建“协同育人，协同创新”的多样化培养模型，促进高技术人才从零散到聚集。对专业群的核心课程体系进行全面的构建，将企业的先进技术和新规范以项目化教学的方式与专业群的核心课程体系融合，从而达到从宽口径的职业领域到专门化就业岗位的人才培养目标，促进专业群课程体系的有机组合。学校与企业之间要协作，共同建立一个开放共享的专业化教学资源，其中包含对活页式、工作手册式教材等进行有效开发，让优势的企业资源和强势的教育资源可以相互转化、沟通、融合。

在此基础上，结合5G、人工智能、区块链、物联网等新兴的信息技术，构建高层次的、有特色的、内涵丰富的专业集群，并将行业的前沿科技与教学相结合，优化产教合作模式，促进“三教”协同发展，促进“以教带产”。在培养引导、试点实施、绩效考核等环节，引进社会第三方评估机制，开展产教融合效果评估，确保教育的供给方与企业的需求方能够实现良性互动，形成多元协同、各司其职的新型产教融合模式。

三、推进职业教育高质量发展的路径

实现职业教育高质量发展是一项非常复杂的工作。要想让职业教育高质量发展，必须要对形势进行判断，要把实际的工作落实，要充分满足社会和个体的双重要求，努力建立高质量的职业教育体系，提高高等职业教育的竞争能力。

（一）满足社会和个人的双重需求

职业教育高质量发展的根本目标和主要内容是为社会发展提供服务，经济发展是它的根本，个体发展是它的延伸。

1.协调发展，促进产、学、研的合作与共治理

在推进产教融合过程中，要防止“单线作战”，加强各类主体之间的协同发展，实现资源的共享，推进“协同共管”，形成“政府、高等职业教育、社会等各方主体协同合作，形成一个良性的社会环境，形成一个良性的政策机制”。第一，明确各方发展的职责和权限，使各方都能发挥作用。政府应该扮演好协调角

色，及时地对产教融合的发展进行管理，提供相关的政策和体制支撑，并鼓励企业积极主动地参与到产教融合中来。在学校教育方面，要树立学校教育的主体形象，充分利用学校教育的优势，以科技产业园和产教融合的训练基地为依托，开展学校教育的实验和探索；高职高专教育要加强改革，确保高职高专教育的持续供给，加强“校企合作”。第二，加强学校与企业之间的合作与共享，促进学校与企业之间的有效整合。产业企业和高等职业教育有着不同的发展方向和渠道，在进行信息和资源交换时，由于受到多种因素的制约，不可避免地会遇到信息不一致、利益难以融合等问题。所以，应该努力实现学校和企业之间的资源共享和成果共享，构建一个“学校和企业双重育人的深度融合模型”，并以网络技术为基础，大力推动产教育融合信息共享平台、资源交流平台等，促进信息、技术、成果和育人等方面的多维交流和有效融合。

2.为个人提供更多的服务，拓宽职业发展的通道

优质的职业教育具有多样性和立体性，它反映出“以人为本”的思想，它能为人民提供生活保障，并推动个人发展。与其他类型的教育相比，职业教育在人才的培养方面有着见效快、周期短的特性，它可以在很短的一段时间里，让个人拥有一份可以维持生计的工作，这样就可以让个人得到最起码的生活保障。第一，倡导多元参与、多元合作的就业培训模式。推动高等职业教育、职业培训机构与行业协会、企事业单位等，以各种方式开展协作，组建职业教育集团或联盟，推动学校与企业之间的协作，拓展受教育者获得教育的途径。第二，重视高等职业教育和培训机构的教学质量。构建和完善与之有关的质量评价制度，让各个行业的企业都能一起加入评价当中，这样就可以对教育机构的组织、程序及运行质量展开“系统性的检查”，对院校、机构的办学资质展开评估，并将信息及时地公布出来，积极地让企业与社会对其进行监督，从而确保受教育者的教育与培训的质量。第三，促进构建“岗位—岗位—人员—企业”之间的“岗位—人员”关系，通过构建信息交换和分享的平台，实现对“岗位”和“岗位”之间的有效对接，提高“岗位”与“岗位”的契合度，提高就业机会。

（二）构建高质量职业教育体系

构建高质量的职业教育体系，作为现代教育体系的一个关键环节，应该始终坚持问题导向，促进精准施策，让它变成一个可以与之有效衔接的现代高质量的职业教育体系。

1.建立健全完备的职业教育体系

建立完善的、纵向贯通、横向融通的现代职业教育体系是职业教育高质量发展的新目标与新要求。第一，建立各级各类教育相互融通的职业教育体系。推进中等职业教育、专科职业教育、本科层次职业教育和专业学位研究生教育纵向贯通，建立职业技术教育与普通教育双向互认的纵向流动框架，强化各类型教育的横向融通，强调职业教育的类型特色，不断完善职业教育内外部衔接通道。第二，完善职业教育的教学标准体系，根据专业设置与产业需求对应、课程内容与职业标准对接及教学过程与生产过程共通的要求，持续更新院校层面标准、专业教学标准等，使各标准相互依托，形成有机的统一体。第三，建立职业教育高质量发展指导与评估机构，加速评价评估工具价值性的体现，对职业教育质量进行专业评价与评估，并进一步发挥激励、反思以及问责功能，不断提升职业教育质量，推动职业教育高质量发展目标的达成。

2.推进高等职业教育办学制度的创新

对现行的高等职业教育办学体制进行改革与改进，是推进高等职业教育办学水平不断提高的一个重要环节。第一，按照“放管服”的要求，进一步规范高等职业教育的办学自主，为高职高专学校的发展注入新的动力，促进高等职业教育与企业、行业和社会的紧密联系，主动适应产业、市场和经济的发展需求，切实提高高职高专学校的教学水平和教学效益。第二，完善高等职业教育的质量保证机制和系统，构建高等职业教育质量保证机制、质量考核和评价机制以及第三方评估机制。与此同时，要促进行业企业组织、教育评价机构和学术机构等社会方面对职业教育高质量发展进行监测和评价，充分利用评价对高等职业教育发展的促进作用，确保职业教育的质量。第三，推动高等职业教育“联合体”和“共同体”的建设，以提升高等职业教育的经营管理水平和资源的有效利用水平。省级政府要制定具体的措施，采用联合体、共同体等形式办学，以及发展职业教育园区，从而实现对教育资源的高效整合与有效使用的目的。

（三）提升高等职业教育竞争力

高等职业教育要充分发挥自己的特点和优势，提高自己的综合实力，促进高等职业教育的高质量发展。

1.学科发展和教师培养齐头并进

专业建设和教师队伍建设是高职教育发展的重要环节。第一，高等职业教育要把学科建设作为自己的“命脉”，加强学科建设；高等职业教育应顺应时代发展的要求和行业的发展变化，积极主动地进行专业的动态调整，并与行业的发展相适应，从而打造出自己的专业品牌。与此同时，在教学和技术研发两个层面上，努力提高学科的科技水平，促进学科技术的革新，并针对关键领域的技术需要，进行相关的技术研发和服务，努力寻找一个可以促进学科发展和产业发展的切入点。第二，扩大高等职业教育的规模，促进高等职业教育“双师型”师资的发展。要确立“双师型”教师的评价标准，推进“双师”认证工作，健全高等职业教育教师的任职条件和职务晋级渠道，构建健全的高等职业教育教师培训体系。此外，还应促进教师队伍的创造性构建。高等职业教育应充分意识到高素质、专业化、创新型教师队伍在加速高职教育现代化进程中的重要地位：一方面要从企业中聘请高水平的技术人员到学校执教；另一方面要主动创新人才引进和聘任模式，增加海内外的专家和学者，使教师队伍更加完善。

2.机构改革和体制改革的同步进行

提高高等职业教育的竞争能力，必须进行机构改革和体制改革。长期以来，我国高等职业教育普遍存在着一种体制内的“滞后性”，然而，由于长期的滞后性，必然会造成体制延迟成本、政策调整费用的大幅增加。所以，要提高高等职业教育的竞争力，就必须要有一些具体的制度来规范高等职业教育的具体行动。第一，高职教育组织改革是一种在发展中做出价值选择的动态变化，在组织层次上，应寻求国家力量和高职教育自身发展之间的制衡关键点，实现高效管理，畅通信息流动，灵活组织构建；在组织文化层次上，要对高等职业教育的价值观进行准确的定位和反思，要始终保持以人为本的态度，避免工具化和功利化的趋势，把培养出高水平、高品质的技术和技能人才作为自己的目标，在文化层次上，要为企业的改革提供支撑。第二，我们要努力构建和完善各种体系，并且要对与中国有关的专业技术体系进行探讨，比如推行“中国特色学徒制”和“1+X证书”等。

第三节 高等职业教育高质量评价研究

高等职业教育作为现代教育的重要组成部分，对于培养学生的职业技能、实践能力和创新精神具有重要意义。而高等职业教育的高质量评价，更是对高等职业教育整体发展和社会功能的重要体现。

一、高等职业教育质量评价的必要性

高职教育质量评价能够为高等职业教育提升办学水平提供一个思路，同时也是上级政府主管部门对高职教育进行宏观管理的一种有效手段，为提升高职教育人才培养质量提供了保障。

对高等职业教育的质量进行评价，可以促进高等职业教育的发展。高等职业教育质量评价可以帮助高等职业教育展开自我检查和自我调整，通过系统的自我评价和外部评价，可以发现高等职业教育办学的优势，还可以发现其缺点和缺陷，从而提高办学水平。高等职业教育的教育质量评价，是上级部门对高等职业教育整体管理的一种手段。通过对高等职业教育进行科学的评价，上级政府部门可以对高等职业教育的教学质量和管理水平有一个系统、准确的了解，并对其进行监督，从而为制定教育制度和教育政策提供决策依据。对高等职业教育的教学质量进行评价，有助于提高人才培养的质量。高职教育服务于产业和行业的能力是高职教育质量评价的一个重要方面。产教融合协同育人，校企合作实现互利共赢，是提高高职教育质量的关键，将产业和企业的用人标准和高等职业教育的人才培养标准进行有效的对接，让高等职业教育在人才培养方面与市场更加密切地结合。

二、高等职业教育质量评价发展变化特征

从高职教育发展历程及现实诉求来看，随着高职教育的不断发展，其质量评价表现出如下特点。

（一）评价制度不断完善，评价主体不断丰富

我国高职教育早期的质量评价是由政府主导进行的一种外部评价，学校自我评价完全是自发的，没有与之相应的监督和约束机制。随着质量评价机制的逐渐完善，逐渐发展为学校自评与政府组织的专家组评价相结合，最后形成第三方参

与评价、内部诊断与改进、国家—省—院校三级质量年度报告三者结合的内外部质量保障制度。其中，第三方参与评价代表了行业、企业、研究机构及其他社会组织，它主要从外部层面，在专业领域对高等职业教育的人才培养质量展开评价和约束。诊断和改进制度主要是通过对自身的自我诊断和优化提高来实现的；质量年报发布是由政府主管机关监管的，学校应对所发布的资料承担责任，并通过发布的方式对社会进行反馈。教育质量评价的制度不同，主体也就不同，协同运行，可以为高职教育的高质量发展提供保障。

（二）与社会发展需求的匹配度不断提高

高等职业教育是培养高质量、高技能、高素质人才的主要“厂家”，其质量的优劣是决定高等职业教育水平的高低的重要因素。高等职业技术院校的质量评价体系，已经从原来对学校的办学条件、教学建设、教学管理、教学效果的评价，发展到对就业率、就业质量、企业满意度、职业道德、产教融合、校企合作程度的评价，这表明，评价的侧重点已经从“投入的生产资料”“生产过程性因素”，向关注“产品”的质量、关注服务的效果的方向发展。这一转型是高职教育持续发展的重要保障。

（三）在职业教育质量评价中，政府起到了主要推动作用

建立现代化高等职业教育评价和保障体系，需要国家教育行政部门的大力支持。从一开始对教育评价的方式与内容作出决策的“绝对主导者”，为顺应社会发展的需要，将“放管服”的权利下放到社会第三方与学校手中，并通过制定指导性政策文件，对高等职业教育的人才培养状况进行监管，对高等职业教育的教学质量进行数据采集与分析、检查与监控。在高职教育发展的全过程中，政府起着主导作用，协调和利用各种力量，提高高职教育的质量。

三、高等职业教育质量评价体系构建

高等职业教育质量评价体系的构建对于提升教育质量、促进高等职业教育可持续发展具有重要意义。构建科学合理的评价体系，有助于准确评价各个方面的

教育质量，为高等职业教育提供持续改进和优化的依据。为此，研究和建立一套符合高职院校实际的教育质量评价体系是当务之急。

（一）高等职业教育质量评价的意义

1.国家教育行政部门转变职能的需要

教育质量评价是加强高等职业教育管理的有效手段之一。随着我国教育的不断发展，教育体系也不断完善，教育领导部门的职责也由原来的主导各大高等职业教育逐渐转变为对高等职业教育进行宏观调控和监督。通过对教学的评价和调控，能够让各高等职业教育更加明确自身的办学理念和未来的发展道路，让各项工作井然有序。同时，高等职业教育也要从评价中不断积累经验，改变原有教学的思维定式和不足之处，在确保自主权得到充分发挥的情况下，开办符合法律和社会要求的教学。①

2.提高整体办学水平、保证教育质量的需要

随着社会的不断发展，我国高等职业教育也逐渐普及。各大高等职业教育纷纷扩招，在校人数逐年增加。但在人数激增的背后，高等职业教育的教育质量和人才培养都出现了一系列问题。要整体提高高等职业教育的办学水平和教育质量，必须充分发挥出高等职业教育自身的优势和特长，规范教育管理，不断改善现有的教学环境和条件，解决存在的一系列问题。教育部也在不断鼓励各高等职业教育通过教育质量评价，找出自身存在的问题和不足，通过教学改革促进教学发展，找到一条能够协调发展的有效途径，使办学规模、结构和教育质量都符合社会发展。此外，开展正确的教育质量评价，增加高等职业教育对教育特色化的重视程度，在处理各种问题时重视教育教学问题，以发展促改革，稳步提升学校教育水平，不断完善学校的教育程序。

3.深化改革，促进教师成长，加强高等职业教育与社会联系的需要

要确保教育质量得到提升，必须进行教育体制改革。开展质量评价有利于高等职业教育通过评价发现问题，从而进一步审视自身存在的不足，并进行相应修正和调整。不断深入教学体系的改革，促进教学工作的开展，能够在一定程度上发展高等职业教育，这是不断深化教育改革的动力所在。此外，通过开展教育质

---

① 王卓. 高等教育质量评价研究[M]. 长春：吉林大学出版社，2016.

量评价，高等职业教育能够更深层次地认识到自身的存在价值和意义，不断提高工作开展的积极性。因此，教育质量评价是一种宏观调控的有效手段。在教师发展方面，教育质量评价也可以激励教师不断提升自我，成长成才，为高等职业教育培养出一大批经验丰富、素质过硬的优秀教师。高等职业教育的结果必须满足社会企业和人民以及学生对于技术发展的需要，这样才能为教育的发展提供源源不断的动力和源泉。教育质量评价也需要相关部门搜集信息并进行及时反馈，通过反馈进一步完善自身的教学管理体系，为社会发展培养优秀人才。

（二）高等职业教育质量评价的现状

1.行政干预偏重

现阶段我国高等职业教育评价体系政府参与明显，这一现象在具体的评价过程中既有优点也有不足。如果政府能够利用自身权威性的身份，将各方力量对高等职业教育的期待与需求及时传递给教育评价机构，便能够有效地推动评价标准的制定和评价工作的快速进行。但是我国经济形势的不断变化也影响着教育评价工作的进行，经济发展对专业技术型人才的需求越来越大，因此要建立新的教育评价主体，这一主体要体现社会就业对于教育的需要，而不只是体现政府力量作用于教育的影响。如果能够丰富教育评价过程中的主体参与，教育评价过程将更有针对性，学校也能更信任其评价结果，以此来改进学校专业领域的设置和课程结构，同时不同主体之间的协调能建立符合大多数人利益的评价标准。[①]

2.社会中介力量较弱

我国目前的经济体制是计划经济和市场经济共同控制市场秩序，这对教育评价活动的影响是教育评价机构从政府教育部门处获得运营资金，在教育评价机构内部有其他的评价主管部门，所以从实际来说教育评价机构有两个管理主体，在对评价机构实行具体政策时会存在一定的秩序混乱问题。所以，针对目前教育评价工作中的主要问题应该采取以下措施：减少政府部门的教育政策对于评价机构评价工作的干预，如果能够将评价权力真正放权于评价机构，评价机构运行体制会更加灵活，评价方案的制定也更能跟得上实际发展的需求，我国的教育评价体

---

① 秦桂芳.我国高等教育质量评估存在的问题、对策与思考[J].国家教育行政学院学报，2009，143（11）：24-27.

系能够更快地发展。

3.评价标准单一化

我国针对高等职业教育评价体系的不同发展阶段会出台相应的评价方案和评价文件，现阶段的教育评价方案是对各种类型的高等职业教育进行统一的成绩性评价，不针对高等职业教育开展的个性化民族性的专业展开其他的评价，也不在乎所评价的高等职业教育基础处于同行业中的何种水平，这种方式在一段时间内保证了我国教育评价体系的平稳运行。但是也导致了一定的问题，例如，高等职业教育的特色化专业得不到有效的评价，高等职业教育培养人才的方向只能根据评价机构得出评价结果，导致目前各高等职业教育所培养出的人才学习内容一致且发展方向一致，学生缺乏个性化的职业发展特性。

（三）高等职业教育质量评价体系的构建策略

随着高等职业教育的快速发展和社会对人才培养质量的要求不断提高，构建科学有效的教育质量评价体系成为高等职业教育的重要任务和挑战。高等职业教育质量评价体系的构建需要科学的策略和方法，以确保评价结果准确、全面，并能够促进高职院校的持续改进和发展。

1.转变政府职能，加强宏观调控

我国从发展高等职业教育改革以来，将高等职业教育的一切工作都视为与行政工作同等地位，对为高等职业教育进行教育评价的工作也非常重视。对于教育评价工作和高等职业教育发展如此重视还有另一个原因，就是高等职业教育发展的主管部门和教育评价标准制定的部门都是政府，一旦有政府参与的活动就必须严谨对待。让政府参与高等职业教育活动的各个方面，既有好处也存在不足，因为我国目前的经济政策是希望加大社会市场对于经济的自主调控力，这种经济发展理念也影响着我国教育发展的过程，提倡政府减少对高等职业教育活动的干预。政府可以参与教育活动，但只是合作总体政策流程的把控者，不能深入教育评价过程的具体环节，政府如果想要有效地发挥自己的教育权力，制定真正对高等职业教育有积极作用的教育政策和教育评价标准即可，增加社会其他力量对高等职业教育活动的参与，提高民众对教育结果的信任度。所以，针对目前各方主体都认为政府应该减少参与教育评价活动的问题，政府应该采取一些措施进行改进。能够采取的具体措施主要包括以下几个方面。①

一是政府减少具体过程中的行为干预。政府属于高层领导机构，每天日常工作事务繁多，不应纠结于某一问题的细小方面，政府管理的主要对象应该是运行规则，而不是监管教育评价机构和高等职业教育本身。政府应该做好大框架的运行规则的制定，具体的教育评价权力应该下放到专业的部门，自己进行间接的监督即可。这样政府的工作精力就能放在更多重要的项目上面，不参与复杂的评价工作也能够避免评价过程中的一些不正当行为，提高公民对于政府权威性的信任。另外，如果政府部门担心自己将权力外放之后，会完全失去对高等职业教育的管理权，可以提前采取对教育评价流程进行法律规范的方式，也可以对教育评价的结果留有自己解释的权利。

二是为避免第三方评价机构产生不正当的评价行为，扩大对高等职业教育进行评价工作的主体。政府部门不仅要对我国高等职业教育领域进行管理，我们生活中的方方面面都有政府管理的痕迹，所以，政府对高等职业教育进行评价这一行为是符合其权利规定的，政府肯定是众多高等职业教育评价主体中最重要的一方。随着我国经济形势中社会力量影响的壮大，教育评价活动中如果没有社会力量的参与也会减少一定信服度。

2.加快高等职业教育评价法制化进程

如果不将高等职业教育评价的具体过程以法律条文的形式进行明确规定，机构之间的评价行为就会过于随意化，第三方评价机构的独立地位和权利也得不到合法保护。如果高等职业教育的评价标准仅由评价机构制定，则对高等职业教育不公平，所以政府需要派遣专业学者帮助第三方评价机构制定评价标准，同时将评价标准用法律条文的形式固定下来，减少评价过程中主观性的发挥。第三方评价机构还有代替政府对高等职业教育过程进行监督的作用，如果不将这一权利在法律上给予规定，在执行过程中就会缺乏说服力和威信力。如果法律无法保障评价机构评价过程的公正、公开和透明，那么评价活动便会被其他不可预见的势力所影响，只有一切评价行为依靠法律规定进行，社会群众对于评价机构的评价结果才会更加信任。将评价过程法律化可以从以下几方面入手：一是用评价章程规定好评价人员每日的工作内容、工作检查标准、工作范围；二是将评价过程的具体流程以条文形式固定下来，评价人员在进行检测时可以明确照此执行；三是增

① 董维佳，宋建军.高等职业教育教学质量管理概论[M].南京：南京大学出版社，2007.

加对评价过程中边界性行为的界定，减少评价过程中各方力量的摩擦。同时，不能只制定法律评价政策而不去照做执行，应加强对评价法规执行过程的监督，使评价的法律法规真正有效落实。

3.不断改进高等职业教育评价方法和评价技术

想要对一个技术种类进行深入的研究，需要从两方面入手。首先，是基础知识的学习，而后才是实践手段的练习，如果改进教育第三方评价技术，不经过系统的理论知识的学习，技术就是架空的，评价方法在应用过程中会不符合高等职业教育的专业要求，评价结果不能反映高等职业教育的真实水平。我国开始认识到教育的重要性是在西方国家已经在教育领域取得一定进步以后，所以我国对高等职业教育的评价标准的理解还存在一些不足。但是我国教育历史悠久，与高等职业教育评价方法相关的其他学科在我国已经有较长的发展历史，我们可以通过阅读教育史料并结合当代各方面力量对教育需求的新趋势建立完备的教育评价方法。

4.对不同层次的高等职业教育实行分类评价

由于目前国家能投入高等职业教育的资金数量有限，如果不对高等职业教育进行类别的划分，资金就不能有合理的使用方向，高等职业教育机构之间便有可能采取不正当方式去争夺政府的款项，所以政府要做到对于学校内部情况非常了解，可以掌握每笔款项究竟适合于哪类学校。国家在进行改革的过程中意识到高等职业教育分类的重要性，因此建立了专业队伍去各个高等职业教育内部考察，了解高等职业教育的教育历史，建立分类的标准，这样政府就能够保障资金使用是有效的，同时对高等职业教育进行评价的第三方机构也能够加深对高等职业教育的了解。

第三章　新时期高等职业教育管理信息化

高等职业教育管理信息化是高职院校运用信息技术和资源来推动教育教学进一步发展和改革，以适应时代和社会对高等职业教育的需求，是当前教育发展的重要趋势之一。通过实现决策管理、学生管理、教务教学等各项工作的信息化，可以极大提高学校管理的效率和质量，同时也可以提高学校的综合竞争力，因此各高等职业学校应积极推进信息化建设，扩大信息技术在教育管理中的应用，最大限度地发挥教育信息资源的作用和价值，不断提高高职院校的信息化水平，为培养高素质技能型人才做出更大的贡献。

在科学技术飞速发展的过程中，数据成为“新石油”资源，基于大数据建立的一体化平台、智能算法和数据分析等创新技术，日渐融入高等职业教育领域，并占据了不可取代的地位。在政策倾斜与民众观念改变之下，我国高等职业教育的发展势头正劲，不论是院校数量，还是在校生数量上，都有了大量增加，学生数量的增加也带来了数据的井喷，为迎合社会发展与提升学校内部工作效率，高职院校务必提升教育管理的信息化水平，整合和优化已有机制和资源以及外部发展因素，来提高自身竞争力，提高教育教学效率，节省教育成本，提高教育质量。目前高职教育管理信息化主要包括决策管理、教务管理、学工管理、教学管理等方面。随着高职院校管理信息化建设的推进，大部分学校取得了较好的成效，但仍然面临一些问题，如政府财政支出不足、信息化建设水平不均、相关主体信息化意识淡薄、缺乏运行监督机制和信息化本身的消极影响。为促进高职教育管理信息化的进一步提升，可从加快投资主体多元化、加强软硬件建设、注重信息化人才培养和建立健全保障机制四个方面入手。

第一节 高等职业教育管理信息化的必要性

高等职业教育是高等教育和职业教育的重要组成部分，在高等教育中以职业为导向，在职业教育中处于高层次，兼具高等性与职业性。高等职业教育包括三个层次：高等职业专科教育、高等职业本科教育和研究生层次职业教育。高等职业教育是一种从我国社会实际出发、富有中国特色的教育类型，也是各类高等教育中与经济社会发展联系最紧密的教育类型。高职教育的目的在于培养具有高素质的技术人才。

在我国高质量发展的时代背景下，我国进入新发展阶段，经济发展对高素质技术人才的需求越来越大。目前，我国高职教育承担着在教育领域贯彻新发展理念、构建新发展格局和培养高度符合社会发展的人才的新任务。坚持履行为党育人、为国育才的职责，就要求在高职教育领域深入推进高职院校管理体制改革，以高职教育的发展促进高等教育与职业教育的共同进步，贯彻人才强国战略，为我国人才建设夯实基础。

随着信息技术的快速发展，高等职业教育面临着新的挑战和机遇，易变的社会需求倒逼高职院校提升教育的效率和效果，以实现培养目标；加强高职教育管理的行政、学工、教务和教学管理，以促进高职教育系统的改进和发展。高职教育系统还应管理和监督高职院校各部门，来确保其在工作中遵循道德和法律标准，以及与企业和社区合作，加强人才培养的针对性。信息化建设已成为高等职业教育发展的重要方向，对于提高教育质量、促进教育公平、培养高素质人才具有重要意义。

一、高等职业教育跨越式发展的历史需要

我国的高职教育建设历史较短，从20世纪80年代开始，在模仿普通高校管理模式的过程中逐渐形成自己的特色。[①]高职教育在建设之初并不受人重视，社会

① 王小梅，陈解放，曾令奇，等. 高等职业教育院校管理模式研究与实践[J]. 中国高教研究，2007，165（05）：37-41.

上对高职教育普遍存在误解，因其培养特点、就业方向特殊，再加上受中国传统教育观念影响，许多家长不愿让孩子进入高职院校学习，并且一些高职在校生也具有自卑感，认为自己与普通高等学校的学生相比“低人一等”。[①]而事实上，高职教育是我国高等教育体系的重要组成部分，也是职业教育体系的重要组成部分。高职教育承担着为社会培养高等技术应用型人才的重任，是推动我国经济社会和谐发展的重要角色。

2010年5月5日，《国家中长期教育改革和发展规划纲要（2010—2020年）》强调要努力建设中国特色、世界水准的高等职业教育，在现代化职业教育体系建设中发挥引领作用。此后，中央增加了对高职教育的经费支持，并给予一定的政策倾斜，着力使高等职业教育与普通高等教育处于同等地位，摘下社会及民众对高职教育的“有色眼镜”。就业是最大的民生，时任总理李克强在2019年的政府工作报告中提到，2019年全国高职院校将扩招100万人接受高等职业技术教育培训，掌握技术技能，从而在就业竞争中提升就业能力，增加收入。发展高等职业教育对优化人才结构、促进人才资源合理分布、加快产业结构升级、缓解就业压力具有重要意义。

高职教育管理者应当认识到，科学技术是生产力，网络信息技术是推动人类社会向前发展的巨大力量。随着研究的深入与推广，高质量和具有创新性的教育成本会越来越低，从前不敢想、不敢做的教育实践成为现实，大量的学习课程触手可及，信息化平台根据使用数据推测学习者学习习惯，按需推送兴趣课程，进而丰富学习体验。[②]在这个时代，只有不想学的知识，没有不能学的知识。各类教育又同时站在了新的起点线前，抓住来之不易的转变发展机会，紧跟新时期的信息化潮流，或许是我国高职教育赶超领先、乘风而上的新机遇。

党的十九大报告指出，我国经济增长已由高速增长转向高质量增长，而高职教育在国民经济发展中起到优化高等教育结构、引领职业教育发展的作用，必须推进高职教育自身高质量发展，在高职教育管理中融入信息化建设，有利于高职教育管理的良性发展。高职院校不同部门之间的互动与合作是促进高职教育质量和可持续发展前景的关键因素，传统的手工处理和纸质文档交互方法需要大量的劳动力，并且效率低下。教育管理信息系统和数据库的建立极大地方便了组织之

---

① 杨军. 浅析高职院校学生的特点与教育管理方法[J]. 黑龙江教育学院学报，2011，30（10）：48-49.

② 杨现民. 信息时代智慧教育的内涵与特征[J]. 中国电化教育，2014，324（01）：29-34.

间的互动、搜索、沟通和工作协调。通过信息技术，高职院校不同部门的管理人员和教师可以在任何时间、任何地点进行特定的数据搜索和分析，最大限度地利用数据库信息资源。

二、高等职业院校规模扩大的现实需要

随着民众对高职教育的观念转变向好，高等职业教育发展规模不断壮大，相关学生、教师的人数也在急剧增加。2022年，全国共有高等学校3013所，其中专科层次高职学校1489所。2022年，全国共有高等教育专任教师197.78万人，其中专科层次高职学校专任教师61.95万人。[①]高职院校和招生数量的增加也带来了高职院校教师的增加，高等职业教育作为中国高等教育体系的重要组成部分，其院校数量占高等教育学校数量的一半。每一所高等职业技术学院都有一套复杂的管理制度体系，其中各管理要素之间存在着相互协调、相互配合的关系。所以，对高职院校教育系统中的分工和资源进行整合，从而加快学校管理信息化的建设进程，才能让信息化的优势和效果在教育管理中得到最大限度的发挥。

2022年以前我国人口数量逐年增长，因此目前接受高职教育的潜在人数仍在增加，高职院校规模扩大，庞大的学生群体无疑给高职教育管理增加了难度。在正常的教育管理过程中也会产生越来越多的数据，传统的手动处理数据的方式已不能满足需求。相对于其他的管理方式，互联网技术在信息检索、分类等方面有着得天独厚的优势。加强网络信息技术在高职院校教育管理中的应用，既能使已有资源得到有效的整合，又能突破时空的限制完成数据共享，减少高职教育教学中的重复性工作。在大数据视角下，高职院校师生的学习和生活数据具有体量大、多样化和价值高的特点，因此，高职教育更应重视与信息化建设的紧密结合。

---

① 中华人民共和国教育部. 2022年全国教育事业发展统计公报[EB/OL]. http：//www. moe. gov. cn/jyb_sjzl/sjzl_fztjgb/202307/t20230705_1067278. html，2023-07-05.

三、提升高等职业教育管理建设成效的内在需要

2013年为大数据元年，十年时间内，高职教育管理已从信息化覆盖度较低的发展第一阶段，迈向全面信息化的第二阶段。在科学技术的支持与广泛应用下，目前，大部分高职院校基本上已在学生档案、教务管理、日常事务等方面推行信息化管理，一定程度上实现了办公无纸化和自动化，但仍面临信息资源利用率低、监督机制不健全等问题。

由于教育管理理念拘于传统、数据分析专业技术薄弱、缺乏监督评估体制和未形成院校社会双联动机制等原因，高职院校并没有实现教育管理全面信息化。首先，高职教育管理理念仍旧没有突破原有的桎梏，对随处可见的数据不具备敏感性。其次，缺乏专业人员的参与，一些高职院校数据分析技术能力不强，导致采集的海量数据常常无法进行系统分析，或无法识别出有效数据，导出的结果仅仅停留在描述师生的表面化行为，很难进行预测活动，造成数据价值的白白流失。在高职院校总体规划以及院校内部未形成规范的监督评估体制，对于不同院校的信息化平台建设没有统一的衡量标准，导致院校之间信息化水平不一，高职院校技术提供方权责不明。

另外，部分高职院校内部数据信息与社会实际脱轨，高职院校的大量数据限定在学校管理范畴之内，社会中的即时数据不在高职院校数据分析工作范围之内，信息中心收集到的高职院校的师生数据无法在广泛的平台共享，难免形成“数据孤岛”，收集到的数据也因此失去了大部分价值。[①]高职院校中的宝贵数据无法在校园之外得到有效利用，社会瞬息万变的需求与形势也不能为高职院校决策提供依据。目前，高职院校之间的信息互通也并未完善。全国教育信息化建设的发展离不开高职院校的通力合作，每一所高职院校教育信息化建设过程都对其他院校具有借鉴作用，各高职院校应该本着协同合作的原则，与时俱进，与其他兄弟学校一起促进我国高校教育信息化建设的跨越式发展。

---

① 花树洋，程继明. 大数据时代高职院校学生教育管理的现状审视及发展对策[J]. 教育与职业，2019（03）：36-40.

四、高职院校适应信息化社会发展趋势的迫切需要

数据作为虚拟资源，在科技发展、管理决策和国际竞争中有着举足轻重的地位，在分析高职院校师生行为、预测发展方向等方面具有独特的价值，而搭载数据的各类信息技术，在高职教育管理领域中已经显现出巨大的潜能。教育信息化可以培养符合信息社会发展的创新型人才[①]，那么高等职业教育信息化可以培养符合信息社会发展的高素质劳动者，为了实现培养应用型人才的教育目标，高职院校必须扩大信息技术在教育管理和研究中的应用，最大限度地发挥教育信息资源的作用和价值。在高职院校管理方面，有必要加强现代信息技术的应用，提高教师及管理人员的信息技术能力，在高职院校实现“培养高等技术应用型人才”目标的基础上，为社会培养熟悉信息技术操作等专业技能的应用型人才。目前高职院校的信息化建设虽然大体上发展良好，但因为教育领域价值产生的间接性和缓慢性，相较于社会系统中的其他领域，高职教育仍然显得较为落后，甚至整个教育领域与信息化的结合应用较于前沿阵地都略显保守。[②]高职教育应当紧跟社会发展变化的实际，但因为政策、资金和技术原因，我国各地高职院校推进数字校园建设的时间较国外稍晚，整体研究上落后于国外，需要在形势宽松、相关研究成果颇丰的环境下快步紧追，减小差距。

在整个教育领域都如火如荼地将云计算、物联网数据分析纳入应用范围时，高职教育管理如果故步自封、不求创新只会被信息化时代的洪流击垮，甚至连原有的“为社会实际服务”的教育特色也将丧失。运用信息技术和信息资源来推动高职教育管理进一步发展和改革，加快步伐追赶信息化的潮流，高等职业教育管理才能发挥最大效能，才能适应时代和社会对高等职业教育的需求。

---

① 杨晓宏，梁丽. 全面解读教育信息化[J]. 电化教育研究，2005（01）：27-33.

② 祝智庭，魏非. 教育信息化2.0：智能教育启程，智慧教育领航[J]. 电化教育研究，2018，39（09）：5-16.

第二节　高等职业教育管理信息化的基本范畴

高职教育管理涵盖了教育决策、学生事务、师资队伍、校企合作、教学质量、职业发展、就业指导与服务、教育资源和教育政策法规等多个方面。这些方面相互关联、相互促进，共同构成了高职教育管理的核心内容。随着信息技术的快速发展，高等职业教育面临着新的挑战和机遇。信息化建设已成为高等职业教育管理发展的重要方向，对于提高教育质量、促进教育公平、培养高素质人才具有重要意义。

一、决策管理

教育决策管理是高等职业教育管理的核心，信息化建设为提高高职院校重要决策的科学性提供依据，为培养计划的制定与更改、院校资金流向、基础设施建设等提供数据支持。①

目前，高职院校的教育目标是为社会提供大量高素质的技能型专业人才。高职教育领域的人才培养方案，是响应国家关于人才培养总要求、安排教学任务的规定性文件，是实施人才培养和开展人才质量评价的依据。培养方案中包含总领性的培养环节，以及具体的专业要求、修业年限、课程设置和毕业要求等。此外，不同的高职院校可以根据区域发展需求和专业实际，灵活根据学校内不同专业制定培养方案。在设定不同专业的培养目标之前，有必要收集准确且丰富的社会需求信息，以确定不同高等职业教育专业人才培养的方向和具体内容，切实达到为社会培养人才的目的。

在高职院校资金管理中，仍存在一些问题，如管理不严、流向不清、过程不规范等，究其原因是决策和反馈环节不科学，应当加大力度利用现有资源与数据库，提高资金管理水平。在决策前广泛收集意见，确保资金用在实处。确定资金流向前扩大搜索范围，利用计算机建模列出不同方案的利与弊，制定恰当的预算

① 荣荣，杨现民，陈耀华，等. 教育管理信息化新发展：走向智慧管理[J]. 中国电化教育，2014（03）：30–37.

计划，使传统的以线性流程为中心的决策转变为以交互数据为中心的决策，摆脱以往的“经验决策”而转向“数据决策”。[①]在决策实施过程中强化反馈机制，利用高职院校管理信息分享平台快速收集各部门建议，及时调整资金使用计划。对于资金投入的用途、时间、过程要进行详细记录，储存在信息平台中，形成数据化、可视化的报表，保证管理层能够随时调取记录查看，为将来的决策提供参考。在高职院校的资金管理中加强信息化水平，可有效避免资金利用率低、专项资金用于不符合实际需要的项目或资金的使用和分配不清等问题。

二、行政管理

高职院校行政管理指的是除去决策部门之外，利用校内和校外各方资源，以实现高职院校培养目标为出发点，开展管理、协调和执行工作的组织活动。行政管理的效果好坏，直接影响着高职院校的教学与科研水平。因此，增加信息化建设在高职院校行政管理中的比重，可以为人事、资源和后勤管理注入强大生机与活力。关于高职院校行政管理，有广义与狭义之分：广义上的高职院校行政管理是高职院校在其规定结构和制度的基础上，充分利用现有资源，为实现学校预定目标，针对高职院校的管理工作进行的一系列活动，狭义上的高职院校行政管理是在院校内部、以行政部门开展为主的，与教学和科研等活动相对的，负责行政和办公事务的管理工作。此处就狭义的高职院校行政管理进行分析讨论。

（一）人事管理

高职院校中的人事管理建设是提升高职教育质量的重要因素，其中主要包括招聘、安置、评估、晋升和激励。高职教育人事管理的变革不能仅仅是将传统的人工操作转变为计算机处理，或仅是将传播媒介由纸质转变为电子数据，而应当是从底层逻辑出发，以提高高职教育人事管理的工作效率和评估监督的科学性为目标。专业人事部门利用信息技术和互联网作为整合和分析高职院校人事数据的

① 陈国青，曾大军，卫强，等. 大数据环境下的决策范式转变与使能创新[J]. 管理世界，2020，36（02）：95−105+220.

手段，促进人事管理由传统方式向数字化管理的转变。

首先，高职院校投入大量资金进行高校信息化基础设施建设，大量引入人事信息系统，这些系统通常由企业研发或监督部门提供。随着投资资金的增加、信息系统的引入、软硬件系统的不断完善，人事管理部门的工作得到了强有力的支持。与此同时，在保证对教职工的定期培训下，高职教育院校非常重视对“新人”的培养，即对新入职教师及新入职管理人员开展培训，培训内容通常包括院系间的沟通管理、信息系统的操作管理、多元互通等。新的技术不断涌现，这些培训也需要随着时间的推移而变化，不断与时俱进，为高职院校提供更高质量的服务。

其次，站在高职院校管理者的立场，人事管理信息化使得全体职工（包括专职教师、兼职教师、外教、后勤人员等），都能纳入一个统一的信息平台，从而更好地掌握其实际状况。通过对人事平台的数据进行分析，为高职教师的教育、培训、道德建设等方面提供帮助。在此基础上管理层可以结合自身的领导特点，提出相应的管理策略，提高信息利用效率。

最后，人事管理的信息化可以实现高精度的持续动态更新，促进学校的长远发展。目前，高职教职员工的信息在学术办公室、教务处、人力资源和工会等多个部门都有存储备份。因此，每个部门可以通过交换不同的数据来密切合作，及时进行文件资源和相关信息的交流。高职院校教师使用个人账户和密码在人力资源信息系统中发言、发送访问请求和补充个人信息，并添加新的培训情况和奖励。在办公系统中还可以发布职位变动、教师职称评估、人员变动等信息。高职院校的教育管理系统的搭建使得高职院校的人事管理工作更公平公正、更具透明度。

这些高效的互动和交流体现出信息化建设在高职教育人事管理中的优越性，使管理者对数据的价值有一个较为全面的认识，这对于提升高职管理水平具有十分重要的意义。高职人事管理信息化可以大大提升效率，并且为决策提供依据。随着信息技术的快速发展，大多数高等职业学校的人事管理已经达到一个全新的水平，这也给其管理工作带来更多的可能性，对于高等职业学校来说，如果想要在激烈的竞争中获得长期的可持续发展，那么就需要在人事管理方面下更大的功夫，对制度进行创新，并与信息化趋势相结合。

（二）资源管理

教育资源管理是高职教育管理的核心内容之一，它包括硬件资源管理和软件资源管理两个方面。其中，硬件资源主要包括校舍、实验室、图书馆、实训基地等场所设施，而软件资源包括课程体系、教学资源和网络学习平台等。[①]硬件资源主要承担线下教育教学活动，良好的设施是高职教育信息化的物质基础，而软件资源是延伸信息化教学内容的附加产品，两者相辅相成，共同作用于高职教育教学改革。通过对教育资源进行有效管理，可以提高高职院校资源的利用效率，在满足教育教学需求的同时，也能促进整体办学水平的提升。

信息化教学设施是高等职业教育信息化的基础，是促进高职教育现代化的物质关键，包括多媒体教室、计算机实验室、网络教室、语音教室等。建设信息化教学设施，应注重设备的先进性、可靠性、可维护性，以及与学科专业的匹配性，为教师提供方便、稳定、高效的教学手段。例如，环境感知技术可以实现教室资源的合理利用，通过监控和智能感应确定教室人数，统计空座位，为有意愿自习的高职学生提供教室使用信息；利用一卡通和人脸识别开展智能考勤等，建设智慧高职校园。[②]实现高职资源管理信息化，可以提高物质资源利用效率和管理水平。具体来说，可以通过借助数字化校园平台建设集中的资源信息库和管理平台，来实现高职院校资源的信息化管理和优化配置，此外，对于软件资源，还可以通过云计算等技术手段对各类资源进行整合优化以提高资源的利用效率。

（三）后勤管理

在高等职业学校中，后勤部门是为高职院校教学与科研工作提供生活服务的基础性工作部门，其工作包括校园安全、餐饮管理、设备采购等方面。高职院校作为培养人才的场所，贯彻以学生为本的发展理念，需要做好应对各种校园安全风险的准备，包括自然灾害和人为突发事件等。信息化建设可以使高职院校制定各类应急预案和开展信息快速响应，从而有效应对突发事件，减少经济损失，减少人力、物力资源的浪费，降低高职院校管理成本。

信息技术的普及和应用，为安全管理提供了新的机会。因此，高职院校安全管理的信息化已成为不可忽视的趋势。

---

① 南国农.教育信息化建设的几个理论和实际问题（上）[J].电化教育研究，2002（11）：3-6.

② 黄荣怀，张进宝，胡永斌，等.智慧校园：数字校园发展的必然趋势[J].开放教育研究，2012，18（04）：12-17.

1.校园安全

首先，通过信息化手段，在高职院校网络系统内建立安全信息发布平台，及时发布安全信息，提醒校园成员注意相关危险。如系统信息平台推送、网上学习活动和校园新闻播报，借助网络教育平台，为高职师生员工提供安全教育与培训，可以更好地传递安全知识和信息，提高师生的安全意识，提升群体应对紧急事件的能力。信息化后勤管理的实施将有助于提升高职院校整体安全管理水平。其次，高职院校可以收集大量的数据，通过数据分析工具，对安全管理数据进行分析，为安全管理和决策提供数据支持，保证管理决策的科学性和准确性。最后，借助校园安全监控系统可以较全面掌握校园内的治安状况，通过视频监控、入侵报警系统等设备，实时监测校园的安全状况。在高职院校内建立应急响应系统，例如灾害预警、危险源监测、应急通信等。

2.网络安全

高职院校网络安全信息化建设是响应国家网信办清朗行动，应对网络威胁、保障学校教育教学安全、提高学校网络稳定性的重要工作。高职院校学生群体易受外界影响，尤其要加强网络信息安全建设，同时，网络信息安全管理是高等职业教育信息化的重要保障之一，必须采取一系列措施来确保校内信息的安全性和可靠性。高职院校在网络安全方面的建设主要是为了确保学校网络系统不受外部病毒和恶意软件的攻击，进一步确保学校的教育教学数据、学生个人信息和管理数据不被不法分子盗用。

通过明确高职院校网络安全的规定，建立安全的管理体系，与持有正规服务资质的信息安全厂商建立合作关系，获取最新的安全支持。设置“数据防火墙”和恶意攻击检测系统，加强校内隐私数据加密技术。在提高师生网络安全意识方面，许多高职院校针对师生开展了网络安全培训，提高信息主体的安全意识。另外，高职院校应建立健全的事后应对机制，建立数据备份和恢复机制，确保数据的可恢复性。总体来说，高职院校应建立完善的信息安全管理制度和技术保障体系，来防范各类网络攻击和数据泄露等安全风险。同时应加强对师生网络安全教育以增强其网络安全意识和自我保护能力。

3.食宿管理

饮食和住宿是高职院校后勤管理最常见、最基本的方面，将现代信息技术与高职院校的食宿管理相结合，可以实现日常管理的智能化、高效化和便捷化。信息化建设在高等职业院校的食宿管理中可以提高后勤管理的精细化程度，降低管理的成本，提升服务质量，最大限度确保师生的生活安全和身体健康，同时通过信息化系统可以收集大量数据，通过数据分析，也可以帮助学校更好地了解学生需求，优化资源配置，为学校领导进行科学决策提供依据。

高等职业院校食宿管理信息化常见的应用包括：（1）学生住宿信息管理。将学生的个人信息、入住位置、基本健康信息等数据纳入一体化系统管理，方便后勤部门和管理层了解学生的需求和健康状况。（2）食堂餐饮管理。包括食堂菜单的制定、食材采购、食品安全检测等，可以通过信息化系统实现对食品质量的追溯，确保学生的饮食安全。（3）住宿管理。管理宿舍分配、住宿费用、宿舍设施维护等，实现宿舍的智能化管理，提高住宿环境的舒适度。包括门禁系统、监控系统等，确保校园内的安全，预防火灾、盗窃等意外事件。（4）用电用水管理。对宿舍的用电用水情况进行监控，合理安排用电用水，降低能源浪费，保护环境。中央系统控制各处，人离后自动停电停水，节约资源。（5）服务管理。提供在线报修、投诉建议等服务，方便学生提出问题并及时得到解决。

在实施食宿管理信息化时，高职院校需要考虑系统的稳定性、安全性、易用性以及数据的保密性。同时，考虑到后勤人员任职要求不高，还需要加强对相关人员的培训，确保他们能够熟练操作信息化系统，发挥系统的最大效益。

三、教务管理

教务管理是高职教育管理的核心，包括制定教学计划和评价教学效果等环节。高等职业教育中教务管理包括课程管理、学生管理、教师管理、考试管理、成绩管理等众多任务，传统的教务管理方式相比现代教务管理方式效率低下、容易出错，并且难以妥善应对学生规模的扩大。此外，高职院校还需要更好地满足学生需求，提供个性化的服务，以提高学生满意度。[①]信息化系统可以存储学生的基本信息、学籍信息、选课信息、成绩信息、考勤记录等。这有助于学校更好地了解学生的学业情况，提供个性化的支持和服务。

---

① 陈小姣. 基于“互联网+”背景下高职院校教务管理智能化研究与应用[J]. 现代职业教育，2017（28）：124–125.

（一）课程管理

学校管理课程信息，包括开课计划、课程安排、课程资源管理等。教务管理系统可以自动排课，确保学生可以在合适的时间上课，也可以方便地调整课程安排。课程开展出现变动时，教师或教学秘书可以通过教务平台或课程群进行告知，在学生端需要点击“确认收到”，对未在指定平台确认的学生，后续再进行个别通知，信息传达效率极高。

一方面，在课程开发与评估中，高职院校开发一门新课程之前，必须了解行业发展趋势和技能需求，确保课程内容符合实际就业要求。同时还要考虑学生的主体需求，分析学生的学术水平、兴趣和背景，以便制定合适的课程内容和形式。在课程开发过程中要根据需求，创建多媒体教学资源，整合各种数字化资源，包括视频、交互式模拟、在线课件等，以支持后面的教学过程。此外，为了迎合高职院校培养符合社会发展的劳动者的目标，可以提供在线模拟实验室和工具，使学生能够在虚拟环境中进行实践操作。在制定课程评估标准方面，可聘请专业团队建立质量标准以评估课程的质量，并持续监测以确保符合标准；定期进行课程审核，以确保课程内容和教学方法的质量和实效性。

信息化课程开发和评估要求高职院校拥有强大的技术支持和专业的教育团队，以确保课程内容的准确性、多样性和有效性，从而促进学生的全面发展和提高就业竞争力。在规划课程设置时，应注重理论与实践相结合，强调培养学生的实际操作能力。实施教学时，应采取多种教学方法，如案例分析、小组讨论等，以激发学生的学习兴趣。评估教学效果时，应综合考虑学生的考试成绩、实践能力和综合素质，确保教学质量不断提升。

另一方面，在编排与选课上，高职学生的选课是培养的一个重要的环节，学生可以根据自己需求和期望选择合适的课程，这体现了高等职业教育的高层次培养要求，是个性化培养的特点之一。信息化系统支持在线选课，帮助学生更方便地选择他们的课程，针对选修课，在规定的时间内，学生可以同时看到课程的学分、学时、开课学院、授课教师、课程归属等关键信息，在系统中根据自己的需求进行选课或退课。学生也可以看到各门课程的限制人数和已选人数，从而考虑是否进行重新选择。因系统开放时间公开，学生选课程序固定，网上选课在一定程度上保证了公平。建成开放式的信息化学习平台，利用平台的开放性，通过提供实名认证，他们可以获得学校现有的课程目录，从发展上考虑课程选择。排课管理方面，系统可以用于规划课程的安排，智能化地分配教室和生成时间表，以最大限度地减少冲突。大部分高职院校已经开发在线选课系统，使学生能够根据自己的需求和兴趣选择课程。

（二）师资配备

师资队伍建设是高职教育管理的关键环节，其中主要包括招聘教师、培训教师技能、评估教师绩效等环节。在招聘高职教师时，应注重教师的专业背景和实践经验，确保教师具备较高的教学水平和专业素养。在培训高职教师技能时，应针对不同专业的需求和特点，采取多种培训方式，如校内培训、校外培训等。加强“双师型”教师队伍建设，推进校企共同体的建设，提高专、兼职教师的理论水平和实践能力。[①]为了成功实施双师型教师信息化建设，高职院校需要提供教师培训，以帮助教师掌握现代信息技术，并将其融入到教学中。这样的培训可以通过在线课程来实现。双师型教师信息化建设需要资源投入，包括硬件设备、软件工具、网络基础设施和专业支持团队。高职院校应确保足够的资源用于这一建设。高职院校应建立健全教师绩效评估机制，以监测双师型教师信息化建设的进展和效果。这些评估可以包括学生满意度调查、教育质量评估和教师绩效评估，反馈信息可以用来不断改进建设方案。在评估教师绩效时，应综合考虑教师的教学成果、科研成果和实践能力，激励教师不断提高自身业绩。

（三）评价管理

1.学生成绩

高职院校的学生成绩是评定学生学习效果的要素之一，是衡量高职学生是否达到培养目标的依据之一。要保证学生成绩评定的公正性，让高职学生的成绩体现其是否符合培养目标，反映培养效果。还要提高成绩登记、查询的方便性，减轻高职教师与学生的负担。利用大数据技术能够探测高职学生课堂的专注度，分

① 贾文胜，梁宁森.基于校企共同体的高职院校“双师型”教师队伍建设[J].中国高教研究，2015（01）：92-95.

析学生的学习行为特征并进行归因，并提供改进策略。[①]运用网络平台管理学生的考试和作业成绩，自动生成学生成绩单，提供成绩查询服务，这有助于学校更好地跟踪学生的学术表现。

教师将课程任务发布在平台中，学生在规定时间内将作业进行上传，教师在系统内进行评分，在期末总评时作为平时成绩直接上传。之前对于以小组形式完成的作业，教师与学生常常苦于无法清晰界定小组内每个成员的完成量。现在课程平台中，学生可以将组内分工、每人完成部分进行说明、上传，为教师评定成绩提供了一定的依据。

另外，对于动手能力强，个人能力符合专业要求和社会发展需求的学生，可酌情降低文化课成绩的要求。例如，对于在专业领域有突出贡献或发明，在实训环节表现出色的高职学生，其实践成果可以按规定抵消文化课程要求的学分，以鼓励其在专业领域的发展。通过信息化系统，学校可以建立学生学业预警系统，及时发现学术存在困难的学生并提供帮助。

2.评教活动

学生操作难度小，网上评教收集效率高。每学期定时评教对促进教师改善教学、推进评价主体多元化大有裨益。通过不定期的评教对学生进行信息反馈收集，重视学生的诉求，同时线上评教的形式便于数据分析。学生一人一号，可以落实评价完成人数，同时在数据收集端设置匿名显示，不透露评教学生的个人信息，保证评教的公平性。

3.学分互认

利用信息技术和数字化手段来管理、跟踪和支持高职院校之间的学分互认过程。这种信息化系统旨在提高学分互认的效率、透明度和可行性，以使学生能够更加顺畅地转移学分，促进高职教育的发展。

学分互认对于高职教育体系的健康发展非常重要，它使学生能够在不同高职院校之间更加灵活地选择学习路径，完善自己的知识结构，同时也促进了教育资源的共享与合理利用。然而，为了保证学分互认的公正和合理，学校需要建立明确的制度和程序，并保持透明度，确保学生能够受益于这一机制。

学分互认信息化系统通常包括一个学分数据库，其中包含了各个高职院校的

---

① 胡钦太，伍文燕，冯广，等. 人工智能时代高等教育教学评价的关键技术与实践[J]. 开放教育研究，2021，27（05）：15-23.

课程信息、学分要求、课程内容、学时等数据。这有助于学校进行学分的比对和转换。学生可以通过在线系统提交学分互认申请，同时学校可以通过系统核准或拒绝这些申请。这简化了申请和审批的流程，减少了纸质文档的使用。

学校可能会对来自其他院校的课程进行评估，以确定其与本校课程的相似性和可互认程度。这可能包括课程内容、学时、教学方法等方面的比较。一些学院之间明确学分互认的具体细则和条件。这些公开信息可以为学生提供清晰的指导，使他们在不同专业进行学习时能够更加顺利地过渡。

为了在不同形式的学习之间建立联系，有必要优化学生学分获得情况的收集和记录，并在平台中提供学分存入、学分认定、学分转换与学分查询等功能。平台还需要为所有学生建立个人学习档案，记录用户完整的学习历史和数据信息，包括不同学科的学习成果；学生可以随时查看个人学习资料并收集学习成果。学分互认也需要考虑专业的匹配程度。例如，一个学院的某个专业的课程可能会与另一个学院的相关专业课程相对应，这样的学分才能够互认。高职院校应该在信息共享平台上提供明确的学分互认政策，使学生了解在何种条件下可以获得学分互认，以及需要提供哪些相关的材料和信息。

四、学工管理

完善学生管理是保证学生学习质量的重要手段。通过加强学生的管理制度建设，规范学生的行为习惯，同时注重学生的个性化发展，可以更好地促进学生的学习进步和个人发展。建立完善的学生管理制度，包括学籍管理、考勤制度、考试制度等，规范学生的学习行为和习惯。制定学生行为规范守则，可以使学生明确行为标准和要求，引导学生养成良好行为习惯。

（一）数字化校园建设

在高职院校中，校园一卡通是连接校园和师生的重要工具，并且能为计算机校园建设提供重要参考信息，也是通过信息技术连接不同类型校园应用的主线。校园卡要求实名认证，通过信息技术将师生的信息完全集成到一卡通系统中。该卡代表了师生的身份并附加了一些功能，以方便学生和教职工的生活。学校可以利用校园一卡通系统，对校园安全进行高效、规范、科学的管理，实现学校不同部门之间的信息连接。校园卡具有如下多种功能。

1.身份识别功能

校园卡是实名制卡，记录了使用者的个人身份信息，主要应用于校内管理。高职院校通过对校园卡记载的数据进行管理，进而管理师生在学校的学习和生活，例如图书借阅管理、宿舍管理、出勤管理等。一人一卡，同时可以录入个人面部信息，避免了因校园卡丢失带来的不便，生物识别技术也提高了身份验证的真实性。

2.消费功能

建立校园一卡通的主要目的就是为高职院校师生提供完善的服务，金融服务也是其最基本的职能之一。所有师生均可凭校园一卡通办理有关付款及日常支出（例如水、电及行政管理费）。持卡人可以在高职院校内安装POS机的场所进行消费。校园一卡通系统为持有者提供特定的消费明细，校园一卡通也可在与学校相关的所有场所离线使用。如图书馆、超市、文化体育中心、复印部等。在这种情况下，在运营成本降低的情况下，能够有效地提高高职院校内的支付效率。

3.信息查询功能

不仅学生可以使用一卡通，老师、家长及管理人员也可以使用一卡通系统进行相关自助服务的查询，了解高职学生的消费情况。在寝室楼下、食堂门口等学生流量较高的地方安装自助应用终端，学生可以方便地进行消费记录的查询，师生的校园学习生活获得了极大的便利。此外，通过数据挖掘理论，分析学生食堂消费流水数据，进行数据库的建模，进而对贫困生进行分级，有助于学校在经济帮扶上精准决策。[①]其他学校的数字校园建设实践也值得高职院校借鉴：有一些学校通过对学生的校园卡消费记录进行数据分析，精准定位需要提供经济支持的学生，对在食堂消费频次较高且单次消费较低的学生发放补助，直接充值一定的金额在其校园卡中，既保护了学生的隐私与自尊心，也体现了高校富有温情的人文关怀，使帮扶落到实处。基于高职学生一卡通的丰富数据可以制定更公平、更个性化的评定标准，使补助发放更加公平。

校园一卡通给师生的生活、学习带来了很大的方便，同时也与学校有关的信息架构紧密相连，互相配合，为广大教师和学生提供有效的管理和服务。高等职业技术学院的教学管理信息化，是构建数字校园的关键环节，也是实现高职院校

① 王雪飞. 数据挖掘在高校贫困生校园卡流水数据中的应用研究[D]. 长春：东北师范大学，2014.

教学管理信息化的关键环节。高职院校的学生管理工作信息化是高职院校教育管理的发展趋势，因此必须要建立和完善信息化管理体制，建设学生信息管理平台，统筹安排各项事务，这是实现高职学生管理工作信息化的前提。只有满足这些前提，高职院校学生管理工作信息化才能真正地为我国培养优秀人才发挥作用。

（二）档案管理

学生信息档案管理对高职院校管理者而言尤为重要，因为它是一个人在各个阶段学习过程中产生的真实材料，也是毕业生在以后工作中办理个人相关手续时最原始的依据。随着高职院校的扩招，学校生源逐渐多样化，这些复杂的学生背景增加了学生管理工作的任务和难度。之前大多数学校的操作是将学生的档案材料收集起来直接放入档案馆，但档案数量庞大，有时档案管理人员疏于整理，这就给档案的查询带来困难。随着高职院校学生的增多，经常会出现学生信息档案缺失、错误、重复等现象。基于这些情况，需要完善学生的管理系统，健全学生档案信息化管理。使用计算机对学生档案信息进行数字化管理的方式，有存储量大、检索迅速、查找方便、保密性好、保存时间长、成本低等优点，不仅解决了手工操作效率低下的问题，还有效提高了管理工作的准确性。学籍管理是高等职业学校档案管理的工作之一，包括学生入学注册、学籍异动、毕业审核等环节。实现学籍管理信息化，可以大大提高管理效率和管理质量，同时也可以方便学生和家长进行查询和了解。

如今社会已经发展到云计算机时代，为了适应社会发展，高等职业教育学校必须要完善学生的管理系统，建立的学生管理系统应覆盖大部分学生的基本信息管理，为数据分析提供一个公平、公正的平台，为学生提供科学、高效的管理。档案管理人员应定期对档案管理信息化平台进行维护，最大程度地保障平台安全。学生也应该加强自己的档案管理意识，妥善保管自己的教务管理平台密码，防止别有用心的人盗取进而篡改自己的档案。

在高职院校学生管理工作中，要充分体现“以人为本”的理念，坚持以学生为主体，以创造一个安全、方便的学习和生活环境为根本目的。为了实现这一目的，需要对持续变化的招生和就业情况数据有一个全面的了解，对学生的个体和学习的具体情况和需要有一个全面的认识，并将每个学期的学习和活动趋势表记录下来，对这些资料和数据展开统计和分析，才能制定出相应的策略和服务方案。总之，在高职院校中，应将信息技术与学生管理有机地结合起来，为学校的学生工作管理开辟出一条新的道路，使管理方式变得更加现代化、高效，使学生们能够充分地体会到校园中弥漫着的人文关怀的气氛，有效地提高对学生的管理效率，增强师生之间的感情交流，这不仅对提高学校的教育管理水平有很强的实际意义，也有利于促进高职院校学生管理更加规范化、科学化。

（三）就业指导与服务

就业指导与服务是高等职业教育管理的关键环节之一，包括提供就业信息、就业技巧和就业政策解读等方面。利用信息技术和数字化工具可以提供更有效、便捷和个性化的就业指导和职业发展支持。在提供就业信息时，应通过多种信息化渠道收集和发布就业信息，如校园招聘会、网络平台等，为学生提供更多的就业机会和选择。建立一个在线平台，使学生能够获取有关职业规划、职位搜索、简历撰写、面试准备等方面的资源和指导。这些平台通常包括职业测评工具，帮助学生了解自己的兴趣和技能，以便更好地选择职业方向。在提供就业技巧时，应注重培养学生的信息素养、沟通表达能力、团队协作能力和创新思维等综合素质，以提升学生的就业竞争力。在解读就业政策时应及时向学生进行宣传和教育，帮助其了解政策，熟悉政策，并最终受益于政策。为学生提供访问就业市场信息的渠道，包括各种行业的招聘信息、职位开放情况和相关行业动态。这些平台可以将学生与潜在雇主联系起来。通过大数据信息，可根据成绩、能力、特长、意向工作地点等维度，结合毕业生工作期望，向高职院校毕业生精准推送就业岗位，提高就业率，解决民生问题。

高职业院校就业指导信息化的目标是帮助学生更好地准备职业生涯，提高他们的就业机会和职业成功率。这种信息化资源的建设不仅对学生有所帮助，还有助于学院更好地满足就业市场的需求，提高毕业生的就业率。同时，高职院校应特别重视毕业生就业流向的信息收集，通过数据收集和分析，学院可以不断改进和优化其就业指导服务。

五、教学管理

教育教学管理是高职教育管理的核心，包括制定教学计划、实施教学、评估教学效果等环节。在规划课程设置时，应注重理论与实践相结合，强调培养学生的实际操作能力。实施教学时，应采取多种教学方法，如案例分析、小组讨论等，以激发学生的学习兴趣。评估教学效果时，应综合考虑学生的考试成绩、实践能力和综合素质，确保教学质量不断提升。信息化教学平台是高等职业教育信息化的重要支撑，包括在线学习平台、教学管理系统。

（一）教学组织形式

信息化教学软件和平台无处不在，这些工具的出现大大促进了各级师生自主学习，它们是师生学习的重要工具，师生使用平台和软件筛选教材，过滤不感兴趣的内容，这为提高学习质量、创造更好的学习环境提供了很多便利，同时，广大教师的教学水平也大大提高。在教学管理方面，随着网络技术的发展，各种教学管理软件层出不穷，内外事务管理越来越科学，朝着智能化的方向发展。学生信息管理、课堂教学管理、教学质量监控管理等主要依托信息化学习平台的数据分析来把握，它已经成为高职院校教学与管理的重要参考。

信息化的发展让教学不再像从前一样局限于教室内，而是打破了时空界限，无论何时何地，只要进入课程平台，就可进行学习。这样的教学组织形式改善了以往一师多生的局面，每个学生都有一个学习终端，并且可以重复学习，提高了知识的可得性。信息化可以改善高职学生的学习体验。学生可以更容易地访问学习资源、图书馆资料和课程信息，更方便地进行社交互动。

（二）教学资源

基于前沿信息技术创立的学习信息平台可以有效解决时间和空间造成的学习资源瓶颈，为高职学生提供在线学习、效果评估和内容支持。他们可以在线完成考试或享受更多的校园学习服务，在任何地点都可以登录客户端进行学习，并且学习平台可以记录学习者的学习情况，如学习时长、浏览内容和与其他学习者的互动情况，在一段时间后基于大数据分析学习者的学习习惯，在全体学生中的相对排列位次，生成独一无二的学习报告，为学习者提供改进学习活动的建议。在课程平台中教师可以上传学习资源，学生可以自由讨论，相关资源可以永久保存，不必担心因课上错过重点而无法复习。教师将学习内容公开，供学生自由下载学习，提高学生学习的主动性。评分记录、学习记录储存在平台中，可以随时查阅，为教师改进教学、学生反思学习活动提供参考信息。

在课程资源管理中，信息化可以为高职教育提供更有效的教学工具，有助于提高教育质量。通过信息化建设，学校可以更好地提供个性化的学习支持，改进课程设计和教学方法，从而提升学生的学术成就和职业技能。课程资源管理包括教材、教学大纲、多媒体资源等的管理。信息化系统可以帮助学校更好地管理和维护这些资源，确保师生能够方便地访问和使用它们。信息化教学资源是高等职业教育信息化的核心，包括各类数字化教材、多媒体课件、音视频资料、网络课程等。建设信息化教学资源，应注重资源的多样性、交互性、实用性，以及与学科专业的融合性，为学生提供生动、直观、便捷的学习资源。

（三）实训环节

高等职业教育的实训环节信息化是指在高等职业院校中，利用现代信息技术手段改善和提升实践性教学过程。这种信息化措施旨在增强学生的实际操作能力、技能水平和职业素养。信息化技术用于实训环节可以大大提升教学效果，例如，使用仿真软件模拟实际工作场景，为学生提供真实的操作体验，特别是在风险较高或设备昂贵的领域，如工程、医学等。利用在线平台模拟实验室环境，让学生能够进行实验操作和观察，无需实际物理设备。借助视频会议、远程辅导等工具，教师可以远程指导学生进行实际操作，甚至实时纠正操作方法。

高等职业教育的实训环节信息化能够极大地丰富教学手段，提升学生实践能力和竞争力，同时也为学校提供更灵活、高效的教学管理手段。校企合作管理是高职教育管理的特色之一，包括寻找合适的企业合作伙伴、实施校企合作项目、评估合作效果等环节。与行业合作建立实训基地，为学生提供真实的工作环境，并融合信息化技术。在寻找企业合作伙伴时，应利用技术平台分析企业的行业背景、技术实力和人才培养需求等因素，确保校企合作项目的顺利实施。在实施校企合作项目时，应充分发挥学校和企业的优势资源，共同培养符合市场需求的高素质人才。在评价合作效果时，应从多个角度出发，全面评价校企合作项目的实际效果和贡献。

第三节　高等职业教育管理信息化建设的成效与问题

高等职业教育信息化是指在高职院校教育中广泛应用信息技术改善教学管理和服务水平的过程。信息化对于提升高职教育的质量和效益具有重要意义。目前，大多数高职院校教育管理在信息化建设上已经取得了一定的成就，然而，由于高职教育信息化的投资需求庞大、技术更新快、成本较高等实际情况，仍存在信息化发展不均，缺乏监督等问题。因此，要认可高职教育管理信息化过程中的进步，但又不能仅仅看到成就，还应正视发展中存在的问题，探寻发展出路，这样才能保证高职教育管理信息化健康发展。

一、高等职业教育管理信息化的成效

目前，很多高校都已经有了比较完善的硬件体系，并在此基础上形成了一套适合于高职院校的信息网络布局。同时，在教育管理系统中，软件系统是一个重要的组成部分，它有一个先进、可靠的系统来支持。因此高职院校搭建的教育信息平台，可以提高学校教育管理效率，有效降低高职院校的基本运营成本。高职院校对时间和资金进行考量，对知识进行自主创新，选择高产软件作为解决方案，从而建立起信息化软件平台。利用教育管理信息化，能够让不同学校之间的教育资源和平台得以共享，从而避免了信息资源的重复和浪费，从而能够科学、有效地降低高校的发展成本。

在互联网时代，高职教育的目标已经改变。要想成为一名高素质的人才，除了要有一定的专业知识外，更要有一定的信息科技素养。因此，信息技术被应用于学情研究、教学规划、现代课程开发、逆向课程、在线课程、课程评价、培训等过程。在培养全过程渗透信息技术，为提高学生个人信息素养提供良好的环境。保证高职院校学生毕业后能较快地融入社会发展潮流，在数据井喷的时代能发挥所学，稳妥应对。

信息技术与高职教育管理深度融合，体现在教育教学管理、师生管理、行政财务等各方面的系统一体化。为了一体化的真正实现，又附加进行了统一门户、统一身份认证、统一数据平台、统一流程规范，有效解决数据传输障碍，提高信息交流的效率。提取管理过程中获得的数据，利用信息技术分析背后隐藏的信息，有助于管理服务的发展和人性化，有助于对系统和程序的运行情况进行管理，并形成以流程为支撑的新的定量评估机制。例如湖南汽车工程职业学院在校园内建立了生产性实训环境，实时采集培训数据，建立了教学发展和学生成长的可视化系统，通过大数据分析决策系统“三可视化、一精准”提供管理服务。又如通过对科研大数据的分析，江苏城市职业学院从员工、学生技术等14个业务系统中提取历史数据，根据学校管理需要，从120个层面对整个学校管理进行总结，分析招生、就业、课堂使用等情况，综合管理人力、财力、物力，以动态透明为原则建立校园管理系统。

随着高职教育管理信息化水平的提升，工作人员将不必再依靠目力去辨认和分析纸质的报告，而是将复杂的、重复的、分散的师生信息文件以及学生身份文件归并到一个单一的系统中，以保证信息的正确性和可提取性，将所有的信息进行整理和归类，以便在需要的时候能够查询到，并且考虑到数据的即时性，运用一体化平台可以持续地对高职院校师生的信息进行更新，从而使整个校园管理的工作过程变得更加简单，也避免了繁琐和易错的运算。同时，在系统中还可以直接生成必需的报表，也可以极大地提高工作的效率。此外，与信息系统计算相比，人工出现错误的概率相对较高。信息化办公模式不需要太多纸张和人工岗位，既减轻了工作人员的负担，也提高了高职院校内部的工作效率。信息化可以帮助高等职业学校更好地管理资源，包括人力资源、财务资源和设施资源等。这有助于提高资源的利用效率，降低成本，使学校更具竞争力。

例如，教务管理信息化可以大幅提高管理效率。自动化的教务管理系统可以快速处理大量数据，减少手工劳动，提高工作效率。排课、成绩统计、学籍管理等任务都可以通过信息化系统实现更高效的执行。信息化系统可以为学生提供更好的个性化服务。学生可以通过在线平台进行选课、查询成绩、申请学籍证明等操作，无需亲自前往教务处。这为学生提供了便利，增加了学生的满意度。

除此之外，高等职业教育的信息处理形成了一个复杂的、基于数据的网络系统，改变了以往的信息共享模式和依赖的组织结构，影响了教育控制等领域信息技术的发展。这将不可避免地推动业务流程的更新和标准化，以及管理组织结构的重组和优化，规范现代高等职业教育的运行和发展，建立先进的工作机制和协调的控制设施，提高对高职学生教学控制的质量和效率。

二、高等职业教育管理信息化建设存在的问题

高等职业教育信息化发展水平受诸多因素影响，虽然取得了一定的成就，但在政府财政支出、信息化建设水平、主体意识、运行监督机制和信息化建设本身特性表现上仍存在未解决的问题。高等职业教育信息化发展中的问题至关重要，信息化在教育领域具有广泛的影响力和潜力，而建设中存在的问题可能会妨碍高等职业教育体系的进一步完善和发展。因此，重视并解决这些问题对于实现高等职业教育信息化的潜力至关重要，以确保教育体系能够适应现代社会的需求，并为学生提供更好的教育和培训机会。

（一）政府财政支出不足

高等职业教育的信息化发展需要大量的资金支持，包括教育技术设备的购置、软件开发与更新、网络基础设施的建设和维护，以及专业人才的培养与引进等。在我国，随着政策倾斜与现实需要，高等职业院校快速发展，办学规模不断扩大，其所需教育费用也在不断地增长。尽管国家对高职院校的财政支持有所提高，但政府投资比例在高职院校资金来源中不到半数，许多学校的现实需求仍然无法被满足，高等职业教育经费仍然十分紧张。[①]高等职业教育的信息化发展在当前的数字时代具有重要的意义，然而，面临的一个现实问题是资金不足和政府支出不足。原因有以下几个方面。

一是教育经费分配的不合理性。在一些地区，高等职业教育的经费分配相对较少，政府在教育领域的投入有限，往往更注重基础教育和大学教育，导致高等职业教育信息化资金的不足。

二是政策支持不够。一些地区缺乏专门的政策措施来支持高等职业教育的信息化发展，信息化项目的申请和审批流程烦琐，对于教育机构和学生来说，获取与信息化相关的资金支持变得困难。

三是教育理念转变缓慢。在一些地区，对高等职业教育的认知和重视程度不足，还存在对于信息化教育的认知偏差，缺乏对于信息化教学的认可和支持，导致政府投入不足。

---

① 曲学勇.我国高职教育管理的现状分析及改革建议[J].职教论坛，2003（15）：30−32.

（二）信息化建设水平不均

总体而言，高职教育管理信息化建设是一个需要长期投入且见效慢的过程。它容易受到内外部因素的影响，导致发展不平衡。近年来，高职院校在信息化基础设施的建设方面投入了大量资源，已经初步形成规模。根据相关标准，我国一些高职院校符合高效信息化基础建设和数字教学应用的要求。然而，仍存在一些问题需要解决。

一是信息化各部分建设不平衡。例如，一些高职院校过于注重平台系统建设，而忽视了数据挖掘和应用分析的重要性；教师缺乏信息操作激励机制；网络课程建设进展缓慢；专业信息技术人员不足，校园网络安全保障能力较弱等。近年来，高职院校内部建设高度重视信息基础设施的投入。我国符合相关标准的高职院校占比已达到八成，其标准具体有：在有效的信息基础设施方面实现全球领先地位，以及建立数字教育基础；加强基于信息和数据技术的校园管控，在此基础上推进课堂建设中的良好教育。

二是区域发展不平衡。随着经济和技术的快速发展，大多数高职院校都逐渐加强了信息技术在教育管理中的实际应用，以适应信息技术和多媒体技术的发展趋势。然而，在一些经济落后的地区，由于受诸如交通拥挤等客观因素的制约，学校在经济上存在一定的困难。此外，中西部高等职业院校的教学平台和手段相对单一，教师的信息化教学能力还有待提高。就地方高等职业教育而言，不管是硬件还是软件，都没有达到信息化建设的基本要求。

三是高职院校之间发展不均。目前，我国高等职业技术学院在教育管理信息化建设中的作用还存在较大的差距。有些学校还停留在传统的管理方式上，而忽略了信息化、多媒体等新兴技术的发展。对其需求和性质缺乏正确的认识，必然会使管理者无法认清教育信息化的作用和重要性，从而影响信息资源的利用和学校自身的竞争力。

（三）主体意识不强

信息技术在教育管理中的应用是非常重要的。信息技术管理在高校中是一项辅助性的工作，相比之下，高校更愿意利用资源改善物质性的教学和研究条件。所以在教育管理中对信息教育的投入有限，信息技术进步缓慢。在教学管理大数据时代的职业院校教学中，信息技术虽然极大地促进了教育工作理念、方法和模式的转变，影响了领导和教师对学校教育的看法，但由于人们在工作中对信息技术的使用有不同的态度，因此人们掌握和使用信息技术的能力也各不相同。

高职院校一线教师的接受水平和学习能力存在显著差异。青年教师适应信息技术管理模式较快，可以掌握个人基本信息上传流程和利用信息化平台进行教学、选题、发表论文，并及时获取信息。但资深一线教师很难接受新生事物，他们被动地学习新的信息系统或使用新的计算机教学方法。由于主观意愿不强和客观条件限制，数据库中缺乏与资深教师的相关的信息，数据的完整性和准确性下降，参考价值下降。

另外，学生作为高职院校的信息主体，在高职教育管理信息化的建设中参与度较低。学生在高职院校信息化相关工作上基本听从学校管理人员安排，积极性不高，并且学校的机构设置和规章制度并没有为学生提供参与渠道。然而，高职学校学生的创造性与应用能力良好，应当适度参与高职院校的信息化平台创建，提高学生的实践水平。同时，作为高职院校教育管理服务的对象，学生有权利提出意见和建议，完善教育管理评价和反馈机制。

（四）缺乏运行监督机制

缺乏监督机制可能会导致数据安全问题。高职院校存储大量学生和员工的敏感信息，如成绩、个人身份信息等，如果没有足够的监督，这些数据可能会被不当访问或滥用。缺乏监督可能导致信息化系统的不当使用，包括恶意篡改数据、滥用权限以及未经授权的数据访问。这可能损害学校的声誉和学术诚信。在没有监督机制的情况下，一些高职院校管理人员和工作人员可能会采取不合规的行为，如贪污腐败、学籍管理的不透明性，以及其他违法行为。缺乏监督可能导致信息化系统的低效率使用，浪费时间和资源。学校可能投入了大量资金来建立信息化系统，但如果没有有效的监管，即使投入了大量资金建设系统，也无法实现其潜在效益。

高等职业教育管理信息化的成功需要建立强大的监督保障机制。缺乏监督机制可能导致质量下降、资源浪费和学生满意度下降。通过建立明确的法规和政策框架，加强内部管理体系，提升监督机构的能力，引入外部评估等可以改善高等职业教育管理的监督保障机制，确保其有效性和可持续性，以满足学生和社会的需求。高等职业教育的信息化管理是促进国家经济和社会发展的重要一环，需要建立保障机制，进行制度约束。

（五）信息化建设异化的消极影响

首先，高职教育管理信息化涉及大量的个人学生信息和教职工信息的收集、存储和管理。如果高职院校在信息安全方面不够重视，可能会导致学生个人隐私泄露和信息安全风险增加，对个人和学校造成潜在的损害。此外，冗余数据中可能存在敏感信息，如果没有妥善管理和处理，可能导致数据泄露和隐私问题。

其次，数据垃圾的问题也需要关注。数据垃圾指的是在管理过程中，系统产生的冗余且没有及时清理的数据，在高职教育管理信息化的过程中，数据的重复输入或多个系统之间的数据交互，可能导致数据冗余的问题。冗余数据占据存储空间，并可能引发数据不一致性和更新的混乱。例如，数据不一致。高职院校中可能存在多个信息系统，涉及学生、教师、课程等各个方面的数据。如果这些系统之间的数据不同步或者更新不及时，就会导致数据的不一致性，给信息化系统和数据管理带来麻烦。又如，数据异常和错误。在数据录入、处理或传输的过程中，可能发生数据异常和错误，例如数据输入错误、数据丢失或损坏等。这些异常和错误数据可能影响后续的数据分析和决策过程，降低信息化系统的可靠性和准确性。再如，数据废弃和过期。信息化系统中的数据可能存在废弃和过期的情况。例如，学生毕业或离校后的个人信息可能没有及时清理，导致废弃数据的积累。这些废弃和过期数据占据存储空间，增加系统维护和管理的成本。如何界定这些过期的“数据垃圾”的标准，如何决定高职教育管理中数据的存储时长，都是需要审慎考虑的，合理删除数据垃圾的价值性和收集、储存数据的价值性是相当的。[①]

再次，高职教育管理信息化过程中，活动主体可能会因为无法很好适应新技术而造成高职教育管理的异化。信息化的实施可能导致教学内容和方式的变化。一些高职教师可能对新的教学模式和教材使用不熟悉，需要花费更多时间和精力来适应和应对变化，可能会对教师的教学质量和效果产生影响。教学或管理人员容易产生技术依赖和技术障碍。实施高职教育管理信息化需要一定的技术支持和基础设施，包括网络、软件和硬件设备等。然而，在一些高职院校中，可能存在技术落后、设备不足或技术水平不够的问题，导致信息化工作难以正常进行，甚至出现系统故障和数据安全问题。或者在信息化程度很高的高职院校内，过度依

① 陈桂香. 大数据对我国高校教育管理的影响及对策研究[D]. 武汉：武汉大学，2017：40-42.

赖技术，许多工作只能借由信息化平台开展，忽视了信息化平台的不安全性。

最后，信息化建设会伴随信息孤岛和信息壁垒的产生。在部分高职院校中，由于信息系统之间的独立运行和信息孤岛现象，带来了信息共享和协同工作的障碍。各个部门和教师之间可能存在信息壁垒，无法有效地跨部门或跨学科进行信息交流和协作。

第四节　高等职业教育信息化健康发展的提升路径

高职院校教育管理信息化的提升路径是一个日益重要的议题，因为信息化技术在教育领域的广泛应用已经成为提高教育质量、促进管理效率，以及适应不断变化的教育需求的不可或缺的工具。随着高职院校在培养实用型人才、提升教育水平、推动科研创新等方面的重要作用日益凸显，教育管理信息化的提升路径更显重要。这一过程涉及技术、政策、管理、教育理念等多个层面的综合考量，旨在推动高职院校在数字时代更好地满足学生和社会的需求。

一、加快投资主体多元化

政府在高职教育信息化中扮演着重要角色，通过财政资金的投入，提供投资保障和政策支持等，对信息化建设起到引领和推动作用。但是，政府单一的资金投入存在资金短缺、分配不均等问题，无法满足高职教育管理信息化的需求。

高职教育信息化的关键是实现投资主体多元化，包括政府、高职院校、企业以及社会力量等多方共同参与，共同推动高职教育信息化的发展。

一是政府鼓励支持。政府应加大对高职教育信息化的政策支持和财政投入，提供税收优惠、资金补贴等激励措施，引导社会资金参与高职教育信息化建设。

二是企业参与合作。企业在高职教育信息化中的投资参与，既能推动信息化发展，也能获取人才资源和市场机会。企业在信息化领域具备丰富的技术经验和资金实力，可以为高职院校提供技术支持和合作机会。同时，高职院校与企业的合作还可以促进产学研结合，助力人才培养和创新能力的提升。

三是社会组织支持。社会力量的积极参与和支持，对高职教育管理信息化的发展具有重要意义。例如，社会组织可以发起相关项目，设立捐赠基金，为高职院校提供资金支持。同时，社会力量还可以提供技术咨询和培训支持，推动信息化技术的应用和创新。高职院校可以积极与社会组织和捐赠基金进行合作，在资金和技术方面获得支持，共同推动信息化建设。

总之，为了进一步发展高职教育信息化管理，有必要促进信息化建设多主体化。改革学校内部管理结构、管理体制、管理理念等。彻底转变管理者、教师、学生、教师和员工的观念，实现教育管理普遍信息化，必须采取协调、全面的方法来建设和运行教学管理信息化。增加学校管理机构的多样性，强化监督机构的作用，为学校管理信息化的快速发展提供制度环境。

二、加强软硬件建设

高职教育管理信息化的硬件包括多媒体设施、多功能教室等，软件包括教学资源，信息化理念等。在教育部的支持下，高职院校利用内部和外部信息网络和资源库构建信息技术应用教育基地，利用示范项目让学生学习多媒体、信息技术，参加培训学习和掌握网络应用的新技术和工作方法，同时培养与信息化密切相关的培训人员和教师，确保他们在教育管理信息化的建设中发挥重要作用。

为学生和教师提供计算机、笔记本电脑、平板电脑以及网络设备来连接校园网络，为实验室和工作室提供必要的硬件设备，如科学实验设备、医疗模拟器、工程工具等。为学生和教师提供管理课程、分发教材和跟踪学习进度的平台。为特定领域的实践教育提供模拟和仿真软件，包括支持在线教学和互动，包括视频会议和在线白板的工具，建立数字化的教育资源库，包括教材、课程内容、教学视频。同时，学校需要进行应用培训，以确定合适的教育教学主题。

三、注重信息化人才培养

首先，是高职教师群体建设向信息化人才的标准靠拢。教师是影响高职教育管理质量的重要因素之一。在高职教育中，一线教师对管理信息系统的认识存在差异，这对其信息化水平的提高也有一定的影响。青年教师对信息化管理模式的适应程度较高，可以很快地熟练掌握新的信息化管理模式，但不是全部的教师都会主动地接受新的信息化管理模式。在新的趋势下，一些年长的教师难以适应，只能被动地学习新的信息技术和新的教学方式。目前，我国教师资料库存在着资料不全、内容不全等问题，严重影响了信息化建设的效果。加强教师能力建设，提高教师的教学水平和能力，是提升高职教育管理质量的必要途径。这包括以下几个方面。

一是教师培训和交流。定期组织教师参加各类培训和交流活动，提高教师的教学技能和专业知识水平。

二是引进高水平专业人才。积极引进具有丰富实践经验和高级职称的专业人才，提高学校的整体教学水平和实力。

三是教师评价和激励机制。建立科学的教师评价和激励机制，鼓励教师积极投入教学工作，提高教学质量和效果。

其次，高职院校要重视技术服务人员和管理人员的专业培训，培训的专家必须能够提供专业的技术服务，并能在网络化管理方面提出建设性的意见。高职院校还应积极引进社会上优秀的企业家和社会人士参与到高校教育信息化的建设中来，加强对高素质教育者的教育；通过召集新老教师和研究人员，增加财政支持，培养一批年轻教师，特别是优秀的年轻教师，切实提高高教职工整体业务水平和信息化水平。

最后，加强培养高职学生成为信息化人才。高职学生群体庞大，发展潜力无穷，结合高等职业教育的培养特色，加大力度培养高级软件工程师、计算机科学人才和通信工程人才等，填补我国专业型信息人才的空缺。[①]因高职学生在高职院校中实实在在地学习、生活过，对于高职教育管理信息化建设有更独特、更切中要害的意见，可以更有针对性地改进管理系统的缺陷。对从高职学校毕业的优秀信息领域人才，实行高待遇引进政策，促成毕业生回馈学校，可以继续为高职教育管理信息化贡献力量。

① 杨晓宏，梁丽. 全面解读教育信息化[J]. 电化教育研究，2005（01）：27-33.

四、建立健全监督保障机制

利用信息技术提高教学管理效率固然重要，但最重要的是更好地利用系统或平台。因此，高等职业院校必须掌握和监控信息系统和平台的运行情况，有效开展管理工作，重视信息反馈。通过有效的监督，管理层可以更好地了解学校内部各种业务流程的现状和变化。通过这种方法，可以根据需要制定工作计划，并取得科学进展。然而，评价体系和方法的不足，阻碍了自主监督的有效性，也阻碍了监督机构的有效性。

首先，要建立高职院校内部信息化建设监督体制。高职院校教育管理信息化建设要以比较牢固的规章制度作为信息化的最基本保障，建立稳定的监控机制作为保证信息结构质量的最基本要求。要求监督部门按规则办事，及时有效反馈监督结果。收到反馈后，各部门立即进行管理方式的整改。在检查合格之前继续纠正工作。健全完善的监督机制是确保高职教育管理信息化建设相关工作内容有序实施和普及的最基本保障。

其次，高职院校要继续完善校企合作机制。校企合作是高职院校的特色之一，但许多时候难免流于形式。与社会企业进行合作，开设相关的职业培训课程，不仅有效降低了学习成本，而且更好地满足了学生的知识和技能需求，使学生能随时随地了解公司和社会的实际需求，并参加商业领袖的学习和培训课程。此外，结合反向课堂的概念，学生还可以与教师在平台上相互交流，教师为即将进入职场的学生提供相应的指导，更好地实现高职院校培养目标。

另外，学校也可以与相关的企业合作，为学生的发展提供帮助。在此基础上，将对企业中的学习资源进行整合、优化，建立学习项目、学习社区，并以较低的成本引导学生进行学习，以较低的成本满足其个体化、多元化的学习需求，推动学生与企业在就业之前进行合作和创新体验。为此，不仅要使用良好的信息技术进行数字化，还要为健全的信息建设措施提供组织保障。建立体系，有助于实现信息的公开和透明、信息资源的公平分配，以及完善严格有效的监控机制。

最后，完善高职院校质量反馈机制。教学质量管理是高职教育管理的重中之重，包括制定教学质量标准、评估教学成果和推进教育教学改革等方面。

一是在教学质量方面，应及时不同程度地进行教学质量的评估和反馈，以提高教学效率，全面评估和监控教学质量，及时提供反馈和纠正计划。

二是建立与教育背景相关的内部数据库，为学生、教师和行政人员建立沟通渠道，建立高职院校之间的沟通平台，加强对高质量信息的分析，优化统计机制。定期发布教学质量监测和评估报告，建立内部机制，评估和反馈教学效果。

三是学校应充分认识到外部评估和反馈机制的建立，以及社会评估机构和第三方反馈的重要性，并充分分析反馈的结果。在此基础上，为了提高教学质量，改进和优化教学工作。

在制定教学质量标准时，应结合学校的实际情况和市场需求，制定科学、合理的教学质量标准体系。在评估教学成果时，应综合考虑学生的考试成绩、实践能力和综合素质等因素，对教学质量进行全面评估。在推进教育教学改革时，应积极探索新的教育模式和方法，不断提升教学质量和效果。

第四章　新时期高等职业教育专业建设与发展

新时期高等职业教育专业建设与发展以服务国家与区域经济社会发展为核心，注重发展素质教育，以专业建设为龙头，以教育教学为中心，以优质就业为导向，以产教融合为主线。它以市场需求和职业标准为依据，积极适应经济社会发展和技术进步的要求，注重学生的全面发展和综合素质的提高，加强实践教学和校企合作，为学生提供优质的就业服务。新时期高等职业教育专业建设与发展致力于培养能够适应中国社会经济发展需要的高素质技术技能人才，为国家和区域的经济社会发展提供强有力的人才支撑。[①]

---

① 付兴国. 现代高等职业教育论[M]. 北京：中国轻工业出版社，2014.

第一节 高等职业教育专业设置的依据与方式

高等职业教育的专业设置在职业教育发展过程中占据着非常重要的地位，进行科学合理的、有前瞻性的专业设置，可以满足市场行业对专门技能人才的要求，使不同行业具有充足的人才储备，同时保证高职院校毕业生的就业满意度。

一、国家政策文件对高职院校专业设置提出的新要求

以前，社会大众对职业教育的认识还不够全面，不少人都认为，只有考不上普通高校的学生才会上职业院校，也就是认为职业教育的水平比普通教育的水平低。近年来，社会大众对职业教育的认识变得全面、深入，能够用客观的态度来评价职业教育。全国职业技能大赛中选拔出了大批的职业教育人才，让人们更为直观地感受到了职业教育的发展优势，在一定程度上反映出我国职业教育的发展处于非常稳定的阶段。国家也在大力发展职业教育，出台了一系列职业教育的相关政策，凸显出了职业教育的重要地位。2018年，《促进职业学校与企业合作办法》提出，职业学校开设专业时，应充分听取企业对合作的意见。2019年，《中国教育现代化2035》提出，职业学校应通过多种方式提供指导，及时调整专业学科结构，包括招生计划、就业反馈、融资、评估等。同年，《国家职业培训改革实施方案》（也称为“职业培训二十条”）发布，对职业院校专业设置进行了新的规定。2020年，《职业教育提质培优行动计划（2020—2023年）》高度重视对职业教育专业分布的优化，将职业教育与普通教育规模大体一致并且相互连通作为主要目标，遵循国家战略，以区域经济发展的现实需要为基础，进而提高高职院校专业建设水平、毕业生就业质量和就业满意度，全方位地进行设计与规划，使人才培养能够满足当地经济发展的需求，一些不能适应市场发展的专业要及时取消或替换，建立规范机制，根据具体的办学定位和各方提出的要求，对专业设置进行优化升级，完善人才供给结构，不断向社会转移人才专业技能。同年3月，教育部发布《职业培训职业目录（2021）》，并于同日公布。本专业目录基于对行业、专业、职位和专业关系的科学分析，与现代产业体系和人才社会各行业的具体要求密切相关。教育部发布的文件对职业目录进行了调整，确保职业培训和人才培养适应国家和社会发展需要，与时俱进，不断更新，及时淘汰跟不上时代

发展的职业，设置一些热门且发展迅猛的专业，同时要保证学校的王牌专业能够继续高质量和高深度地发展下去。

二、专业设置的概念

《教育词典》中专业设置的概念为“专业设置是指高等教育机构按照学科门类和知识分类以及行业结构的需求培养人才而设置的教育内容分类的一种存在状态”。《中国百科大辞典》中专业设置的概念为“高等学校和中等专业学校按照学科分类或职业分工而设置的学业门类”。具体来说，专业设置是高等学校（如研究生、本科、专科以及中等专业学校）根据国家学科水平和专业分工，根据本地区主导产业现状和发展趋势，按照监管模式和标准而设置的学业门类。这一过程包括识别、更新和调整专业名称、专业数量、院校数量、主要类别的招生和毕业人数，增加热门专业的数量，减少或逐步消除冷门专业的比例。总体来说，专业设置会在时间的推移中产生持续更新。

三、高等职业教育专业设置的依据

根据我国高等职业教育专业设置的现状及对专业设置与产业结构的融合程度的分析，同时基于当前高等职业教育专业设置存在的问题，分析高等职业教育专业设置的依据。

（一）以新版专业目录为依据

当前，高等职业教育正处于快速发展阶段。为了满足各部门的新需求，教育部发布了《职业培训职业目录（2021）》（以下简称《目录》）。新的职业目录为职业学校进行科学合理的职业设置提供了有力的支持，可以显著促进质量的提高和机会的增值。它是优化职业教育培训类型、提高职业教育培训适应性的重要途径。

1.清晰定位具有职业特色的专业

《目录》中包含的专业类型较为固定，专业名称产生了明显的变化。其以职业特色为中心，进入行业企业的不同层次摸清企业对人才的真实需求，对专业名称和内涵有更透彻的认识和理解，保持与企业的良好沟通，在此基础上制订新的专业人才培养目标、构建专业课程体系、打造实习实训基地等。地方教育主管部门应成立相应的机构进行专业设置和发展规划。专业内涵建设是高职院校的职责范围内较为重要的方面，不论是《目录》中原本就有的专业，还是新增的专业都应明确其具体内涵，使专业设置更加科学合理。与此同时，应对设置的专业进行清晰的定位，在社会上大力宣传专业设置的具体目的，最好能够争取到学生、家长及社会的高度认可。

2.科学编制专业建设规划

高职院校应该将新版专业目录作为重要的依据，秉持认真负责的态度制订专业发展规划。对专业进行科学合理的判断，将提高职业教育人才的培养水平作为目标。正确地认识和把握区域产业的发展需求，如进行技术创新分析和再技能化短缺分析。专业设置应能够促进产业技术的创新，通过技术项目、企业教育实践基地等途径，设置相应专业、组成专业群来培养人才和建设师资队伍。

（二）以人才需求调研作为依据

根据相关教育理论，职业培训应建立在对专业人才需求的研究基础上。主要目的是更好地测试它是否能够为社会发展提供相应支撑，是否朝着学术和专业的发展方向，以及是否有助于学生的成长和发展。从社会需求、职业发展和学生需求这几个方面进行系统研究，分析和捍卫职业管理和方向，以及职业发展的目标和具体指标（知识、技能和质量），学校根据这些因素决定是否需要开设某个专业，是否要对某个专业进行调整，进而确定专业的培养目标、培养规格。教育行政管理部门对计划的专业设置进行申报时，要在专业人才需求调研报告的基础上，有效评估学校设置相关专业的必要性。专业人才需求调研理论逻辑框架如图4–1所示。

1.进行社会发展需求调研

（1）进行职业分析

第一，对不同专业进行职业分类调研。以2022年版《中华人民共和国职业分类大典》为依据，职业分为8个大类、79个中类、450个小类、1639个细类（职业）和2967个工种。进行这一调研的目的是具体地确定准备设置的专业属于哪些职业大类、中类、小类及职业工种，更进一步地明确该专业的就业与服务范围，以及包括的具体职业和所属工种。

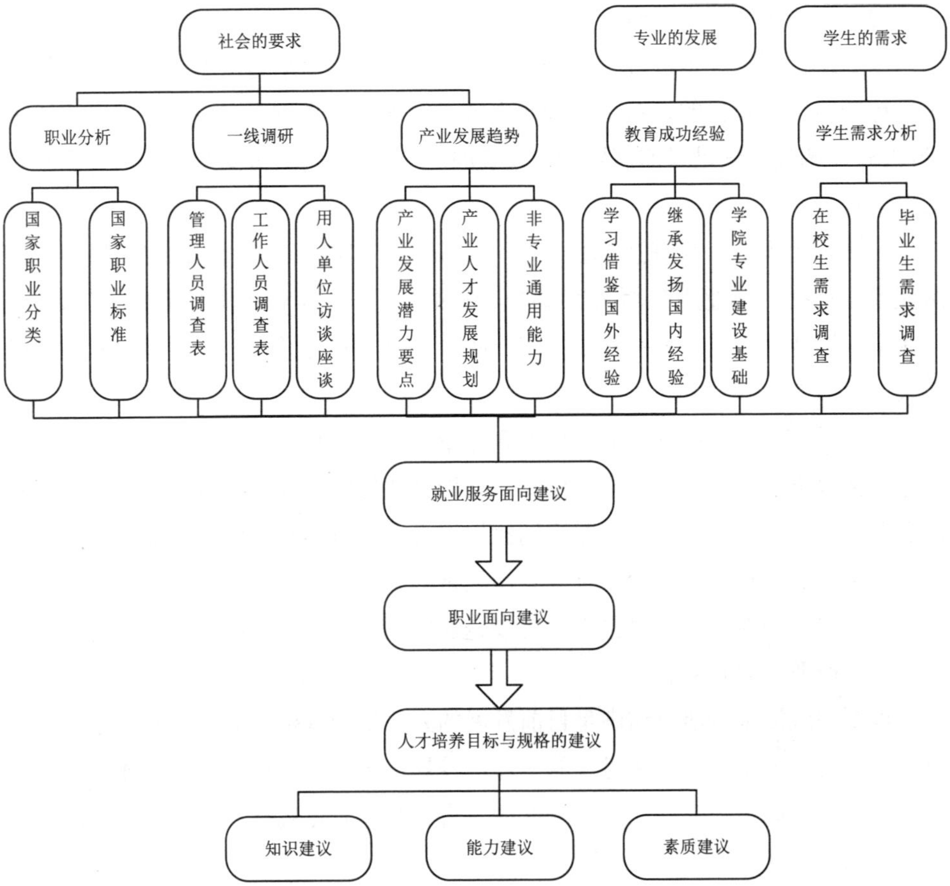

图4-1　专业人才需求调研理论逻辑框架图

第二，对职业标准进行调研。在上述调研的基础上，进一步根据《国家职业技能标准编制技术规程（2018年版）》、人力资源社会保障部办公厅《关于颁布社区事务员（劳动保障专理员）等42个国家职业技能标准》（人社厅发〔2022〕26号）、教育部1+X制度背景下的行业标准以及关于准备设立专业所需的基本技能的建议；在选择核心专业能力时，应考虑以下几点，以满足区域产业发展的需要，学校有足够的学习条件来满足这些重要而充足的招生来源和毕业生的就业前景；制定专业资格、知识要求、资格要求和质量要求，以发展核心专业能力，综合起来构成了准备设置专业培养规格的调研内容提纲（不过，需要明确的一点是，由于标准制定出版的滞后性，根据该培养规格所培养的人才难以跟上时代的步伐）。

（2）一线发展需求调研

以上述得到的准备设置专业培养规格的调研内容提纲为依据，对一线发展需求进行调研，主要目的是对上述调研内容提纲加以初步校正，让人才培养规格由“过去时”调整为满足目前需要的“现在时”。调研面向的对象及具体内容通常包括以下几点。

一线管理人员。最好选择公司的人力资源部门或部门负责人作为研究对象。研究通常包括：毕业生必须满足哪些知识要求；毕业生必须满足哪些资格要求；职业学校毕业生应具备哪些素质（思想政治素质、身心健康素质、专业素质、科学人文素质）。

一线工作人员。最好选取单位或企业中学历水平相当的工作人员。调研内容一般包括以下几点：走上工作岗位后，意识到比较缺乏或有待深入学习的专业知识有哪些；走上工作岗位后，意识到比较缺乏或有待提高的专业技能有哪些；走上工作岗位后，意识到比较缺乏或有待完善的素质有哪些等。

用人单位访谈座谈。对象为单位或企业中不同岗位、不同学历水平的人员。

（3）产业发展趋势调研

根据一线需求调研总结满足目前发展的人才培养规格，对产业发展趋势进行调研。主要是为了对“现在时”的人才培养规格再次进行校正，让人才培养规格由“现在时”调整为能满足未来发展的“将来时”人才规格。调研资料和内容主要包括以下方面。

第一，产业发展潜力重点。研究材料包括国家、省、地区中长期发展规划、五年发展规划和产业发展规划。研究通常包括：与工业密切相关的工业发展重点；开发和应用新技术；产业发展对新知识、新技能、新综合素质的要求。

第二，产业人才发展规划。研究材料包括国家、省和地区中长期人力资源发展规划、五年发展规划和人力资源发展计划。研究通常包括：人才需求的范围和水平；未来所需的知识、技能和素质。

第三，非专业专用通用能力。以国家人力资源和社会保障部网站的十种通用职业能力、教育部网站的大学生需培养的八种通用职业能力作为调研资料。依据专业建设现状和计划创办专业的培养目标，在这些通用能力中选取5～6种进行专门的培养，并将此当作计划设置的专业的公开课的开课依据。

2.进行专业发展需求调研

将上述得到的预开设专业“将来时”的人才培养规格对学科专业的发展需求进行调研。主要是为了对预开设专业“将来时”的人才培养规格进行第三次校正，同时继续发展成功的教育经验。

（1）学习借鉴国外经验的调研选取

第一，在世界各地寻找在这一领域具有显著优势的学校。

第二，在全球范围内寻找具有显著优势的学士学位和专业，并将其作为优秀的参考目标。

第三，全面了解世界级职业培训的目标和规范定位，以及课程体系、实验培训、教师和专业人员培训、专业建设学习模式等因素。

（2）学习借鉴国内经验的调研选取

第一，把握依据及具体要求。具体包括：普通高等学校高等职业教育（专科）专业目录；高等职业学校专业教学标准；教育部《关于职业院校专业人才培养方案制订与实施工作的指导意见》（教职成〔2019〕13号）；《关于组织做好职业院校专业人才培养方案制订与实施工作的通知》（教职成司函〔2019〕61号）；《高等职业学校电子信息工程技术专业实训教学条件建设标准》（教职成厅函〔2021〕12号）；高职实用英语、计算机应用、大学语文、体育与健康等公共基础课课程标准。[①]

第二，在国内寻找具有较强专业优势的学校。寻找中国最好的本科和专业项目，了解专业人才发展的方向、学习模式、学习方式、课程体系、教学力量、实验教育等。

第三，根据教育部的标准和要求，制定合理的学习计划，并通过最佳基准来实施。

（3）本校预开设专业建设基础的研究与选择

第一，根据国内外相关专业的建设水平，结合教育部的有关标准和要求加以分析，从而发现本校专业建设中已经取得的成绩和经验，以及存在的差距和不足。

第二，将根据教育部的相关标准和要求，结合本校的实际情况，以及预定的专业，对课程进行审查，确定具体的实施方向和重点。

---

① 吴伟. 高职教育内部质量保证与评价体系研究[M]. 北京：中国纺织出版社，2019.

（三）以学生发展需求调研为依据

将上述进行学科专业发展需求调研得到的预设置专业的人才培养规格作为依据，对学生的发展需求进行调研。主要是为了对该人才培养规格进行第四次以学生为本的校正。

1.在校生需求调研的选取

第一，考察相近专业的学生在学校制订的职业生涯规划，及时掌握学生毕业后的发展意向，例如，是就业与创业，还是继续学习深造。

第二，对于就业与创业意向，选取几项专业核心能力和职业素养，建立培养课程体系，对课程设置、课程目标、课程内容及教学方法等采取系统的调整和建设，作为必修课程纳入培养方案中，一定要保证充足的课程时间和次数。

第三，对于继续学习深造意向，在课程中提供与入学考试相关的课程作为选修课，纳入培养方案。

2.毕业生需求调研的选取

第一，在组织校友会活动或者面试毕业生时，选择类似专业的学生进行调查。通过他们的专业经验，能够深入了解他们在学习过程中积累的经验、专业知识、技能以及收集提出的质量建议。

第二，对预设置专业课程教学的知识、能力（技能）、素质方面的目标、内容和方法等加以分析和完善。

第三，让预设置专业的教学能够符合相应岗位的需求，并能满足学生的发展需求。

四、高等职业教育专业设置的方式

高等职业教育专业设置要坚持以服务发展为宗旨，以促进就业为导向，遵循职业教育规律和技术技能人才成长规律，主动适应经济社会发展，特别是技术进步和生产方式变革以及社会公共服务的需要。对培养适应社会需求的高素质技术技能型人才，具有重要的战略意义。

（一）做好顶层设计，主动融入产业发展趋势

高职院校专业设置可以说是连接社会需求与院校教育教学工作的桥梁，不仅对院校发展情况和人才培养质量有着重要影响，而且能够为区域经济社会发展和产业结构升级提供不可缺少的优秀的技术技能型人才。

1.做好政策制度的顶层设计

由于区域经济社会和产业发展趋势的不断调整，高职院校专业设置开始更加依赖相关政策制度，做好政策制度的顶层设计，可以在以下几方面发挥优势。

（1）充分发挥宏观调控的作用，精准地掌握该地的产业发展趋势和产业结构对人才的需求，大力建设重点发展产业相应的重点专业、紧缺专业和新兴专业，与当地产业发展接轨。

（2）对高职院校的专业设置进行整体规划，建立符合有关政策制度的规定，以免高职院校进行专业设置时没有合适的政策制度提供相应的规范和指导，从而有力地保障当地高等职业教育的协调发展。

（3）增强政府对高职院校专业设置的导向作用，踊跃地设置满足战略性新兴产业需求的新专业，调整不适应当下区域产业结构的专业，减少或取消不满足市场需求的专业。

（4）使高职院校专业设置的审批备案工作更加规范，从而有效提高高职院校专业设置工作的规范性和科学性。

2.做好高职院校专业布局的顶层设计

一般来说，高职院校的布局会直接影响高职院校的专业布局，这主要体现在专业布点的数量上。总体来说，做好高职院校专业布点顶层设计，主要应从以下方面着手。

（1）结合区域经济、产业和人口的发展现状，依靠建立高职院校，极大地丰富当地的高等职业教育资源，针对缺乏专业布点的地区加强建设力度。

（2）加强对高职院校专业设置的指导与支持，在政策上有明显的重视，从而使其可以向当地的产业发展不断地输送技能型人才。

（3）有效发挥政府的监督管理职能，严格监督高职院校对新专业的申报审批和专业设置的实时监测，避免专业设置的重复率过高。

（4）构建健全的高职院校专业评估指标体系，成立由教育行政部门、高校专家、企业主组成的专业评估专家组，定期对职业学校建设情况进行评估，形成专家组完整的评估报告，切实促进职业学校健康发展。

（二）立足三次产业需求，优化专业设置结构

高职院校专业设置应始终以服务发展为中心，以促进就业为导向，并结合区域经济社会发展和产业发展现状。因而，专业设置的科学性、专业结构的合理性都与区域产业需求有紧密的联系。以云南省高职院校为例，其专业设置与产业结构的适应程度应进一步提高，应基于第一产业、第二产业和第三产业的产业需求，优化专业设置结构，从而更好地与产业结构相匹配，具体来说，体现在以下方面。

第一，根据配第-克拉克定理，随着人均国民收入的增长，产业结构会随之变化，呈现“三、二、一”的结构演变趋势，造成劳动力在三次产业间流动；库兹涅茨认为产业结构与国民收入二者间的关系较为密切，一定程度上提高了该演变进程的速度，尽管如此，该演变进程仍是比较缓慢的发展过程，一般不会发生剧烈的变化。对于云南省的第一产业来说，农业有非常重要的地位，而且，云南省第一产业中农业、林业、畜牧业和渔业等行业的高素质技术技能型人才存在很大的缺口。因而，应促进云南省高职院校在与第一产业相对应的专业结构方面的建设，增加相关专业的数量和分布，扩大这些专业的计划招生，这将有助于云南职业技术学校满足当地产业发展的专业配置需求。[①]

（1）在农业专业方面，高职院校可以设置农业管理、植物工程等专业，就业前景良好。

（2）在畜牧业专业方面，职业学校可以开设兽医、动物预防与检疫、兽医药理学等专业。

（3）在渔业专业方面，职业学校可以开设水产养殖技术专业，并定期培养新的职业农民，从而有效地推动第一产业发展。

与其他专业相比，农林牧渔类专业比较冷门，选择报考这些专业的学生较少，政府和学校可以借助减免学费、提高奖学金和助学金等手段来增加报考人数。

第二，现阶段云南省第二产业的产业结构与高职院校设置的相应专业结构较为匹配，不过，专业设置的数量还可以适当增加，特别是能源动力与材料大类和生物与化工大类设置的二级专业数、专业布点数都较少。云南职校要把握新产业战略发展趋势，开拓分布式发电与微电网技术、材料工程、建筑材料生产与管

① 王震. 云南省高职院校专业设置研究[D]. 昆明：云南民族大学，2021.

理、光热技术及应用等专业。

第三，对于第三产业，云南省高职院校必须减少或取消一定数量的经济科目。减少专业数量后，应调整专业结构比例，减少会计、护理、工程、计算机应用技术、计算机网络技术、市场营销、物流管理、金融业发展等专业的数量和分布，同时促进与文化产业相关的其他产业，如互联网金融、物联网应用技术、文化市场管理等第三产业经济的发展，从而提供充足的劳动力和技术支持。

（三）加强高水平专业群建设，提升院校专业集聚度

从全国示范学校（骨干）到“双高”的实际建设中，较为显著的一点在于，高职院校职业群体建设更加突出，职业群体建设在以后不同高职院校的竞争中势必会发挥举足轻重的作用。对云南省高职院校来说，加强高水平专业群建设需要在以下方面努力。

第一，将条件好、就业前景广阔的优势体现在学校的品牌专业中，将知识和技术相似的相关专业与学前教育专业、典型品牌专业相结合。我们采用“品牌专业化、相关专业紧密融合”的“专业链”设计理念[①]，就是为了建设凸显出高校自身特色的品牌专业群，确保专业群体专业化的稳定性，适应人才需求的变化，在区域经济发展和产业结构调整的驱动下，不断调整学习目标，更新教育培训内容，动态管理专业群，实现专业群的健康发展。

第二，高职院校应积极地为实现极富云南特色的现代产业体系建设目标服务，与优化升级传统优势产业对接，满足培育壮大战略性新兴产业及相关产业建链、补链、强链的人才需求，采用“支柱产业和新兴产业—周边产业—附加产业”的产业链思路[②]，对于生态旅游产业集群、养老服务产业集群、清洁能源及载能产业集群、生物产业集群相关的紧缺专业和重点专业应加强设置，通过领导和支持政府、工业企业，形成一个区分初级和次级、功能性和相互支持的关键专业群体。通过深化专业招聘，优化产业结构，将人才供给与产业需求相结合，提高专业在高校的集中度。

---

① 马成荣，孙杨.“双高计划”视域下高职院校专业结构优化调整的路径与策略[J]. 职业技术教育，2019，40（24）：12-17.

② 赵昕，张峰.基于产业集群的职业教育专业集群基本内涵与特征[J].职业技术教育，2013，34（4）：36-40.

（四）积极探索大数据等信息技术创新专业设置机制

在信息技术的高速发展下，大数据等信息技术逐渐用于各行各业，当然，在高职院校专业设置中也能运用此类技术来提升专业设置的精准性。在高职院校专业设置中应用“信息论+大数据”，在信息论理论的指导下构建高职院校专业设置的理想模式，对高职院校专业设置机制进行创新（图4–2）。

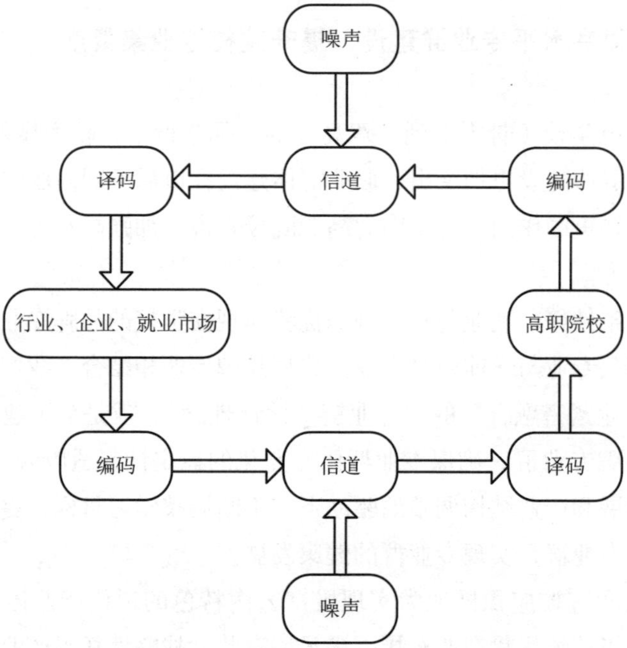

图4–2 信息论下高职院校专业设置的理想模式

1.重视大数据在专业设置中的预测作用

进行数据挖掘从而得到其中蕴含的大量信息，有助于高职院校更加精准地抓住区域经济发展的趋势和产业需求的改变，使专业设置更加有保障。大数据技术在专业设置中起到的作用主要体现在以下方面。

（1）面对政府、行业、企业和就业市场发布的大量数据，高职院校利用大数据技术加以采集、筛选、甄别、统计，从而中断过时和不正确的数据，被称为“噪声避免”。

（2）利用大数据技术进行数据分析和处理，获取数据中包含的经济发展趋势和产业需求信息，汇总成数据分析报告。

（3）以数据分析报告为依据加以论证，使高职院校专业设置有相应的数据依据。

2.建立大数据在专业设置中的决策机制

职业技术学校的职业框架必须符合区域经济结构和产业发展的要求，根据直观的数据建立基于数据的专业决策机制，使专业设置决策更加科学合理。利用大数据创新专业设置决策机制的流程主要包括以下几个步骤。

（1）专业学校建立专门的研究和数据管理中心，收集和处理数据，分析数据，识别行业趋势和专业，并创建分析报告，为决策者提供基础。

（2）决策者参考专业目录、对照国家职业标准来设置专业，组织专家对其可行性和必要性加以论证，生成相应的报告。

（3）结合专业培养目标以及数据分析报告中行业、企业对岗位的具体需求，制定专业人才培养方案、相关教学文件等，再上报教育行政部门备案或审批。利用大数据创新专业设置决策机制如图4–3所示。

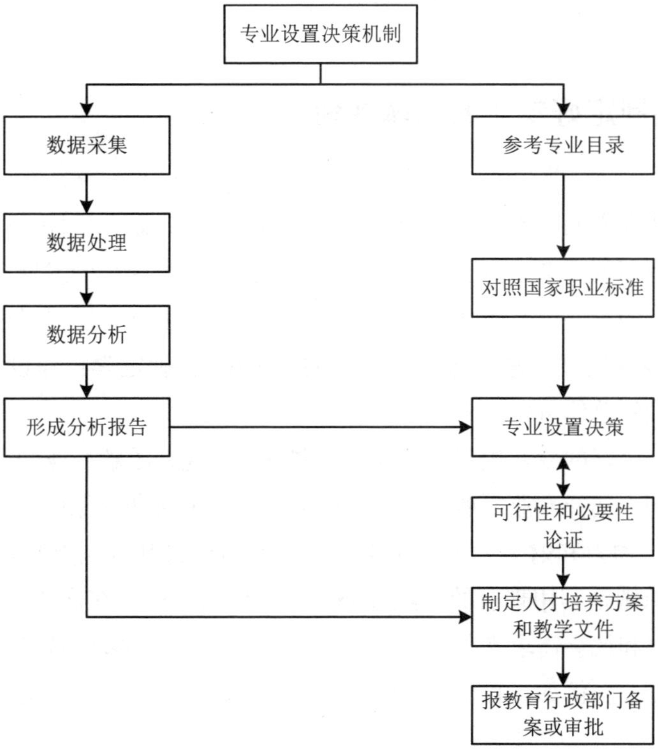

图4–3　利用大数据创新专业设置决策机制流程图

3.强化大数据在专业设置中的反馈作用

高职院校毕业生的就业状况如何能够直接地反映出高职院校培养人才的质量如何，毕业生的就业状况是高职院校进行专业设置的过程中需要考虑的重要因素。毕业生进入社会后流动性较大，若采用以往的毕业生就业情况调查法，需要进行大量的跟踪回访，不仅调查难度较大，而且数据利用率也较差，对高职院校专业设置起到的反馈作用较小。

第二节　高等职业教育专业发展的基本要求

发展高等职业教育专业是为了满足社会对高素质技术技能型人才的需求，并为学生提供更好的职业发展机会。为了确保专业的健康发展和适应性，有关部门和高等职业教育需要遵循一些基本要求。

一、要制定好专业的总体规划

在专业建设方面，不仅每个专业都应该有自己的计划，学校也应该有一个总体计划；规划不仅要考虑自己的发展模式、国内外同类课程的发展趋势、经济结构、高等教育的需要以及大学所在国家和地区的社会发展，还要考虑自己的实际情况，基于专业发展的总体方向和专业的“定位”，确定学校建设的战略目标，制定专业建设的总体目标。[①]

要制定一个好的专业规划，就要深入调查和研究，了解专业的最高水平，平衡短期和长期，选择专业发展的主要方向，并在一定时期内保持大体不变。我们要集中人力、物力和财力，突破重点方向，努力建设和发展有特色、高效的专业。其基本原则是利用现有的专业优势改造落后的专业。在优势专业的驱动下，根据自身情况和社会需求来分析具体问题，经过科学、细致的选择，针对多个领域设置新兴专业。例如，目标专业的蓬勃发展与区域经济建设和支柱产业密切相

---

① 刘彦文. 高等职业教育原理与教学研究[M]. 北京：中国轻工业出版社，2009.

关，在此基础上，可以明确“扬优、改老、扶新”的专业化建设路线。

二、要形成专业群体优势

每一个专业的发展都有其相对独立的一面，也有相互联系的一面。现代技术的发展趋势不仅要求同一专业门类消除壁垒、相互交流和融合，还要求不同专业的跨学科交叉、渗透和融合，从融合点产生新的专业或方向，促进专业发展。换言之，专业建设不能停留在相对独立的专业学科层面，而必须根据每个专业的发展规律和具体情况，在良好的专业结构基础上，大力加强各专业之间的沟通与合作，打造专业群体优势，提升自身综合实力。职业发展的综合化趋势已经很明显。现代科学技术的发展规律往往是在高度分化和辩证统一中向整体化发展。专业在多个层面上交叉和融合，并在特定的跨学科模式中发展。为了不断发展并取得突破性的成功，特定专业的发展和建设必须遵循这一综合趋势。职业全面发展的趋势动摇了传统职业既定的发展道路和专业结构。

三、要加强专业带头人及队伍建设

专业建设的关键和核心是团队建设，专业带头人也是学术团队的带头人，这是关键。可以说，未来竞争的本质是人才竞争，只有充分重视并做好教师培养和学术水平建设这两方面，才能真正做好专业建设工作。目前，各类职业学校专业领导人才培养滞后是一个非常突出的问题，主要表现为专业领导人才数量不足、素质低下。有必要建立职业领导者的质量标准，通常从学术水平、领导力和协调性的角度进行评估。校长和教师要打破“论资排辈”的传统观念，坚持公平公正的原则，选拔真正优秀的中青年人才。需要制定多样化的政策，开辟各种渠道，努力创造一个更好的培养环境，让教师能开创一番事业、对教育事业产生深厚的感情、享受到较高的待遇。

四、培养出供需耦合的人才

高等职业教育专业发展的基本要求是适应社会和经济发展的需要，培养出具备专业技能和职业素养的高素质人才。为了实现这一目标，高等职业教育需要从以下几个方面入手培养出供需耦合的人才。

第一，明确专业定位和培养目标。高等职业教育需要明确每个专业的定位和培养目标，根据市场需求和学生实际情况制定具体的培养计划和方案，以满足不同行业和岗位对人才的需求。这包括对专业的就业前景和发展趋势进行深入的了解和分析，以及对学生的兴趣爱好和职业规划进行充分的考虑。

第二，注重实践教学。高等职业教育需要加强实践教学，通过开展各种形式的实习、实训、校企合作等活动，让学生有机会亲身参与到实际工作和实践操作中，从而提高学生的实践能力和职业素养。这需要建立完善的实践教学体系，包括实训基地、校企合作、实践教学课程等方面的建设，以及提供充足的实践教学的教师资源和经费保障。

第三，加强产学研合作。高等职业教育需要积极推进产学研合作，与企业、行业合作共同开展科研、教学等活动，促进教育链和产业链的有机融合，为学生提供贴近实际的学习和实践机会。这需要通过产学研合作的方式，把企业、行业的最新技术和发展趋势融入教学，使学生的知识结构和技能水平能够适应社会和经济发展的需要。

第四，注重职业素养和道德教育。高等职业教育需要注重培养学生的职业素养和道德教育，引导学生树立正确的职业观念和职业道德意识，提高学生的综合素质和社会责任感。这包括培养学生的团队合作精神、诚信守法意识、社会责任感等方面的素养，以及开展职业生涯规划、创新创业教育等方面的课程。

第五，创新人才培养模式。高等职业教育需要不断创新人才培养模式，通过开展创新创业教育、多元化人才培养等方式，培养学生的创新意识和创业能力，为社会提供更多高素质的人才。这需要根据市场的变化和学生的需求，灵活调整人才培养方案和教学方法，积极探索符合实际需要的人才培养新模式。同时，要鼓励教师开展教学创新和科研创新，不断提高教学水平和学术能力，为培养高素质人才提供有力的保障。

第三节　高等职业教育专业设置的创新和调整

创新专业设置就是要使高等职业教育提高专业设置与区域经济产业结构需求的适应度，大幅度提升高等职业教育对区域经济社会发展的贡献度。

一、创新人才培养模式

高等职业教育创新人才培养模式的构建需要以市场需求为导向，注重课程改革和“三教”改革，创新教学方法和手段，加强实践教学和创新创业教育，建立科学合理的评价体系。这些措施的实施可以帮助学生更好地适应市场需求，提高自身的创新能力和职业素养，为未来的职业发展打下坚实的基础。创新人才培养模式在高等职业教育中具有非常重要的地位，它可以帮助学生更好地适应市场需求，提高学生的创新能力和职业素养。

要树立以市场需求为导向的原则。高等职业教育人才培养模式的构建应该以市场需求为导向，根据市场对人才的需求来构建专业课程体系和实践训练体系，做到专业与职业“零距离”。同时，高等职业教育还要注重人文社会科学与技术教育相结合，教学内容改革与教学方法、手段改革相结合，突出基础理论知识的应用和实际能力培养。要推进课程改革和“三教”改革。高等职业教育应该以培养学生的创新能力和职业素养为目标，进行全面的课程改革和“三教”改革。其中，课程改革包括优化课程结构、更新课程内容、提高课程质量等方面，而“三教”改革则注重教师素质的提升、教材的更新和教法的创新。

要创新教学方法和手段。高等职业教育应该采用创新的教学方法，如案例教学、项目式教学、讨论式教学等，注重学生的主体地位，发挥学生的积极性和主动性，引导学生进行自主学习和创新性思考。此外，还可以采用现代化的教学手段，如多媒体教学、网络教学等，提高教学效果和学生的学习效果。要加强实践教学和创新创业教育。高等职业教育应该注重实践教学和创新创业教育，通过建设实践基地、开展实习实训、组织创新创业活动等方式，提高学生的实践能力和创新创业能力。同时，还可以开展创业孵化和就业指导等拓展活动，帮助学生更好地实现自主创业和就业。

二、优化专业设置理念

高等职业教育调整专业设置理念需要深入了解市场需求和行业趋势，加强学科交叉和跨界融合，注重学生的兴趣和特长，突出学校的特色和优势，并考虑长远的社会发展需求。这些措施的实施可以使高等职业教育的专业设置更加适应市场需求和发展趋势，提高人才培养的针对性和适应性，为经济发展和社会进步做出更大的贡献。优化专业设置理念是高等职业教育适应市场需求和经济发展的重要举措。

深入了解市场需求和行业趋势。高等职业教育应该通过市场调研、企业调研、行业报告等方式，了解当前市场需求和行业趋势，掌握行业的发展方向和人才需求特点。这样可以更好地根据市场需求和行业趋势来调整专业设置，提高人才培养的针对性和适应性。

加强学科交叉和跨界融合。现代社会对人才的需求是多元化和综合化的，因此高等职业教育应该加强学科交叉和跨界融合，促进不同学科之间的相互渗透和融合，培养跨界复合型人才。这样可以使专业设置更加宽广，覆盖更多的领域，提高人才培养的适应性和竞争力。

注重学生的兴趣和特长。高等职业教育应该注重学生的兴趣和特长，根据学生的个性差异和兴趣爱好来调整专业设置，提供更加多样化的选择。这样可以更好地满足学生的个性化需求，提高学生的满意度和学习效果。

突出学校的特色和优势。高等职业教育应该根据自身学校的特色和优势来调整专业设置，打造具有自身特色的专业和学科体系。这样可以更好地发挥学校的优势和潜力，提高人才培养的质量和效益。

三、构建合理的专业群

职业学校的职业构成是基于区域经济不同部门不同职业之间的分工而形成的。专业群反映了学校融入区域经济的程度、学校在区域经济中的覆盖范围以及学校教育的重点和效率。专业群的发展应立足当地产业优势，遵循“重点建设、品牌引领、特色示范、协调发展”的构建理念。[①]组建学校专业群，需要研究区

---

① 梅友松，黄红英. 地方高校转型发展研究[M]. 北京：光明日报出版社，2015.

域经济和产业结构调整的发展趋势、产业结构发展的方向、重点产业的发展以及区域经济产业未来的发展方向，发现学校相关专业的相关性、互动性和适合度，适应学校的专业布局，形成梯度、差异化的专业发展模式。

专业群中的每个专业都有共同的行业基础或背景、学习平台、实验和实践学习基础设施、教学团队。因此，建立专业需要最大限度地整合这些资源，充分利用这些资源，形成专业群的整体优势。

学校在进行专业群建设时，应充分考虑客观环境和自身条件，有效整合当地高等教育，选择与学校现有专业匹配度较高的专业作为职业群建设选择。专业团体与区域经济发展的融合，与建立符合区域产业发展需求的专业团体和企业岗位群密切相关，确保已建立的专业团体有效融入区域经济。要实现与区域经济的有效融合，就必须充分利用“学校+企业+社会”的合作模式，将企业文化和工业文明融入高职教育，坚持校企互利共赢原则，推动专业群有效融入区域产业和企业。认识到职业学校依靠公司来进行专业建设，进而促进企业发展。

四、以双师型教师队伍为专业调整提供人才支撑

目前，我国高等职业教育发展迅速，但专业教学资源的数量和质量并没有得到有效提高，特别是双师型师资队伍的缺乏或教师素质的普遍偏低，严重影响了高等职业教育人才培养的质量。双师型教师队伍是支持职业学校专业调整优化的主要构成，也是培养高素质产业人才、促进职业教育培训有效发展的重要力量。职业学校应充分发挥领导作用，从不同角度发展和提高职业技能和教学技能，利用一支高素质的教师队伍作为职业学校适应和可持续发展的切入点。①

高等职业教育中的双师型教师队伍，可以为学生提供更加实用、更具针对性的教学和指导，为专业调整和优化提供重要的人才支撑。具体来说，双师型教师的作用主要体现在以下几个方面。

促进专业设置与市场需求紧密结合。双师型教师通常具备丰富的实践经验和行业背景，能够更加准确地把握市场需求和行业趋势，从而在专业设置和课程建设中更好地与市场需求接轨。

---

① 白弋枫.高等职业教育专业结构动态调整研究[J].高教学刊，2018（12）：191-193+196.

提升学生的实践能力和职业素养。双师型教师具备实践教学能力，能够将理论知识与实践技能相结合，注重学生实践训练和职业素养的培养。在双师型教师的指导下，学生能够更好地掌握实际操作技能，提高职业素养和实践能力。

增强学生的就业竞争力。双师型教师具备多重职业资格和丰富的实践经验，能够为学生提供多元化的职业指导和就业服务。通过了解职业市场和行业发展，双师型教师能够帮助学生更好地规划自己的职业发展，提高就业竞争力。

推动高等职业教育的创新发展。双师型教师具有创新意识和创业能力，能够为高等职业教育注入新的活力和创新元素。

第四节　高等职业教育学生就业管理与服务

高等职业教育学生就业管理与服务是教育承接社会责任的重要组成部分，也是培养高素质人才全过程的关键环节。随着经济的快速发展和市场竞争的加剧，加强学生就业管理与服务显得尤为重要。为了使学生更好地适应就业市场的需求，提高就业率和就业质量，高等职业教育必须积极开展学生就业管理与服务工作。

一、高等职业教育学校就业工作管理

高等职业教育学校的就业工作管理是指学校为了帮助学生实现就业目标，通过一系列有组织、有计划的措施和手段，对就业市场和就业服务进行管理的过程。具体来说，高等职业教育学校的就业工作管理主要包括以下几个方面。

（一）就业市场管理

高等职业教育学校的就业市场管理是指通过一系列有组织、有计划的措施和手段，对就业市场进行深入了解、积极开拓和有效管理，以促进毕业生的充分就业和优质就业。高等职业教育学校的就业市场管理应该从多个角度入手，建立完善的就业服务体系，为学生提供更多的就业机会和优质的服务。同时，学校还应该不断适应市场需求的变化，及时调整人才培养方案和就业策略，提高毕业生的

就业竞争力和职业发展能力。具体来说，高等职业教育学校的就业市场管理主要包括以下几个方面。

第一，市场调研。高等职业教育学校应该对就业市场进行深入的调研，了解市场需求和行业动态，掌握相关专业的就业形势和发展趋势。通过与用人单位建立联系，了解人才需求和用人标准，为学校的专业设置、课程建设和人才培养提供参考。

第二，就业信息收集与发布。高等职业教育学校应该建立健全的就业信息收集和发布机制，及时收集和发布就业信息，为学生提供更多的就业机会。同时，学校还应该积极推广就业信息，吸引更多的用人单位前来招聘。

第三，就业渠道拓展。高等职业教育学校应该积极拓展就业渠道，与各类企事业单位、人才市场和职业培训机构等建立合作关系，为毕业生提供更多的就业机会。同时，学校还可以通过开展校园招聘会、创业大赛等活动，鼓励和扶持毕业生自主创业。

第四，就业指导服务。高等职业教育学校应该提供全方位的就业指导服务，包括职业生涯规划、面试技巧培训、职场礼仪辅导等，帮助学生了解市场需求和用人标准，提高毕业生的就业竞争力。

第五，就业质量评估。高等职业教育学校应该建立就业质量评估体系，对毕业生的就业情况进行跟踪调查和分析，了解毕业生的工作表现和用人单位的评价反馈，为学校的教学改革和人才培养提供参考。

（二）就业指导服务

高等职业教育学校的就业指导服务是学校为了帮助学生了解就业市场和行业动态、提高面试技巧和职业规划能力、增强就业竞争力而提供的一系列指导和服务的总称。

1.指导机构和人员方面

高等职业教育学校应当设立专门的就业指导机构，如就业指导中心或职业发展中心等，并配备专业的就业指导人员。这些机构和人员应当具备丰富的就业指导经验和专业知识，了解各种就业政策和市场信息，能够为学生提供有益的建议和帮助。

2.指导内容方面

就业指导服务的内容应当涵盖多个方面，包括职业生涯规划、求职技巧、职场礼仪、面试技巧、沟通技巧等。这些方面的指导对于学生顺利进入职场、获得理想的职位和职业发展具有重要意义。

第一，职业生涯规划指导。学校应该提供职业测评工具和咨询服务，帮助学生了解自己的兴趣、能力和职业倾向。同时，应该组织职业规划课程和讲座，邀请专业人士为学生讲解职业规划的方法和步骤，引导学生树立正确的职业观念和职业目标。

第二，求职技巧指导。学校应该帮助学生了解求职的流程和技巧，如编写简历、投递简历、面试等。

第三，职场礼仪指导。学校应该提供职场礼仪指导，包括着装、言谈举止、社交技巧等。这可以帮助学生了解职场文化，提高职业素养和提升自我形象。

第四，面试技巧指导。学校应该组织模拟面试活动，让学生在实际面试环境中掌握应对问题的技巧和方法。同时，针对学生在面试中经常遇到的问题和困难，学校应该提供专业的指导和建议。

第五，沟通技巧指导。学校可以开设沟通技巧课程和讲座，教学生如何进行有效沟通、解决冲突和问题等。这可以帮助学生了解职场中的沟通方式和要求，提高人际交往能力。

（三）加强校企合作

高等职业教育学校的就业工作管理中，加强校企合作是至关重要的环节。校企合作是指学校与企业共同合作，通过优势互补、资源共享、互利共赢等方式，共同培养符合市场需求的高素质技能型人才。

首先，要建立校企合作机制。高等职业教育学校应该积极与企业建立稳定的合作关系，通过签署校企合作协议、制定合作计划等方式，明确双方的责任与权利关系。同时，应该建立定期沟通机制，及时解决合作中出现的问题，保证合作顺利进行。此外，学校还可以设立校企合作专门管理机构，负责与企业进行接洽和协调，推动校企合作向深层次发展。

其次，要开展多种形式的校企合作。共建实训基地，学校与企业合作，共同建设实训基地，模拟企业生产场景和工作环境，为学生提供实践操作的机会。这种方式能够使学生更好地适应企业工作，提高技能水平和实践能力。订单培养，即企业根据自身需求，与学校合作设立订单班或冠名班。学校根据企业需求制定人才培养方案，按照企业要求进行课程设置和教学组织，为企业量身打造人才。

实习实训，即学校组织学生到企业进行实习实训，了解企业生产流程、操作规范等内容，为学生提供实际工作经验。同时，企业也可以为学生提供实习实训指导，帮助学生更好地适应工作环境。联合科研，即学校与企业合作进行科研项目研究，共同开发新技术、新产品，提高双方的科研水平和创新能力。人才交流，即学校与企业之间进行人才交流，互相派遣教师和学生进行学习、交流和实习，促进双方人员素质的提高。

再次，要加强文化交流与融合。高等职业教育学校应该注重与企业之间的文化交流与融合，让学生了解企业文化、增强企业意识。同时，学校也可以将企业文化融入教学内容中，培养学生符合企业需求的职业素养和综合能力。此外，学校还可以组织学生参加各类企业文化活动，如企业文化节、企业文化知识竞赛等，帮助学生更好地了解和适应企业文化。

最后，要建立评估与反馈机制。高等职业教育学校应该建立校企合作评估与反馈机制，对校企合作的效果进行评价和反馈。通过定期对校企合作项目进行评估，及时发现问题并加以改进。同时，学校还可以将评估结果及时反馈给企业，以便企业和学校能够及时调整合作方案和计划。

二、高等职业教育学生就业期望与就业误区

在当前经济形势下，高等职业技术学院的学生面临着日益激烈的就业竞争压力。他们可能存在一些就业期望，比如希望获得高薪资、高职位、优越的工作条件等。然而，就业市场的实际情况往往与个人的期望存在差距，可能出现就业失望的情况。

（一）就业期望

就业期望是指个人希望获得的工作岗位的物质和精神影响对上层需求的满足程度，如工资和福利、工作环境和条件，他们是否能得到尊重和重视，以及他们的能力、优势是否能得到发挥。对于职业院校的学生来说，要建立科学合理、符合社会需求的就业预期，才能扬长避短，顺利进入工作岗位，快速适应和释放个人潜力。

（二）就业误区

就业误区是指学生在就业过程中由于对就业市场的不了解或错误的观念而产生的误区和困惑。学生需要通过多方面的就业指导来深入了解就业市场的运作，避免陷入就业误区，确保能够选择适合自己的职业道路。

1.学生的就业误区及其产生原因

（1）心理误区

①自卑情结。高职学生的个人理想与现实之间存在着心理矛盾。

②高职学生的素质不符合学校的要求。进入大学后，部分学生开始放松。这体现在他们缺乏组织意识、时间意识，经常迟到甚至旷课，不重视培养良好的学习和生活习惯等行为上。

③严峻的就业形势对学生的心理产生了重大影响。近年来，大学不断扩大招生规模，每年有数百万毕业生进入社会。许多职业院校的学生面对一些重点大学甚至研究生都没有找到工作的现实无法客观看待，对自己的未来心存疑虑。

（2）缺乏职业意识，没有职业生涯规划。

职业意识是大学生在大学期间提前规划和准备未来职业的意识。从表面上看，高职学生的就业问题是在大三期间解决的。事实上，高等职业教育的整个学术过程都与毕业后的就业联系在一起。毕业的结果更多是关于学生在整个学习阶段的收获，而不仅仅是他们在特定年份的收获。但是，有多少学生在大一或大二准备就业呢？

（3）缺乏自主性，过度依赖外部联系

许多学生有依赖学校、老师、父母、亲戚和朋友的心态。他们缺乏必要的思考和见解，未能认识到自己才是对自身职业发展最应负责任的人，缺乏主体意识和独立思考能力。同时，有的学生在选择职业时往往会相互比较，在面临挫折时经常抱怨，这直接导致了他们在职业发展阶段的差距和弱点。简单地说，一个人可以依靠别人找到一份能支持生活的工作，但要想在工作中有所作为，必须依靠自己。

（4）职业定位误区

职业院校的学生对自己的专业有着狭隘而理想化的理解，认为他们花了几年的努力和学费来学习自己的专业，但毕业后，他们从事的工作与专业相去甚远。这会导致学生心理失衡，甚至质疑他们所就读的学校和专业。由于社会现实的种种限制，一个人的专业无法完全对应社会需求。如果对“职业对齐”的理解流于片面，就会大大缩小职业选择和发展空间的范围，也容易错失机会，导致沮丧和负面情绪。我们认为，职业院校的学生在与其专业相关的职业群体中的就业应被理解为专业匹配。职业院校开设的专业和学科几乎有广泛的职业群体，因此职业学生在其专业中有广泛的就业机会。

2.学校对高职学生就业的误区

高等职业教育不应只关注“学术教育”和“正规机构”的发展，还应关注“职业培训”和“社区角色”的发展；我们不仅要注重增加专业类别的数量，还要注重课程的建设和发展。

3.家庭、社会、用人单位的就业误区

大学生就业问题关系到社会整体教育目标的最终实现。调查发现，大多数家庭，尤其是城乡低收入家庭，在解决孩子的就业问题时，把所有的希望都寄托在学校身上，一味地等待和依赖孩子。高校每年5月、6月、7月都会接到很多用人单位的咨询电话，询问某专业是否有毕业生，是否可以推荐几个毕业生。从中我们不难发现，用人单位的观念并没有改变，在“人才战争”中仍然存在着“守株待兔”的被动思想和“天下英才由我选”的优越感。与此同时，许多雇主低估了职业院校的学生。职业院校的毕业生与普通大学生相比，他们的自我定位更低，薪酬要求低，相对更为吃苦耐劳，这是许多普通大学生所不具备的优势。

三、拓展就业出路

拓展就业出路是高等职业技术学院学生在追求职业发展过程中的重要任务之一。为了帮助学生更好地拓展就业出路，需要正确评估他们的能力和兴趣、加强职业生涯规划教育、制定实现措施并付诸行动，以及加强求职技巧训练。

（一）正确评估自己

对“自我”的理解是多方面的，包括：我喜欢做什么（主要包括职业兴趣、职业价值观等）？我应该做什么（主要来自我的角色、家庭角色等）？我能做什么（主要包括职业性格、气质、才华等）？从促进职业发展的角度来看，高职生应根据自己的职业兴趣、个性和能力，正确认识自己，以指导职业规划和职业选择，促进自己的成长和发展。[①]

1.认识自己的职业兴趣

人们的职业兴趣通常集中在一个或几个社会活动领域。有些人对与人互动有着浓厚的兴趣，而另一些人则对从事机械操作有着浓厚兴趣。兴趣的发展通常经历三个阶段：有趣、乐趣和志趣。当一个人对所从事的职业没有兴趣时，他们会产生一种得过且过甚至无聊的感觉，这会影响工作效率，阻碍个人的发展。职业兴趣能够促进学生学习的积极性和主动性，使学习变得轻松和愉快。

2.正确认识自己的职业性格

人格是一个人社会观和精神观的主要表现形式，是在先天遗传素质的基础上，在后天环境和修养的影响下逐渐形成的。有些专业对此有具体要求。易怒、粗心大意、情绪易失控的人不适合汽车驾驶行业。人们在长期而具体的职业生活中形成的与职业相关的相对稳定的心理特征被称为职业人格。这是同一职业或同一职业群体从业者对人格的普遍要求。从业者只有在匹配的职业人格基础上才能释放个人才能，正确处理人际关系，取得良好的工作成果。

3.正确评价自己的职业能力

能力是一种人格心理特征，它直接影响人们活动的效率，保证某项活动的顺利完成。不同的人有自己独特的专业能力，在发展水平上有长处也有短处。专业能力的差异体现在人们的工作效率和成就水平上。具有相同能力的人可能在不同的时期达到相同的发展水平，如有些人在青少年时期取得了成功，有些人后来取得了成功。对于高职学生来说，职业能力的形成必须经历一个从无到有、由弱到强的过程。高职学生应根据自己的专业兴趣、个性、专业学习、职业目标等要求，自觉系统地培养和提高自己的专业能力。

（二）加强职业生涯规划教育

职业是指一个人的职业经历，当我们就业时，我们有意识地遵循自己的职业生涯发展，寻找最合适的工作，但这并不意味着我们一定不能做不适合自己的工作。然而，在选择职业的过程中，如果毕业生能够在确保就业的同时更加注重科学性，无疑更有利于职业成功。高等职业技术学院可从以下几方面着手加强职业

---

① 陈华，鲁亚平.高等职业技术学院学生教育管理工作研究[M].成都：四川大学出版社，2007.

生涯规划教育。

（1）建立完善的课程体系

学校应该从学生入学开始，就为他们提供职业生涯规划教育课程。这些课程应该涵盖职业规划的基本知识、自我评估的方法、求职技巧、职场礼仪等多个方面。同时，还可以邀请行业专家和成功人士为学生开展讲座，分享他们的经验和见解。

（2）提供实践机会

仅仅依靠理论知识是不够的，学生还需要通过实践来掌握技能。学校可以组织实习、实践等活动，让学生有机会接触到不同的职业领域，了解各种职业的要求和工作环境，从而更好地规划自己的职业生涯。

（3）个性化指导

每个学生都有自己的兴趣、优势和职业目标，因此需要个性化的指导。学校可以为学生提供一对一的职业咨询，帮助他们分析自己的优势和不足，制定个性化的职业规划。

（4）培养学生的自我管理能力

职业生涯规划不仅包括职业方向的选择，还包括时间管理、沟通技巧、情绪管理等方面的能力。学校应该注重培养学生的自我管理能力，帮助他们更好地适应职场环境。

（5）持续跟进和调整

职业生涯规划是一个持续的过程，需要不断跟进和调整。学校应该鼓励学生定期评估自己的职业规划，根据市场和自身情况的变化做出相应的调整。

（6）增加职业测评工具

通过职业测评工具，学生可以更好地了解自己的兴趣、优势和价值观，从而更好地选择职业方向。学校可以增加职业测评工具的使用，帮助学生更好地认识自己。

第五章　新时期高等职业教育教学管理

随着社会经济的迅速发展，对高素质技术技能型人才的需求量也在与日俱增，这就给高等职业教育教学工作带来了新的挑战。在高等职业教育的扩招背景下，传统的教育教学方法已经不能满足新时期的需求，高等职业教育教学管理亟需改革与创新。解决高等职业教育在创新发展过程中所面临的现实困境，持续提高高等职业教育教学管理的实效性，实现高等职业教育改革，促进其高质量、可持续生态发展，是新时期高等职业教育亟待解决的重要问题。

第一节 高等职业教育教学管理现状分析

高等职业教育教学管理工作至关重要，就目前形势来看，教学管理体系、制度等在逐步与世界先进水平接轨。虽然整体上有长足进步，但具体来看，在管理方式、机构建设、人员力量、信息化技术的应用等方面还面临着困境和挑战。所以，随着社会发展和教育改革的推进，高等职业教育教学管理的改革势在必行。本节将分析高等职业教育教学管理的现实困境，并探讨进行管理变革的现实必要性。

一、高等职业教育教学管理现实困境

总体来说，由于许多高等职业教育是在中职学校的基础上发展起来的，成立的时间并不长，与其他发达国家的职业学校相比，它们明显还不成熟，我国高等职业院校的发展仍面临着许多问题和困难。

（一）高等职业教育教学管理尚未形成可持续发展的大环境

高等职业教育教学管理是一个复杂的系统工程，其受外部环境和内部办学环境影响。在外部环境的层面，区域经济状况失衡阻碍了地方职业教育的发展；公众的认可度处于较低水平，只有很少一部分人对其进行关注；对学校投入的资金不足，导致学校的各项办学条件并没有达到较高的水平；企业较少参与职业教育，校企合作项目较难开展。在内部办学环境层面，高等职业教育的办学定位并不明晰、观念水平较为落后，不利于学校的改革与发展；师资力量薄弱，尤其是“双师型”教师严重缺乏，不能切实促进高等职业教育的教学改革发展；专业设置没有清晰的规划，不能与社会经济结构的改变与发展需求相匹配；落后的培养模式以及实际教学中“学科式”的教学方式带来负面影响，导致培养出来的人才的技术、技能水平与相应岗位的要求仍有较大差距。

教学意味着唤醒，唤醒的是学生的求知欲望，唤醒的是学生丰富的情感体验，唤醒的还应当包括学生智慧的投入以及更丰富而复杂的生命需求。[①]高效完善的教育教学管理体系能够为现代化的高等职业教育教学管理保驾护航，助力教学任务顺利完成，同时，对师生思想与行为也起到引导和约束作用，是新时期高等职业教育教学管理的重要手段。当前，我国高等职业教育在管理方式上没有形成制度化与个性化融合的系统体系。高等职业教育教学管理不仅要严格执行完整的规章管理制度，而且要尊重学生的个性化发展差异，在保证教学管理有序开展的过程中，营造和谐健康的育人环境，为实现立德树人根本目标提供重要支撑。所以，在教育教学管理方式上，要营造一个良好的管理氛围，以民主、科学的思想来实施管理活动，使之得到全体教师和学生的认同。当前，部分教育工作者的理念与意识没有顺应时代的发展及时更新，他们一般都认为管理工作就是对教师及学生进行约束和规范，在与师生进行交流的时候，没有以平等的心态开展教育教学管理活动，语言严厉、生硬，容易激起师生的逆反心理，严重的甚至会发生冲突，造成恶劣影响，管理失控，对后续教育教学管理工作的落实产生不利影响。

（二）高等职业教育教学管理机构建设不完善

教育教学管理是学校正常运转的基础，在整个教育系统中占有比较重要的地位。当前，高职职业院校采用的是模块化管理结构，将教育教学管理工作责任落实到教学管理、学生管理和后勤管理部门，并采用了行政部门和教学部门相互区分的方式，造成了某些管理活动相互分开，难以形成工作合力，无法发挥协同效应。尽管在新一轮的教育改革中，大部分的学校都能够意识到教育教学管理工作的重要意义，但是由于缺少创新性的管理经验，导致管理保障体系不完善，管理组织的合理建设也没有得到充分的重视。

关于管理与督导，高等职业教育不论在学校层面还是二级学院层面均缺少一个统一领导与统筹的监督管理机构，造成某些新的管理政策与要求难以快速贯彻执行，也就不能将在实际工作中遇到的问题向领导及时反映，这就造成了在高等职业教育的管理工作中，难以实现管理的内部流通及良好的管理成效，各项工作的协调度不高。有些高等职业教育在对管理质量展开监督的过程中，只注重对管

---

① 李秀伟. 教育言无言[M]. 桂林：广西师范大学出版社，2009.

理成果的控制，而没有真正地走进课堂教学中，也没有对管理工作实践的整个过程进行全面的了解，这就导致管理的深度和广度不够，很难解决实际中存在的问题，同时也会对一些管理行为的实施产生不利影响，从而无法达到他们想要的教育教学管理效果。

（三）高等职业教育教学管理工作队伍力量不足

高等职业教育教学管理工作在实施方法、管理观念上都要进行相应的创新与改革。但是，当前高等职业教育的教学与管理制度尚不完善，导致教育与教学工作的人才缺乏、综合改革与组织能力不足。

在实施过程中，部分高等职业院校将管理任务下放到教职员工身上，增加了教师的工作负担，致使某些管理工作难以有效开展。从教育与教学角度看，高等职业院校缺乏与之相适应的教师培训体系，教师长期沉溺于传统的以理论知识传授为主的教学模式中，对新的教学模式与方法缺乏正面的理解，致使教师的教学模式与方法不能适应学生的需求，不能起到前瞻的引导作用。教师在教学中存在着一些理论上的不足，且在教学中又缺少实际操作的技能，这很容易对教学过程产生不利的影响。围绕此问题进行的教学评价工作，不能体现教师的教学职业水平和道德素养，不能指导教育教学工作，也不利于教师队伍建设。

（四）高等职业教育教学信息化管理水平有待提升

当前，信息化背景下的高等职业教育教学管理创新虽然有着技术上的支撑和帮助，但信息化技术促进高等职业教育教学管理水平有待进一步提升。

一方面，学校对于课堂教学管理工作的信息化建设还存在重视程度不高和投入较少的情况。虽然高等职业教育在教育改革背景下加大了教学资源建设的力度，但大多数院校还没有设立针对专业课程内容的资源库，而已经建设的院校对资源库的使用效率也不高。虽然部分教师在课堂中引入教学资源，但学生对于资源的使用还局限在课堂中，在教师要求和约束下进行学习，没有形成利用资源在课堂外自主学习的习惯，造成资源的浪费和闲置。

另一方面，高等职业院校教师和学生在网络信息资源使用以及设备安全管理上还存在一定的问题，其信息技术和教学系统的应用还存在一定的安全隐患。网络资源和信息数量庞大，种类也相对丰富，处在复杂网络环境中的高职学生无法高效辨别和筛选资源与信息。部分学生在信息化学习系统中开展学习活动，容易受到负面信息的影响以及网络病毒的攻击，造成学习连续性和稳定性不高。尤其是部分学习基础较差、学习主动性不足的学生，在信息化环境下学习，更容易受到网络游戏、社交软件、网站等吸引，严重者还会沉溺于网络中难以自拔，为课堂教学管理增加难度，也造成信息化建设失去原本的意义，导致课堂教学管理质量与效率难以提高。

二、高等职业教育教学管理变革的现实必要性

推进教育体制改革，培养创新型、技能型、应用型的高素质人才是我国高等职业教育的一项基本任务和主要目标。教育教学管理变革创新不仅是国家的要求，也是时代的要求，关乎高素质技术技能型人才培养的质量和效率。且在市场经济发展的影响下，高等职业教育通过创新教育教学管理，能够提高自身的办学水平，实现稳定、长远、可持续发展。

（一）高等职业教育教学管理变革是知识经济时代的社会需求

21世纪是一个知识经济时代，社会开放程度越来越大，全球化趋势加剧，再加上经济结构的调整和科技创新的推进，社会对高技能人才的需求呈现多样化、复杂化的趋势。新知识经济时代的到来，使得知识成为代替土地、劳动力、原材料、工具和资本的经济发展的直接资源和驱动力，带来了产业结构的调整，并推动技术生产的日益专业化和尖端化。[①]作为知识生产的主题，高等职业院校由于与区域经济发展关系密切，其地位和作用将发生重大变化，既要传授知识、发展教育，又要追求知识创新、大力培养高素质技术技能型人才。要肩负起这一重任，高等职业教育必须主动进入经济建设主战场，开展系列教育管理变革，培养更多适合区域经济发展的技能型人才，促进知识经济的发展与完善。

知识经济时代对高等职业教育教学管理提出了更高的要求，只有不断创新高等职业教育教学管理，才能发挥管理对高等职业教育教学发展的促进作用，不断

---

① 屠莉娅. 从概念化到审议：课程政策过程研究[M]. 济南：山东教育出版社，2015.

提升高等职业教育人才培养质量；才能顺应知识经济时代的诉求，使高等职业教育更加精准地了解市场需求，及时调整课程设置和培养目标，为社会输送高素质职业人才。

（二）高等职业教育教学管理创新是时代发展的新要求

教学管理作为高等职业教育的一个有机组成部分，随着时代的发展而不断变化。教育管理创新可以提供更加科学、有效的管理模式和策略，帮助高等职业院校确保教学质量。通过建立规范的管理机制和评估体系，能够全面监控教学过程，及时发现和解决教学中的问题，提高教学效果。教育管理创新能够注重教师队伍建设，通过培训和评价体系，激励教师积极参与教学改革和提升自身教学能力，从而提高教师的专业素养和教学水平，进一步提升教学质量。教育管理创新可以帮助高等职业教育更加合理地配置教育资源，充分利用现有的教育资源，满足学生和社会的需求。通过有效的资源管理和调配，提高资源利用效率，提供更丰富的教学条件和环境，提升教学质量。教育管理创新应该注重培养学生的综合素质，引导学生参与多样化的课外活动和实践实习，提供更多的实践机会和交流平台，使学生在实践中增长见识、锻炼能力，培养适应社会需求的高素质人才。

20世纪新实在论的主要代表人物艾尔弗雷德·诺斯·怀特海（Alfred North Whitehead）认为："教育应该教出那些知之而善行的学生，需要把理论与实践相结合，相辅相成。"[①]教育管理创新应着眼于加强高等职业教育与产业的深度融合，促进产学研结合，提供与行业接轨的实践和实际项目，为学生提供更具竞争力的职业技能培训，提高就业竞争力。因此，高等职业教育教学管理变革要致力于提升教学管理水平，保证教学质量，优化资源配置，提升学生综合素质，促进与产业的深度融合，以适应社会需求，培养高素质、适应性强的人才。只有通过教学管理创新，高等职业教育才能持续提高教育教学质量，真正发挥高等职业教育的优势。

---

① 艾尔弗雷德·诺斯·怀特海. 教育的目的[M]. 张佳楠译. 北京：教育科学出版社，2020.

（三）高等职业教育教学管理变革是教育体制改革的基本要求

为切实适应新时期发展需求，我国高校对教育教学改革的重视程度与日俱增。因此，在深化教育体制改革要求、教育大众化发展以及推动学校建设的背景下，教育教学管理变革与创新显得尤为重要，这也要求高等职业教育要开展教学管理工作体制机制创新，强化职能部门宏观管控，充实教学工作管理机构；夯实教学团队主体地位，强化教学工作实施机构，增加开放性、决断性，优化决策机制，层层深入，优化评价机制，进而提升高素质技术技能型人才培养质量。尤其在新时期背景下，学生所处的教育生态、社会生态和生活生态发生了巨大的变革。只有通过变革创新教育教学管理的方式，才能适应时代发展的诉求，提升高校的办学质量、培养水平和管理质量。

（四）高等职业教育教学管理变革是信息化时代的新诉求

高等职业教育教学管理变革的现实必要性之一在于顺应信息化时代的诉求。信息化时代的到来，使得现代化信息技术成为推动教育现代化的重要驱动力，教育管理也需要借助新的科技手段来提升效率和质量。信息化时代提供了更多的教育模式和技术手段，可以借助在线学习平台、虚拟实验室和智能化教学工具等，开展线上、线下混合式教学，促进学生主动学习和互动交流。新教育体系的这些基于技术的种子正在传统的教育世界中成长。[①]教育现代化需要高效的教学管理，利用信息化手段可以实现教学资源共享和管理，简化教务操作流程，提高教学管理效能。例如，利用学生信息管理系统、考勤管理系统和网上评教系统等，实现教务管理的数字化、自动化。信息化时代打破了时间和空间的限制，可以借助互联网技术开展国际交流和合作。高等职业院校通过与国外高等院校进行合作办学、学生交流等，开阔国际化视野，提升高等职业教育的国际化水平。在信息化时代，信息获取更具便捷性和多样性，因此可以通过整合网络资源和数字教材，为学生提供更加丰富多样的教学资源，满足不同学生的学习需求。信息化时代使得学生个性化需求的实现更加迫切，高等职业教育可以利用信息化手段为学生提

---

① 阿兰·柯林斯，理查德·哈儿弗森. 教育大变局：技术时代重新思考教育[M]. 陈家刚译. 上海：华东师范大学出版社，2019.

供个性化的学习和发展支持。例如，通过学生信息管理系统和大数据分析，对学生发展进行跟踪和评估，并为学生提供个性化的辅导和指导。

总之，信息化时代的到来，加快了教育的现代化进程。高等职业教育作为我国高等教育的有机组成部分，必须顺应信息化时代的诉求，不断创新高等职业教育教学管理，利用现代化信息技术手段，提升高等职业教育教学管理水平，探索基于信息化平台的教学管理模式，拓宽高等职业教育教学管理视野，促进我国高等职业教育教学管理与国际接轨。

第二节　高等职业教育教学改革的理念与价值取向

从工具价值的视角分析，从事教育活动时，应追求促进学生发展的价值、满足社会需要的价值、追求训练的价值导向。①发展具有区域经济特色、服务社会的高等职业教育，必须坚持“高标准、高要求、高水准”的办学思想，切实落实立德树人的要求，充分调动学生的主观积极性与自觉能动性，要始终坚持以立德树人为根本、以促进就业为导向、以提高学生能力为目标。

一、以立德树人为根本

高等职业教育是我国教育事业的一支生力军。“培养什么人、怎么培养人、为谁培养人”是高等职业教育事业发展中必须要回答并解决的根本性问题。而“立德树人”的理念恰好回答了这一问题，具有划时代的意义。其明确了教育的使命，抓住了教育的本质，与教育规律、人才培养规律相契合。大学生正处在世界观、人生观、价值观形成的关键时刻，立德树人教育更具有紧迫性。“立德树人”是中国高等职业教育的基本任务，对于高等职业教育的发展有着重要的理论和现实意义。

首先，坚持以立德树人为根本的办学理念。“立德树人”指的是，在教育中

① 于忠海.教师教育的机理：与学生共生[M].成都：电子科技大学出版社，2014.

除了传授知识和培养能力之外，还应将道德和人格融入教育体系中，使学生形成正确的人生观、价值观。中国特色职业教育肩负着培养高素质技术技能型人才，为区域经济社会发展服务，兼具技能传承的使命。立德树人是其最根本的使命。中国特色高等职业教育在新时期坚持“立德树人”的理念，这一理念具有明显的、深刻的内涵。

其次，明确“以德育人”是中国特色高等职业教育的“立德”之道，是“以德育人”的客观要求。具有中国特色的高等职业教育必须坚持“以德育人”的原则，建设有中国特色的高等职业教育，必须始终用中华优秀的传统美德、中国优良的道德情操以及社会主义优良的道德品质，去引导、去感染、去激励人。

再次，从立德树人这一实践目标出发，明确“以人为本”的中国特色高等职业教育的育人方向。中国特色职业教育必须坚持“以人为本”来发展人、塑造人，将“立德树人”融入职业教育的各个方面，融入中国特色职业教育的学科体系、教材体系和管理体系中，营造人人都能成为人才、人尽其才的新的职业教育氛围，进而为中华民族伟大复兴培养好建设者和接班人。

最后，强调中国特色的高等职业教育必须重视人才的培养，要内外兼修、德才兼备。高等职业教育的根本是发展教育，是发展高效优质教育，是生命个性特长教育，是成人成才教育。立德为先，修身为本是一个人发展的根本逻辑。立足于区域经济发展的高等职业教育，要把人培养成“材”，把学生培育成才，培育成大国工匠。

二、以促进就业为导向

在职业领域教学论的范围内，所有涉及职业教育的教与学的教学论决策，都应向该职业领域里可以比照的工作空间（职业群或职业组）扩展和转移，而不是只指向某一个具体的教育职业（培训职业，我们称之为“专业”）。[①]新时期我国高等职业教育必须以促进就业为导向，这是我国高等职业教育的基本特征，必须坚持“促进就业”的工作方向，而“促进就业”和“实现什么样的就业”是检验高等职业教育成败的关键。高等职业教育是以就业为导向的，它所培养的人才是

① 姜大源. 职业教育学研究新论[M]. 北京：教育科学出版社，2007.

以服务社会经济发展为出发点的，所培养人才素质的高低，关系到高等职业教育学生的就业层次与工作质量。[①]就业是人类生活的根本，也是影响一个国家兴衰的重要因素。要从根本上缓解就业难的困境，就要加快高等职业教育的建设，以提高毕业生的素质。

首先，职业教育的本质属性是促进就业，关系着职业教育的生命力强盛与否。随着社会的发展，行业的调整、产业的升级、职业的更替都对职业教育提出了相应的要求。在对高等职业教育要求不断提高的情况下，高等职业教育在推进中国特色高等职业教育的过程中，始终坚持以促进就业为导向，努力提高自身的办学水平和教学质量；坚持以就业为第一要务，立足于时代的要求，调整办学方向、专业设置、培养路径等，使高等职业教育能够在整体上得到发展。

其次，把促进就业作为职业教育为社会、经济、个人发展服务的一个主要出发点。职业教育是一种以培养、带动就业为目的的教育，它直接服务于社会的发展与区域经济的建设，能够有效促进我国的经济发展和产业转型升级，促使社会不断发展。不管是通过高等职业教育来对技能人才进行培训，还是通过职业培训、岗前培训、再就业培训等活动来为就业服务，其最终结果都是对个人自身价值的实现起到推动作用，从而对经济和社会的发展起到推动作用。促进就业是高等职业教育与社会经济发展相互融合，相互服务，共同发展的一个重要环节。高等职业教育在专业设置上要以社会需求为中心，随着时代的发展，不断地调整自己的办学方向、专业设置和人才培养模式。同时，政府与社会应进一步加大对职业教育的投资力度，以促进其健康发展。

最后，以提升受教育者整体素质、职业素质，实现受教育者可持续发展为培养目标。高等职业教育既要解决高等职业教育毕业生的“就业难”，又要重视高等职业教育毕业生的“就业能力”的培养，以实现高等职业教育毕业生的可持续发展。高等职业教育要培养德才兼备、自觉性强、求知欲强、动手能力强、能在工作中严格要求自己、不断要求进步的高技能人才，向“大国工匠”的目标迈进。这就需要中国特色的高等职业教育，在其办学实践中，要坚持就业导向与人生发展相统一的原则，以职业能力和职业素养为核心，对受教育者的可持续发展

① 刘寒春. 高职院校定位的功能系统分析——以铜陵职业技术学院为例[J]. 南通纺织职业技术学院学报，2014，14（3）：92-95.

能力进行全方位的提高。也就是说，中国特色的高等职业教育需要将促进就业作为其工作的重心，注重培养受教育者的终身就业能力。这体现了高等职业教育为社会发展、经济发展和个体发展服务，以人为本的价值追求。

三、以提高学生能力为目标

教育的目的是培养个性，而不是掌握信息。[①]高等职业教育的本质属性是非营利性，最直接的目的是提高学生的综合能力与素质。与此同时，培养学生的专业实用技能又是高等职业教育特有的性质。高等职业教育，根在教育，干在职业，最突出的特点就是培养学生的专业技能和职业能力。在共性岗位技能培养的基础上充分尊重学生个性发展，寻求适合其专业发展的方向，全面提升学生的职业技能水平，正如雅斯贝尔斯（Jaspers K.T.）所言，只有通过对生命来说是合适的内在联系，生命才能是完整的。[②]高等职业教育要始终坚持以提高学生的综合能力为目标。

目前，高等职业教育已经进入了一个新的发展阶段，高等职业教育的专业设置涵盖了国民经济的方方面面，每年为社会输送成千上万的高素质技术技能人才。但我们也要看到，距离建成具有中国特色的高水平、高质量的高等职业教育，仍有很大的距离。这就需要我们走以提高质量为目标的内涵式发展道路。

加快现代职业教育的发展，提高职业院校的办学质量，是推动国家经济供给侧结构性改革、提升国家综合国力、推动社会经济发展的一项重要任务，也是目前职业院校面临的一个重要课题。以提高学生能力为目标，需要做到：坚持党的全面领导；立足中国的实际，把高等职业教育做得有声有色；坚持以创新为动力，推动高等职业教育高质量发展；坚持以高效供给促进中国特色教育高质量发展；坚持以服务区域经济发展为出发点，助力产业转型升级。

---

① 杜威. 我的教育信条[M]. 罗德红，杨小微译. 上海：华东师范大学出版社，2015.

② 卡尔·雅思贝尔斯. 什么是教育[M]. 童可依译. 北京：生活·读书·新知三联书店，1991.

第三节 高等职业教育内部治理监控体系存在的问题及质量监控体系建设

全面质量管理（英文为Total Quality Management，简称TQM）最初发端于西方，在西方的工商管理领域中被运用，它的目标是提升工商管理工作的品质，之后被广泛应用到各领域。全面质量管理理念是一种全面覆盖、全过程落实、全员参与的管理理念，其核心通过“计划、执行、检查、处理”四个过程来进行，并且四个过程组成了一个完整的闭环，能够不断地改进和优化质量管理工作，提升质量管理工作的总体成效。当前，我国高等职业教育内部质量监控体系中尚存在一定的问题，需要建立高等职业教育内部质量监控体系以及现代化教学管理模式。

一、高等职业教育内部质量监控体系中存在的问题

我国高等职业教育全面教学质量管理仍然存在尚未全方位覆盖内部质量监控点、缺乏完善的内部质量监控组织结构与监控标准、未能构建健全的内部质量监控反馈系统三个方面的问题。

（一）尚未全方位覆盖内部质量监控点

从TQM的角度来看，目前高等职业教育的内部质量管理还存在着诸多问题，其中，内部监测点的覆盖面较小，是制约TQM管理效果的重要因素之一。在建立基于全面质量管理的内部质量监督体系时，就要对影响高职技术教育的每个因素进行分析，结合现实情况，找到内部质量监控点，确保建立的内部质量监督体系可以覆盖全部的监控点。但是，从当前高等职业教育的内部质量监督体系的具体建设情况来看，大部分学校仅仅是对教学质量进行了监督，忽略了对其他影响因素的分析和考虑，导致学校内部质量监督体系的监测范围较窄，难以构建出一套符合全面质量管理要求的完善的内部质量监督体系。因此，在全面质量管理的背景下，高等职业教育要对原来的内部质量监测系统进行持续的完善，从多个方面

系统性地考虑影响高等职业教育内部质量的因素，并对其进行剖析，确保内部质量监测全方位覆盖。

（二）缺乏完善的内部质量监控组织结构与监控标准

从我国高等职业教育的内部品质管理系统的现状来看，其内部品质管理的组织架构还不健全，与TQM的相关要求和标准不相符。同时，高等职业教育在建立内部质量管理制度时，缺乏科学有效的内部质量管理制度。TQM要求高等职业教育相关工作人员进一步细化内部质量监控标准，结合高等职业教育的实际发展，合理地调整各项质量监控工作的质量衡量标准，加强质量监督组织的建设，健全组织结构，并制定出一套健全的工作方案和管理制度，使其能够在自己的岗位上做好自己的本职工作，确保高等职业教育的内部质量监督效果。

（三）未能构建健全的内部质量监控反馈系统

目前，我国高等职业教育教学管理体系出现了“重评估轻反馈”的问题。也就是说，有关的工作人员仅仅重视对教育教学工作的监管和评估，而无法将评价的结果和有关的数据，及时地向有关的工作人员进行反馈，从而保证在科学、合理的反馈信息的支持下，能够更好地提升高等职业教育教学工作的质量。尤其是在TQM的背景下，加强对内部质量监控的工作，也是为了使其能够更好地发挥功能，应及时发现高等职业教育教学管理中出现的问题，并利用内部质量监控来分析问题，评价反馈问题，制定高效、合理的评价指标体系，进而更好地解决问题，促进高等职业教育健康发展。

二、基于全面质量管理的高等职业教育内部质量监控体系的建设策略

在建立高等职业教育的内部质量管理体系时，需要从构建内部治理监控体系框架、完善内部质量监督组织体系、制定科学合理的内部质量监控标准、建设与完善内部质量监控反馈系统四个方面进行改进和完善。

（一）构建“三维一体”的内部治理监控体系框架

在传统的高等职业教育运营和发展过程中，尽管也在进行着内部质量监控工作，但传统的内部质量监控体系架构并不能与TQM理念的需求相匹配，不能做到对高等职业教育的内部质量进行全方位的监控和管理。为此，按照TQM的有关规定，高等职业教育的内部质量监测工作者应不断地改进和优化监控系统框架，构建“以人为本、三维一体”的高等职业教育的内部质量监控系统框架，以达到全方位监测和控制教育教学工作的目的。“三维一体”的内部质量监控体系框架主要是指从人才培养关键环节、质量受评对象、质量评价主体三个维度出发构建一体化的内部质量监控体系，保障监控点在高等职业教育内部的全面覆盖，也能够构建起各个监控点之间的联系，使其成为统一的内部质量监控体系。“三维一体”内部质量监控体系框架的构建与完善，正是要从三个维度展开。

第一，要把人才培养作为质量监控的重点。在高等职业教育的教育与教学工作过程中，人才培养是高等职业教育内部质量监督中的一个重要的监控点，在构建“三维一体”的内部质量监督体系框架时，应该将人才培养质量监督作为一个重要的环节。进行人才培养质量监控，需要相关的监控人员对这些因素进行全面的梳理和分析，并将其贯穿于人才培养的各个环节。在高等职业教育育人的过程中，应以学生为中心。所以，高等职业教育教学工作必须从学生入学起，一直到其毕业离开学校，根据学生在不同阶段的学习与成长的需求，制定特定的人才培养目标，并掌握每个阶段学生成长的主要需求，分析人才培养过程中的关键环节，并做好关键环节的人才培养质量监控工作。

第二，扩大受评对象。当前，高等职业教育内部质量控制中的受评主体主要包括管理者、高等职业教育教师和学生等。从受评主体的角度进行分析，可以达到对高等职业教育内部质量进行整体管理的目的。例如，对于作为受评主体的学生，要从他们进入学校的那一刻起，就对他们展开监控和管理。要对生源质量展开分析。高等职业教育与一般的大学不一样，它们在生源质量上的差异很大，其整体素质与整体能力也有很大的差异。但是，每一位同学都有自己所擅长的方面，所以，在生源质量分析、学生管理与人才培养上，要充分挖掘每个学生的闪光点。在学生的学习和成长过程中，要及时监控和管理他们的专业发展状况、综合能力和职业素质的发展水平，通过科学合理的考核和评价方式，个性化地指导他们，从而提高高等职业教育的人才培养质量。针对管理者和教师的质量监督，也要多层次进行，以提高管理者的管理水平和教师的教学能力，从被评人的角度，增强高等职业教育的内部质量控制的整体效果。

第三，对评估的主体进行界定。在高等职业教育的内部监控体系中，要明确谁是评价的主体。在TQM背景下，高等职业教育的内部质量监控体系的评价主体由原来的管理者和教师扩展为管理者、教师、学生、企业家等，这样才有利于构建完善的内部质量监控体系，才能使教育教学的质量评价更具客观性与合理性。

（二）完善内部质量监督组织体系

在TQM的背景下，要实现全员参与质量监控，就必须建立一个健全的内部质量监控组织体系，保证从上而下的每个层次都有一个对高等职业教育内部质量监控进行专门负责的组织成员，并坚守自己的岗位，履行自己的职责，让他们一起来对高等职业教育的内部质量监控工作进行有效合作，从而达到提升高等职业教育内部质量管理水平的目的。在TQM理念下，高等职业教育要构建以学校、学院、班级三个层次为主的内部质量监督组织，对每个层次的工作职责进行明确，并制定完善的管理制度，保证各层次组织成员能够更好地将高等职业教育内部质量控制工作落到实处。在建立和健全高等职业教育的内部质量管理机构时，主要从学校层面、学院层面、班级层面开展。

其一，学校层面。完善、制订内部质量监控相关的规章制度，对整个教育工作进行全面的计划，并对重大问题进行分析和纠正。例如，及时跟进区域经济发展实际现状，对专业设置、招生数量等进行规划，对人才培养方案与培养目标进行设定等。

其二，学院层面。学院是高等职业院校人才培养的主要对象，同时也是对教学工作进行质量监管的主要对象。在高等职业院校的内部质量监控体系中，要注重学院这一层次的组织结构，并设置与之相对应的督导员，对学院的教学质量和人才培养质量进行监督和指导，保证高等职业学院的教学工作的质量。

其三，班级层面。学校和班级的文化有助于学生建构他们在社会事件中体验到的感受的意义和重要性。[①]要做好班级的管理工作，需要配备信息员，对班级内部的学生反馈的质量诉求进行收集，对学生个体学习发展情况等信息进行收集和分析，这样才能为高等职业院校的内部质量监督工作提供一个行之有效

---

① 拉瑞·P. 纳希. 道德领域中的教育[M]. 刘春琼，解光夫译. 哈尔滨：黑龙江人民出版社，2002.

的信息支撑。

（三）制定科学合理的内部质量监控标准

要想高等职业教育的内部质量监控工作达到令人满意的效果，就要按照TQM的要求，构建科学合理的内部质量监控标准。不仅要对内部的整体与各个分管部门的管理工作、各个阶段的教学工作进行监控，还要对学生从第一次走进校门开始到毕业离校的整个过程进行质量监控。要结合高等职业教育自身的实际情况与发展要求，对内部质量监控标准体系进行持续的优化和改进。

在高等职业教育的内部质量监督工作的具体运行过程中，为了全面了解内部质量情况，需要制定科学合理的内部治理监控标准，对这些标准进行深入的剖析，并将其与质量影响因素相联系，建立健全的质量管理规范，为全面质量管理的实施打下坚实的基础。要建立并完善质量监控的组织体系，并与全面质量管理的有关要求相配合，制订出一套科学、合理的工作计划和管理体系，让每个高等职业教育的员工都能承担各自的职责，并严格遵循全面质量管理的有关规定，以质量监控的标准为依据，做好高等职业教育的日常内部管理工作。除此之外，要加大对全面质量管理理念的普及力度，提高高等职业教育全体管理人员、教职人员和在校学生对内部质量监督工作的关注程度，并主动参加到以全面质量管理为基础的高等职业教育内部质量监督工作中去。

（四）建设与完善内部质量监控反馈系统

TQM作为一种闭环的质量管理模式，对监测和评估的反馈是非常重要的一步。在高等职业教育内部质量监督过程中，通过对其进行实时的监督、评分和反馈，可以确保相关工作人员及时地了解高等职业教育在教学和管理中所存在的问题，并采取相关的改善措施，来对教学模式进行优化，进而提升高等职业院校的教育教学质量。

在此基础上，利用大数据、互联网、区块链等现代化技术手段，构建高等职业教育内部质量监控反馈系统。在这个系统中，可以有效地收集、分析并处理高等职业教育内部的各种信息和数据，并根据数据和信息的分析结果，对高等职业教育内部所存在的问题进行全面的认识，并根据教学发展的需求、学生的学习和成长的需要，进行实时的监控和反馈，确保所有的问题都能被迅速处理。在这个反馈体系中，能够自动生成反馈报告、评价报告等，并把这些报告推送给教师、管理者和学生，为他们提供个性化的辅导和协助，让被评者能够根据反馈的信息，及时地对自己的教学工作、学习方法和管理计划等做出相应的调整，从而达到提升高等职业教育教学质量的目的。

第四节　高等职业教育现代化教学管理模式构建路径

随着社会经济的快速发展和科技的进步，高等职业教育在培养具备实际操作能力和适应能力强的高素质人才方面的作用日益凸显。然而，面对新时期的挑战和需求变化，现有的高等职业教育教学管理模式已经不能完全适应新形势下的教育需求。因此，构建和改革高等职业教育现代化教学管理模式迫在眉睫。

一、高等职业教育教学管理模式的现状分析

当前，高等职业教育所面对的社会发展情况是较为复杂的。伴随着我国市场经济的不断发展，高等教育的大众化倾向越来越显著，精英式的教育方式也发生了变化。在这种情况下，高等职业教育必须与当前教育普及化及高职类型定位的职业化、市场化的特征相结合，积极解读市场经济发展趋势，并根据企业岗位需求进行相应的改革创新。目前，高等职业教育教学管理模式的现代化建设仍面临一些挑战。如何更好更合理地引进和使用现代化设备、规范现代化教学管理理念、建设现代化教学管理团队，以及促进多元主体协同产教融合、合理利用现代信息技术与教学融合等方面存在着一些问题，需要进一步探索和完善。

（一）高等职业教育教学设备现代化建设方面

随着科技的不断发展，高等职业教育纷纷引进各种先进的教学设备，以提升教学效果和培养学生的实践能力。例如，引入智能化的学习平台、多媒体教

室、虚拟仿真实验室等，为学生提供更加丰富、多样化的学习环境。但目前仍存在一些问题和挑战。首先是设备更新速度较慢。由于教学设备价格昂贵且更新换代快，一些学校在设备更新上存在一定困难，导致现有设备无法满足教学需求。其次是设备使用不够充分。有些学校在引进设备后，未能充分培训教师掌握设备的操作与应用技巧，导致设备利用率低下，无法发挥其最大的效益。另外，一些学校对于设备的维护保养工作重视程度不够，导致设备易损坏、使用寿命缩短。

总体来说，尽管高等职业教育在引进设备现代化方面取得了一些进展，但仍存在一些问题和挑战。通过增加投入、加强教师培训和建立设备维护保养机制等措施，可以进一步提升设备的使用效益，推动教学管理模式的现代化发展。

（二）高等职业教育教学管理理念规范现代化方面

高等职业教育教学管理在理念规范现代化方面取得了一些进展。教学理念逐渐转变，传统的教育教学理念强调知识的灌输和传授，而现代化的教学管理模式鼓励学生主动参与和探索，强调实践教学和能力培养。越来越多的高等职业教育开始关注学生的个性发展和综合素质的培养，致力于构建以学生为中心的教学管理模式，使教学规范现代化不断提升。高等职业教育逐渐建立起一套完善的教学评估和监控机制，制定教师教学行为规范和学生学习行为规范，推动教学过程的规范化和标准化，注重教育教学研究，积极探索适合自身特点的教学模式和教学方法，不断提升教育教学质量。但是，高等职业教育教学管理在理念规范现代化方面仍面临以下挑战和问题。有些高等职业院校在理念转变方面还存在滞后，部分学校仍然沿用传统的教学模式，重视传授知识而忽视学生能力的培养和发展。由于师资水平和资源投入的差异，一些学校在教学规范的执行上存在不均衡现象，主要表现在教学规范的执行不一致、教学质量的差异化。另外，教学管理缺乏信息化支持，一些学校对教学管理信息化的应用程度较低，导致管理效率较低、数据难以准确收集和分析。

总之，高等职业教育教学管理模式在理念规范现代化方面有一定的进展，但仍需进一步面对挑战和问题。通过加强师资培养、改进教学管理评估体系和推动信息化建设等方式，可以有效推动教学管理模式的现代化发展，提升教学质量和培养质量。

（三）高等职业教育教学管理人员现代化建设方面

高等职业教育在管理人员现代化方面取得了一些进展。一方面，随着高等职业教育规模的不断扩大和发展，其对管理人员的要求也越来越高。许多学校在管理人员选拔、培训和激励方面加大了力度，注重选派有丰富经验和专业知识的管理人员来领导和管理教学工作。另一方面，管理人员的角色逐渐转变。在传统教学管理模式中，教学管理主要强调对教师的监管和组织，而现代化的教学管理模式更加注重团队合作、沟通与协调。管理人员需要具备良好的沟通能力、领导力和决策能力，以推动教学工作的创新和发展。然而，目前在管理人员现代化建设方面仍然存在一些挑战和问题。首先，管理人员的专业素养和管理能力还有待提高。一些管理人员在管理知识和技能方面缺乏系统的培训和提升，对于现代教育管理理念和方法的熟悉程度较低。其次，高等职业教育教学管理模式仍然倾向于传统的集权管理，决策层面缺乏有效的参与机制和反馈回路。另外，管理人员面临着多重任务的压力，既要处理教学工作的具体事务，又要承担教学改革、质量保障和教师发展等更广泛的管理职责。

总体来说，高等职业教育教学管理模式在管理人员现代化方面已有一定进展，但仍面临着提高管理人员的专业素养和管理能力、优化管理体系、减轻管理人员的工作压力等挑战。通过加强管理人员的培训与发展，建立灵活高效的管理体系和促进管理人员之间的交流与学习等措施，可以推动教学管理模式的现代化发展，提升教学质量和办学水平。

（四）高等职业教育师资力量现代化建设方面

高等职业教育师资力量现代化建设方面缺少全方位的师资技能提升培育体系，且教师自我革命有待进一步提高。一方面，缺少全方位的师资技能提升培育体系。当前，高等职业教育教学管理在师资技能方面存在着一些问题。虽然存在高等职业教育不定期组织一些教师培训活动，但缺乏统一的规划和组织，导致培训内容和质量参差不齐，无法形成连续、有序的师资培养体系；高等职业院校会邀请专业人士开展教学方法的创新培训，但培训机会有限，往往只能涉及一些特定的教学领域或者局限于特定的课程内容，无法满足广大教师全面提升教学能力的需求；教研室层次上的交流与讨论制度的缺乏，限制了教师之间共同探讨教学方法创新的机会，阻碍了教学水平的提升；不同学科的教学方法和专业特点各不相同，需要有区别对待的培养方案，但目前在这方面的规划和组织工作还不够充分，导致教师在学科教学方法应用方面的能力提升有所欠缺。另一方面，高等职业教育师资力量缺乏实践技能，自我革命能力有待提高。由于高等职业教育所培养的人才需求源自企业，定位于具体岗位，且企业的规模、技能需求具有多样性，这就导致作为供给方的高等职业教育课程开发与建设呈现多样性。同时，课程教学方面也呈现出开放性，课程设置、教学体系具有一定的职业特殊性。也正是这些特性倒逼高等职业教育的师资队伍在理念、方法和能力等方面进行自我革命。

调查研究发现，高等职业教育的大多数教师缺乏教学方法创新理念和能力。在学校层面上，必须要构建一个适合教法创新的实践环境，并提供一条能够提高教师教学能力的途径，不断地进行教法创新的教学实践，鼓励老师们进行大胆的探索。通过不断凝练教学方法的创新案例，以及建立校内交流机制、“双师型”教师认定机制，提高教师在教学方法创新方面的自信心与实力。

为了解决这些问题，需要建立起系统化的师资培养体系，提供全方位的培训机会，加强教研交流与合作，同时注重不同学科教师的专业培养，以提升高等职业教育教师的教学能力和专业素养。

（五）高等职业教育办学主体多元化建设方面

2022年12月，中共中央办公厅、国务院办公厅出台《关于深化现代职业教育体系建设改革的意见》，在国家层面提出建设市域产教联合体这一重大举措，明确我国职业教育改革重点由“教育”转向“产教”，[①]提倡政府、企业、学校、科研机构等多元主体协同参与。[②]在高等职业教育的产教融合育人体系建设中，“多元主体”共建产教融合育人体系、共育人才仍然存在一定的欠缺。这主要体现在以下几个方面。第一，将产业内容融入课堂教学实施的难度较大。由于高等职业教育需要与企业、行业等多元主体进行合作，将产业实践经验和需求引入课堂教

① 我国职业教育改革重心由“教育”转向“产教”[EB/OL]. https：//edu. cctv. com/2022/12/29/ARTIR1NhAODH9OQijVq5lvtV221229. shtml，2022-12-29.

② 关于印发《职业教育产教融合赋能提升行动实施方案（2023—2025年）》的通知[EB/OL]. https：//www. ndrc. gov. cn/xwdt/tzgg/202306/t20230613_1357506_ext. html，2023-6-13.

学中，涉及教师对行业知识的了解和教学设计的能力。但目前教师在这方面的专业背景和经验有限，缺乏系统性的培养和支持。第二，建立以行业企业为主导的课程教学体系具有一定挑战性。这需要高等职业院校与行业企业密切合作，建立起行业导向的课程设置和教学模式。然而，与企业合作的复杂性和多样性使得建立和维护这样的合作关系困难重重。同时，学校的教育理念和企业的实际需求难以平衡，因此需要不断探索和磨合。第三，在产教融合教学体系建设的具体实施上，教师们也存在不同的意见，对其教学工作也存在一定的挑战。部分教师认为最大的难点是实践教学环境的建设，因为这需要投入大量资源来建设现代化的实验室、实训基地等场所。而其他教师则认为最困难的是实践教学体系建设，包括制定实践教学方案、设计实践项目等，这需要深入了解企业的岗位技能的要求和教学的实际情况。

（六）高等职业教育现代信息技术与教学融合方面

高等职业教育的课程教学具有开放性，这就需要在教学实践过程中，将校内教室、线上课堂和企业生产车间三者结合起来，要可以在校内教室中展现出企业实际的生产场景，并利用AR/VR技术，让学生体会到一个虚拟的模拟生产环境，从而实现情境式教学。当前，在高等职业教育改革的过程中，产生了许多新颖的课程教学方式，更多的新的教育观念和方式被运用到教学中，并取得了良好的成效。如情境教学法、小组合作学习法、探究式学习法、问题教学法、翻转课堂、混合式教学法等。[①]但是，高等职业教育现代信息技术与教学融合能力仍需进一步提升，部分高等职业院校在这一领域的发展相对滞后，学校师资力量有待加强，尤其是在现代信息技术与教学融合能力上，高等职业教育要做好改革和创新工作，就必须主动建设与市场经济体制相适应的教学体系，创新教学方法。

二、优化高等职业教育教学质量管理体系

知识的建构与发展的观点对建构主义的影响的扩大，逐步成为大家的共识，

---

① 徐志娟. 高职教育教学管理和教学方法创新分析[J]. 科学咨询（教育科研），2021（10）：14-15.

但是，这个过程中，知识具体是怎么被建构和发展的，是先学会“是什么”和“怎么样”再学“为什么”，还是应该同步学，这样具体的问题还缺乏深入的探讨。[①]为了最大限度盘活所有的教学资源，达到高等职业教育高质量发展的目的，需要从精准定位高等职业教育教学质量管理的目标、建构高等职业教育教学质量管理主体合作机制、完善高等职业教育实践教学质量管理环境三个方面对高等职业教育教学质量管理进行优化。

（一）精准定位高等职业教育教学质量管理的目标

在高等职业教育中，教学质量管理是保障教育教学质量的重要环节。为了确保教育目标的实现并提升教学效果，需要精准地定位高等职业教育教学质量管理的目标。

1.明确高等职业教育教学质量管理的目标定位

教学质量管理目标是指导教学的重要依据，在高等职业教育的教学过程中，应该紧跟国家的方针政策，并将高等职业教育的办学特色与学生的发展路径相结合，从而对其进行目标定位。如果只是一味地跟着别人走，那么就会造成治标不治本的现象。由于教学和质量管理的主体是多元化的，而实施的过程又是非常复杂的，因此，需要在各利益相关方的共同努力下，才能制订出一套既科学又符合学校实际情况的管理目标，并让它得以实施。这些目标旨在优化资源配置、强化师资队伍建设、提高教学质量评估和反馈机制，以及保障教育公平性和学生成长发展。通过明确教学质量管理的目标，高等职业教育能够全面提升教学水平，培养适应社会需求的专业人才，推动教育事业的可持续发展。

2.提高高等职业教育实践教学质量管理目标的可操作性

根据自我效能感理论，一个难度系数高、与实际情况与发展方向不符的目标难以将责任主体的工作潜力发挥出来，所以，在设置教学质量管理目标时，要在结合现实条件的基础上，遵循可操作性原则。具体地说，在明确教学质量管理未来发展方向的宏观目标的同时，还要将整体目标分解成若干个独立的个体，明确每个独立个体的微观目标，要编制囊括利益相关者的教学材料、教学设备等的教学质量管理实施手册；要制定实践教学程序文件和实践教学质量记录文件，从而

① 季苹.教什么知识：对教学的知识论基础的认识[M].北京：教育科学出版社，2013.

构成一个层次分明、结构合理的目标群，让各参与主体对教学质量管理的实施要求有一个清晰的认识。

（二）建构高等职业教育教学质量管理主体合作机制

建构主体合作机制是提升教学质量的重要举措。高等职业教育通过建立有效的合作机制，各主体之间能够协同合作、互相支持，共同努力提升教育质量。这些主体包括教师团队、学生、行业企业、政府等多元参与者。通过深化合作关系、明确各方责任和义务，以及分享资源和经验，高等职业教育可以形成有力的合力，为教学质量管理提供更加稳固和全面的支持。在这样的合作机制下，高等职业教育将能够实现教学目标，并推动学生成长和社会需求的紧密对接。

1.明确分工，激发主体的共管共治

职责的合理划分是调动员工工作热情和积极性、规范员工行为的必要条件和保证。为此，高等职业教育要在责任划分上，对流程的组织结构进行设计，明确各项工作的权利与责任，分工协调。教学的顺利进行需要多个部门之间协同合作，目前，大多数高等职业教育都开展了校外实训，因此，在对教学的组织结构进行设计的时候，应该在校内与校外之间建立起连接的桥梁，激发参与主体的共管、共治，使校内教学与校外实训的衔接更加自然、顺畅，从而防止在组织中出现相互推卸责任的现象。

2.全过程参与推动主体间的协同发展

明晰实践教学质量管理中的合作博弈逻辑，为高等职业教育的利益相关者参与实践教学质量管理提供抓手。在高等职业教育的整个教学质量管理过程中，合作博弈逻辑贯穿始终，在实习教学的整个过程中，相关责任主体要对教学全过程实施质量管理，在每个环节和每个阶段都要注意观测学生的发展过程，尽可能地为学生的培养质量承担最大的责任。同时，通过不同主体对教学不同环节的质量管理，在每个环节都根据既定的目标进行跟进，从而形成彼此协调、协同发展的合作，有效地促进教学质量管理活动的开展。

3.促进各参与方之间的联动共生

在高等职业教育管理中，要充分、合理地配置人力、物力和财力资源，这是教学能够顺利进行并达到高质量管理目标的重要保证。因此，要构建新时期教学质量管理体系，就必须要激发实践教学质量管理相关责任主体参与的积极性和主动性，并建立有效的资源联动机制，从而提升资源配置效率。①

（三）完善高等职业教育实践教学质量管理环境

完善高等职业教育实践教学质量管理环境是优化教学质量体系的关键措施。实践教学是高等职业教育重要的教学形式，通过将理论知识与实际操作相结合，帮助学生培养实际应用能力和专业素养。通过建立完善的实践教学质量管理监督、管理、反馈制度，可以更好地提升实践教学的效果和质量，为学生的职业发展打下坚实的基础。

1.建立完善的实践教学质量管理监督制度

为了规范和约束教学质量管理的责任主体的行为，保证教学人才培养目标的达成，必须构建健全的监督体系。首先，要构建权力与责任体系，明晰权责。高等职业教育与企事业单位应当制定行之有效的“教学质量管理”规章制度，对各主体的职责和权利进行明确和细化。例如，参与教学质量管理的主体不能参与评奖评优等。其次，要制定激励机制，激发各责任者的内驱力；在企业实施既定教学目标计划的情况下，职业学校或国家可以依据教学效果和价值来对其进行表彰，并对其进行分级的激励，以使各参与方的行动更加规范化。最后，要构建相应的处罚机制，避免责任者的不当行为。对于未按既定教学目标计划实施的行为，以及对学生利益造成侵害的现象，要进行追责和惩罚。

2.建立完善的实践教学质量管理反馈制度

当前，高等职业教育改革趋向多元化管理，因为信息反馈不够深入，不够及时，不够系统等，难以及时反馈出关键的信息，从而造成了在教育质量管理过程中信息不对称，各责任主体无法及时进行沟通、交流、调节，难以形成有效的合力。随着人工智能、物联网及区块链的兴起，教育必将进行数字化的改革。新兴技术正在开始转变教育：虚拟现实（VR）、增强现实（AR）和混合现实（MR）可以与人工智能结合使用，也可以自行发挥效果。②在教育管理的过程中，将信息技术应用到全过程，对各责任主体的参与情况、投入力度及其效度进行科学观

---

① 王国光. 全面质量管理视域下高职院校实践教学质量管理路径研究[J]. 职教论坛，2021，37（11）：60-67.

② 安东尼·塞尔登，奥拉迪梅吉·阿比多耶. 第四次教育革命：人工智能如何改变教育[M]. 吕晓志译. 北京：机械工业出版社，2019.

察，并进行系统采集，为实践教学的质量管理、信息反馈打下了坚实的基础。此外，数字化转型也是降低沟通成本的有效途径，是推动实践教学质量管理高效运行的重要因素。

3.建立完善的实践教学质量管理改进机制

构建完善的教学质量改善机制，是为了更好地提升教学的效能与品质，高等职业院校与企业都应采取高效的质量管理措施，根据得到的反馈信息，及时做出相应的调整。通过内部审视的方式，对现有的教学进行评价和改进，使教师有一个“既是教育者也是学习者”的发展观念，为教学做好充分的准备。

三、高等职业教育现代化教学管理模式构建路径

教学管理模式创新对高等职业教育教学管理模式创新起到不可或缺的重要作用。高等职业教育应该加强教学管理现代化建设，构建以企业岗位技能需求为出发点的教法改革路线，制定系列教学制度；充分调动教师的积极性，提高教师数字素养、技术技能水平；促进教师教学方法改革，确立教学方法革新的评价体系；立足企业现场，采用项目式、沉浸式教学，实现项目与人才“双交付”。[①]

（一）加强教学管理现代化建设

构建现代化教学管理模式是高等职业教育提高教学质量的关键。高等职业教育应该针对现代化发展中的问题采取有效的建设策略。

1.引进设备的现代化建设

在引进设备的现代化建设方面，学校应制定明确的发展规划，明确引进设备的目标与方向。规划要考虑到学校的特点、教学需求和产业发展趋势，确定引进设备的种类、数量和配置。在引进设备前，学校应进行全面的需求分析，了解教师和学生的实际需求，根据不同专业的教学内容和实践要求，结合行业企业生产需要确定合适的设备类型。学校可以通过多种途径寻求资金支持，除了依靠学校

① 郭媛媛，王帅. 多元主体协同视角下市域产教联合体建设：内在机理、实然困境和应然路径[J]. 职业技术教育，2023（8）：41-49.

自身资源，还可以与企业、政府以及社会团体合作，争取资金或设备捐赠等支持。在引进设备时，学校要选择信誉良好、服务完善的供应商。进行充分的市场调研，比较不同供应商的产品性能、售后服务以及价格等因素，选取符合学校需求的设备供应商。在引进设备后，要安排师生进行相关的培训和教育，使教师和学生能够熟练操作和应用设备。可以邀请厂家或专业人士进行培训，也可以组织内部师资进行技术交流和培训。高等职业院校需要建立科学的设备管理体系，包括设备的购置、调配、使用、维护和报废等方面的规范和流程。要配备专门的设备管理员，定期进行设备检查、维护和保养工作。与行业企业建立紧密的合作关系，开展产学研合作项目。通过与企业密切合作，了解最新行业发展动态，及时了解和引进先进设备和技术，保持教学设备与行业需求的同步性。

2.教学理念规范的现代化建设

教师和学生间确立的强有力关系是教学过程的关键所在。①现代化教学管理模式的构建需要完善的教学理念规范。高等职业教育应明确教学理念，根据学校定位、专业特点和学生需求，确定适合的教学理念和教育目标。教学理念应与时俱进，紧密结合新技术、新思维和新教育方法，注重学生的综合素养培养；应建立健全的教师培训体系，包括基础教育教学法的培训、职业教育教学理念的培训以及新技术和教学工具的培训。通过培训，提升教师的教学水平，使其能够更好地贯彻教学理念，高等职业院校应鼓励教师使用创新的教学方法，如案例教学、项目驱动教学、问题解决教学等，引入互联网、虚拟现实、人工智能等现代化技术和教学工具，提高教学效果和学生参与度。高等职业院校应建立科学的教学评估与反馈机制，对教学过程和结果进行定期评估和反馈，包括教师评教、同行评教、学生评教等。通过评估与反馈，及时发现问题和不足，促进教学管理的持续改进；加强教育研究和教师团队建设，鼓励教师进行教学研究和教育教学改革的实践，在教学团队中分享经验和成果。同时，建立良好的教师交流和互助机制，推动教师之间的合作与共享。高等职业院校应鼓励学生参与教学过程，给予学生更多的主体地位和决策权，倾听学生的意见和反馈。通过与学生互动，不断优化教学管理，满足学生的需求和期望。

---

① 联合国教科文组织. 教育：财富蕴藏其中[M]. 联合国教科文组织总部中文科译. 北京：教育科学出版社，2014.

3.管理人员的现代化建设

管理人员的现代化建设是推动高等职业教育现代化教学管理模式的重要保障。高等职业院校应注重管理人员的培训和提升，使其具备专业知识、管理技能和创新思维。可以通过组织内部培训、外部专业培训、职业发展规划等方式，提升管理人员的能力水平。高等职业教育教学管理人员应发展团队合作意识，促进信息共享和资源共享，形成高效的协作机制。鼓励管理人员在决策、问题解决和项目管理等方面进行团队合作，提高工作效率。高等职业教育教学管理人员应深入理解和应用现代管理理念，如目标管理、绩效管理、项目管理等。与此同时，也要关注创新的管理思维和方法，并将其灵活运用在实际工作中，以提高管理水平和效果；要推动数字化管理，引入信息化系统和工具，提升管理人员的信息化素养和数据分析能力，通过数据分析和信息化系统的支持，加强对教学管理过程的监控和评估，做出准确的决策；建立健全的激励机制，有效激励管理人员的积极性和创造性，包括薪酬激励、晋升机会、培训发展等。通过合理的激励机制，激发管理人员的工作潜力和创新能力。与此同时，应加强管理人员对外学习与交流，学习其他高校或行业的先进经验，开展国际教育交流与合作。通过学习和交流，开阔视野、吸收先进理念和管理经验，提高高等职业教育教学管理人员的思维广度和开放度。

（二）构建以企业岗位技能需求为出发点的教法改革路线

在“做中学”“研中学”“创中学”教学改革理念下，全方位培养高素质技术技能型人才是高等职业教育改革的必然，以企业岗位技能需求为出发点进行教育教学方法改革是其最佳路线。

第一，确立学习过程中对学习过程进行分析的制度。以各教研室为单元，在开课之前，每个老师都要对学生的知识结构、兴趣点、思维状态、认知状况、发展规律、所掌握的专业技术范围等“学的问题”进行研究，并开展研讨。

第二，构建研究性学习的课程规划与设计体系。职业教育强调课程要在学生生活经验、学习动机、实际需要和接受能力的基础上，以掌握职业技能为主。[①] 高等职业教育教研组要围绕“教的问题”，以职业为导向，教学活动过程要具有

---

① 姜大源.职业教育学研究新论[M].北京：教育科学出版社，2007.

鲜明的职业导向性，明确教学目标、教学内容、教学方法、教学资源、教学评价等问题，有针对性地提出对策，贯彻职业教育改革精神。

第三，在课程执行过程中，要构建沟通的制度。要充分利用教研室在教学上的指导作用，经常组织一些方法的交流，形成一种相互学习和帮助的机制，每个老师都要把自己在这门课上遇到的问题进行系统整理，找出1至3个亟待解决的问题，进行教学方法的创新。最后，在学校内部构建教学方法改革的监督体系。

（三）构建教师教学方法改革的动力体系

在高等职业教育中，要想实现职业教育的教法改革与创新，职业教育教师就必须付出更多的时间、更多的努力，在理论知识层面进行系统深入学习，在实践技能方面深入企业一线，将理论知识与实践技能相结合进行改革与创新实践。

一方面，加强对师资队伍的建设。根据高等职业教育的办学特点，根据高等职业教育的专业特征，选择合适的师资，引进更多的高素质人才；要建立起与之相适应的教师行为准则和激励制度，还要尊重教师，理解教师，给教师更多的自由，组织教师进行培训和交流，给教师更多展现自己的舞台和机遇，从而推动教师的师德水平、专业水平和教学水平的提升。

另一方面，当前大多数高等职业教育教师对“教法创新实施激励机制建设”都给予了极大的关注，这就要求在学校层面上，要构建出一套既能彰显自己的特色，又有很强的针对性，更能促使教师实际运用的教法创新激励机制，以及教法创新成果成效认定机制，要经常开展教师教学方法创新的评比、认定和宣传工作，优化教学方法，创新课程体系，让教师创新能力和教学实践能力得到充分发挥。

（四）确立教学方法革新的评价体系

高等专科学校应围绕“提质培优”工作，围绕高等专科学校教学方法创新的问题，以问题为导向，以评估为依据，设立一批校级教学方法创新成果鉴定体系。

第一，在学校层面上进行每年一次的“学科思政课”的评选。学校应构建校级课程思政教育案例的认定标准，并开展课程思政育人教育教学创新工作，总结成功经验，推动课程思政教法创新实践。[①]

第二，在学校层面每年举行一次“课堂革命”，对优秀典型教学改革事例进行鉴定。学校要制订“课堂革命”中的典型事例评价标准，围绕教育方法的革新，老师们总结课程中出现的问题，经过一系列教育方法的革新，提炼出一批有推广和示范性意义的事例，并在校内外进行推广。

第三，课堂魅力其实就是人的魅力。[②]鼓励教师参加各级各类技能竞赛活动，将技能竞赛的评价标准借鉴、引入日常教学活动中，通过竞赛促使教育教学水平提高，形成制度化、规范化、常态化的“以赛促教、以赛促学、学赛结合”的教学模式。

（五）采用项目教学，实现项目与人才“双交付”

针对当前高等职业教育教学中出现的一些问题，在教学方法上采用“项目式”的教学方法改革，实现项目与人才“双交付”。

首先，制订一套系统的课程学习目标。课程的学习目标，既要将高质量发展阶段的人才新定位以及未来职业领域的新变化纳入考量，更要将不同类型课程的效果、技能、知识目标的侧重点纳入考量。

其次，对学科的教学进行改革。树立起以项目为单位、以产定学和以学定教的新的课程设计思想，将重点放在促进地区产业发展上，将新方法、新技术、新工艺、新标准引入课堂中，将教学流程与生产流程相结合，作为推动教学内容改革的突破口。

再次，要改革教育方法，构建学科建设的网络化教育模式。推行“项目式”的深入协作式学习模式，以生产项目为学习载体，以“情境创设→概念外化→聚焦问题→对比前概念→与情境、他人、自我对话→刺激感官、整体思维→变式操练、社会实践”的过程，采用“项目式”的深入协作式学习，实现项目与人才“双交付”。

最后，对学科教育的评估制度进行重组。将教学资源运用情况、学生参与学习活动的态度、广度、深度，以及师生互动情况等因素，都纳入课程考核评价标

---

① 杜小华.浅析职业院校课程思政建设路径[J].新疆职业教育研究，2022，13（2）：1-4.

② 程红兵.好的教育，面向未来：我眼中的教育人物[M].上海：华东师范大学出版社，2019.

准当中，构建出多元化的考核评价标准，让教师拥有对考核方式和考核内容的选择权。

（六）立足现场情境，进行沉浸式教学

在高质量发展时期，高等职业教育要利用“产业学院”“现代学徒”“学习工厂”等产教结合的形式，把课堂搬到企业实际生产线，创设现场场景，采用情境教学，进行沉浸式实景、实操、实训教学，注重培养学生的实际操作技能，并有效地增强学生的行业技能水平，增强学生的复合型问题解决能力。

一方面，在构建现场实践教学体系的过程中，必须要将企业中有技术内涵的工作任务融入课程中，利用实际的企业生产案例，充分体现出职业教育实践课程的真实性、科学性、自主性、互动性、开放性、情境性、创新性、和谐性和人文性。在进行产教深度融合的过程中，老师们要发挥引领作用，总结企业工程项目中所拥有的核心技术和工艺流程，提炼核心知识及技能，并通过现场教学传授给学生。

另一方面，在教学过程中，要改变传统的以知识为基础的传授式学习，实现向以技能为核心的构建型转变，同时，要重新构建教学方式、评价标准和运行机制。要使高等职业教育的师资队伍达到“双能”水平，必须在产教结合的基础上进一步加强产教结合的现场教学，使高等职业教育的师资队伍达到“双师型”的水平。

（七）知识经济条件下教师数字素质的培育

随着智能化时代的来临，高等职业教育的“新生态”应运而生。在此过程中，对教学方法进行创新，将不再局限于线下教学课堂，而是将其扩展到了线上的数字化教学区域。数字能力成为当前教师必备的核心能力。[①]这就对高等职业教育的教师提出了更高的要求，他们要不断地增强自己的学习能力和信息化水平，不断地学习现代化的教育教学技术，从而使自己能够与智能化教学时代相匹

---

① 汤彪. 数字化教育：基于大数据和智能化场景应用下的教育转型与实战[M]. 北京：中华工商联合出版社，2021.

配。在智能环境下，高等职业教育的教学将发生如下变革。

第一，构建智慧学习资源。交互课件、浸入式学习平台、感悟式学习资源的构建，以及多屏交互演示录像技术的运用，都将使教师“教”与“学”的关系发生变化。AR/VR混合实训、多感观体验式实训等，将实训变成了一种由学生自主的情境式学习体验。

第二，实现“智力教育”。知识在学校学习中永远都是重要的、基础的、核心的、不可忽视的学习内容与学习目标。但仅仅强调学知识是不够的，因为学生获得的可能只是一些无用的、零散的“死知识”或“碎知识”。[①]高等职业教育教学管理过程中需要采用自主学习、合作学习、交互式学习和探究式学习，将其变为学习的常态模式。实现学习有自主意图、自觉构建的积极实践过程。

第三，推行智力评估。学生的学习是自动生成的，他们能够对自己的学习状况进行自我检查，并根据自己的情况来制定课程学习计划。在智能社会中，老师的作用将从根本上发生变化，老师将以引导、启发、陪伴为主，用自己的道德品质去感染教育学生，“以德育德”“以德施教”“以文化人”是高等职业教育老师在智能社会中最重要的一项教学责任。

（八）高等职业教育教学制度建设

必须以系统性的思维从整体上对高等职业技术教育的各个环节进行全面的规划，以提高高等职业技术教育的质量。对学校现有的教学管理制度进行分析，将其中具有正面意义的内容保留下来，并对已经不能与高等职业教育发展相匹配的问题展开改善，对缺少的内容进行补充，对复杂的内容进行删减，对教学管理制度进行优化和整合，使之更加完善。

其一，要构建一套科学、切实可行的高等职业教育质量评估制度。对每一阶段的教学内容进行标准化、规范化管理，并对其进行全面评估；采用同行、专家、学生、教师等多方参与的开放性评估方式；努力做到对教师的教育工作进行公平、公正的评价，充分调动教师在教育工作中的热情。

其二，对实习工作的管理体制进行了规范化。目前，我国大多数高等职业教育已制定了常规教学管理的相关规章制度，而对实践教学却缺乏系统的规范、指

① 任长松.探究式学习：学生知识的自主建构[M].北京：教育科学出版社，2015.

导。在高等职业教育教学过程中，实践性与应用性是其最根本的两个方面，通过构建实训体系，使学校与企业之间进行有效的合作，使学生能够在实训过程中得到磨练与提高。

其三，对新的学制进行试验。高等职业教育的教育体制要真正立足于人的发展，在一定的情况下，可以在一定的范围之内，进行“贯通式”的交叉学科教育，扩大学生的自主选择空间，为学生的学习进行画像，建立知识图谱，制定学分银行制度，为学生的理想追求创造良好的环境。

（九）构建完善的教学组织管理机制

制度是所有工作顺利进行的先决条件，没有了制度就没有了约束，放眼当前，如果一家企业管理混乱，那么这家企业很难获得大的成功。同样，对于高等职业教育的教学组织教学管理，只有构建出一套与自身的现实发展相适应的管理机制，才能将内部人员结构优化，激发团队个人的力量，为教学管理服务，确保各项工作的有序开展。

第一，强调系统化的管理思维。高等职业教育制度建设人员应强化对校内各个工作部门、工作环节和工作岗位的剖析，理顺各部门间的相互联系，建立健全高等职业教育的管理制度体系，使各部门的功能得到最大限度的发挥，从而推动高等职业教育教学管理工作的不断创新和发展。

第二，采用分权的管理体制。在变革的过程中，管理者是一个关键因素，而且在很多情况下，在引介和实施一项被提议的改革中必须承担主要的责任，这似乎是显而易见的。[①]高等职业教育要给予底层管理者相应的权利，要使所有的管理制度与工作得以落实，就需要保证底层管理者具备相应的管理能力，只有在这种情况下，基层管理人员才可以利用权利对那些与制度不符的部门和个人进行制约，所以，高等职业教育也要给予底层管理者一些权利，让他们在工作中不断地完善制度的建设，使部门管理得到加强。

第三，建立健全的激励制度。在人力资源管理中，激励是一种非常关键的方法，科学的激励措施可以激发出员工的工作热情，同时还可以提升他们的工作效

---

① Petra E. Snowden，Richard A. Gorton. 学校领导与管理：重要概念、个案研究与模拟练习[M]. 李敏，杨全印译. 上海：华东师范大学出版社，2008.

率。因此，高等职业教育要建立健全激励政策，让基层管理者思考教学管理网络化的创新方法，调动教育者参与教育教学管理活动的热情。

第五节　高等职业教育“互联网+学习共同体”教学模式创新

“互联网+”有力推动了国家经济发展模式的转型升级，互联网技术同各个领域的相互融合成为未来发展的主流趋势，互联网同职业教育领域的融合也势必对人才培养质量起到重要的促进作用。在“互联网+”大环境下，各种先进的信息技术如雨后春笋般层出不穷，为职业教育行业的信息化水平提升创造了条件。高等职业教育的专业性质决定了课程教学过程中需要将多元异质性人力资源进行最优组合，构建高等职业教育“互联网+学习共同体”能够更好地激发学生的学习热情，提升教师课堂教学的效果，持续提升人才培养质量。在“互联网+”背景下基于学习认知科学形成的学习共同体，诠释着一种全新的教育观念、教学方法和教学组织形式，探索构建新型的高职“互联网+学习共同体”迫在眉睫。

一、高等职业教育“互联网+学习共同体”的内涵

从国内外已有的研究成果来看，不同专家基于不同角度阐述的学习共同体的重点也各不相同。从教育学的角度来看，学习共同体是一种全新的教学组织形式，旨在实现多元学习参与者的互动对话和思想交流，最终形成学习上的共赢局面。[1]一个完整学习共同体的组成起码要包括各个层面的学习参与者、全员一致的学习目标和多种多样的学习活动支撑载体。高等职业教育学习共同体包括的对象主要为参与学习的人和利益相关的人，其在高等职业教育中形成，并得以发展。高等职业教育的培养目标是培养在企业一线任职的具备一定专业技术技能、较高综合素质、较强社会适应能力的高水平技术技能人才。高职“互联网+学习

① 高巍，郭茜.“互联网+”背景下课堂学习共同体的建构与思考[J]. 江苏教育研究，2022（12）：8-12.

共同体”是基于“互联网+”背景，在高职专业课程的教学中打破时间和空间的限制，促使管理者、校企、各级部门、师生、生生得以充分交流互动。其成员应该具有相同的价值观和情感认同，并且行为目标和共同追求应尽可能趋于一致。

在“互联网+”新时期大环境下，所有教育教学的参与者，不论是教师、学生、家长或是企业人员都必须与时俱进更新观念。高等职业教育需建立“互联网+学习共同体”教学观念，提升信息技术和移动互联网技术的应用能力，并制作、合理利用符合时代特点的教育教学资源。教师与学生在“互联网+学习共同体”中共同进步，推进课程教学的信息化、数字化和智慧化进程。在“互联网+”教育战略中，把建设“以人为本、深度融合”的智慧校园作为学校信息化建设的重要方针，运用多种新的信息技术手段促使教育教学资源最优化，从而实现大数据信息管理，提升专业课程教学的信息化、数字化和智慧化水平，避免出现信息孤岛和教育信息不对称现象，最终实现构建“互联网+学习共同体”所必需的信息技术和信息化平台资源的最优化，并重构信息化空间。

二、高等职业教育“互联网+学习共同体”三维融合教学指引

“互联网+学习共同体”的实质是采用一种崭新的专业课程教学观念对教学活动进行变革，它并不是彻底抛弃传统的学习共同体，而是在“互联网+”时代背景下将信息技术融入传统的学习共同体，从而实现教师教学观念的重建和教学能力的重铸，以及学生学习方式的重构，并最终实现教学生态的重塑。基于高职“互联网+学习共同体”的构建策略，笔者认为在专业课程教学过程中可以构建教师共同体、学生共同体、师生共同体三维融合的“互联网+学习共同体”教学思路。

（1）教师共同体。教师共同体是基于开放性的教研平台合作开发项目任务的过程。教师可以通过这个平台进行课程设计和资源分享，并与学习平台进行数据交互，以引导学生共同体形成并进行分组。在教学过程中，教师需要了解学生的学习兴趣和特点，并根据这些信息设计相应的教学方案。在学生共同体中，学生通过合作研究、自主合作、研究性学习等方法来完成学习任务。他们通过分析探究和创意的方式来解决问题，同时通过互相协作和交流来促进彼此的学习与成长。教师在这个过程中扮演着指导者和支持者的角色，引导学生共同体进行学习，并提供适当的学习资源和指导。教师共同体的目标是构建一种新的教学模

式，鼓励学生在学习中主动参与和合作，培养其分析问题和解决问题的能力。

（2）学生共同体。学生共同体是在教师引导下，学生在项目中进行分组、分工、讨论、探究、解决问题等一系列操作的过程。这种教学模式促使教师和学生从不同的角色中获得体悟、磨炼、成长和发展。在学生共同体中，学生扮演着主动学习者的角色，他们通过合作和协作来解决真实世界的问题，并在师生互动的过程中积累知识和技能。学生之间互相交流和思维碰撞的过程不仅提高了他们的团队合作能力，还培养了创新思维和解决问题的能力。此外，学生共同体也包括评教评学、总结反思和学后资源共享等方面的活动。通过对彼此以及整个学习过程的评估和反思，学生能够更好地认识自己的学习缺点和潜力，并通过共享学习资源来推动彼此的成长。学生共同体的实施有助于打破传统的教学模式，促进学生主动学习和参与。同时，它也为学生提供了发展的机会和平台，将教育与实践有机结合，真正实现师生共同成长和发展的目标。

（3）师生共同体。“互联网+”平台为不同学习共同体的融合成长提供了全新的途径。利用开放式的学习和资源平台，学生共同体可以突破教学时空，进行多种形式的任务分工、情境共享、交流讨论和成果展示；师生也可以基于互联网教学平台开展多种形式的评价与学后资源分享，真正实现教学相长。学习共同体的学习目标不再只是由教师一个人制订并完成，而是针对学生已有的学习基础和知识由师生一起协商达成并得到二者确认，这样形成的学习目标可以很好地激发双方的热情和动力，从而促使学生更好地完成专业课程的学习。这里所指的“学习”不仅是表层的理论知识学习，更应是深层次的阶梯式技术技能学习；不仅仅是知识体系的学习，更应是实践技术、职业素养等内容的学习。学生的学习不再局限于学生个体层面，而是转化为师生的共同体层面，更加凸显在教学过程中学生之间、师生之间的交互性、互动性和共享性。教师要注重以学定教，从而实现从教到学的转变，体现师生双主体的特点。

三、高等职业教育“互联网+学习共同体”的构建策略

在“互联网+”大环境下，各种先进的信息技术为高等职业教育学习共同体的构建提供了扎实的技术基础，表现出与传统学习共同体不同的构建形式，具体来看，可以从以下方面对高等职业教育“互联网+学习共同体”进行构建。

（一）以“互联网+”的物理环境为基础

高等职业教育“互联网+学习共同体”的物理环境包括软硬件教学资源建设等支撑学习共同体活动的外部条件。“互联网+学习共同体”并不是单纯地将学习共同体与信息技术叠加起来做“加法”，而是在高等职业专业课程教学活动的背景下，根据师生特征和需求，有针对性地选择和应用各种工具软件、应用软件以及相应的硬件设施。在物理环境的建设中，教育机构和教师需要考虑三个方面：第一，为了满足学习共同体的需求，高等职业教育需要配置丰富的软硬件教学资源，如计算机和网络设备、多媒体教室以及各类教学软件工具等，以支持学生参与协作、研究和创新学习活动。第二，在“互联网+”的环境下，教师可以根据学生的兴趣和学习风格来提供个性化的学习资源和指导。同时，教师也可以通过网络平台进行教学评估和反馈，及时调整教学策略，提供更加精细化的指导。第三，为了更好地利用“互联网+”的物理环境，高等职业教育需要给予教师充分的支持和培训，使他们能够熟练地运用相关的教学技术和工具，为学生提供有效的指导和支持。

（二）强调学生与教师的双主体地位

高职专业课程教学中“互联网+学习共同体”的主要构建者是师生，二者应共同协商达成明确的学习目标，双方一起为之努力。学习共同体是带有一致美好学习愿望的师生在学习环境中利用彼此之间的互动，促使双方共同成长、共同进步的教学组织形式，具有多维度、开放性、可持续性、生态化发展的特点。师生双方通过学习共同体的构建都可以获得良好的学习体验，达到预期的学习效果，并得到相应（教学或学习）能力的提高。

其一，学生共同体是学生在自愿的基础上，以灵活的方式组成的学习小组，学生可以在其中进行合作学习、互助学习、项目学习等，真正回到学习的中心。学生可以根据自己的学习需要，与本班、跨班级、跨专业、跨年级学生，甚至与跨校学生、社会学习者共同组成学习小组。学生共同体的形成，使得学习从单打独斗走向群体协作，从被动走向积极，从平面走向立体。

其二，教师共同体指的是在学校的推动下，或者是在老师们的自发组织之下，以共同的目的和兴趣为基础，自愿组成的一个学习团体。它的目的是利用合作对话与共享性活动，来促进教师的专业发展，从而推动教学改革。教师共同体具有实践性、研究性、专业性、合作性、开放性、创新性，使其成为教师专业成长的可能，是“教”“学”“研”“创”四位一体的专业化载体。建设好教师共同体，可以有效地推动教师自身的成长，有助于深化教学改革，提高育人质量。

其三，师生学习共同体指的是由学生和老师共同构成的，以完成共同的学习任务为载体，以促进成员的全面发展为目标，强调在学习的过程中，在交互式的学习观的指引下，通过人际沟通、交流和共享多种学习资源，从而形成一个相互影响、相互促进的基层学习集体。①

（三）以真实典型的工作任务为学习内容

在高等职业教育的专业课程教学中，选取真实典型的工作任务作为学习内容具有重要的意义。这些典型工作任务反映了实际工作岗位中的情况和要求，具有仿真性，可以帮助学生更好地理解和应用所学知识。

在教学设计方面，应选用企业实际工作任务进行必要的教学改造。这包括将工作任务进行分解和适度简化，以符合学生的学习能力和接受程度。同时，教师还需要根据学生的认知特点、学情分析和教育教学规律进行合理组织，设计相应的教学活动和评估方式。首先，强化职业性教育。聘用企业导师为学校教师，组建“双师型”教学团队，共同根据产业特性、企业岗位技能需要培育学生。通过与真实工作任务的接触，学生可以深入了解并体验职业的要求和特点，培养专业素养和职业技能。其次，增强实际性和实践性。通过解决真实工作任务，学生可以将所学知识和技能应用于实际情境中，提升实际应用能力和解决问题的能力。最后，遵循教学规律。将工作任务分层次地纳入教学过程，循序渐进地引导学生逐步掌握和实践，使学习效果更加明显和持久。因此，在专业课程的教学中应当有选择地选用企业实际工作任务，并对其进行必要的教学改造，既要体现职业性、实际性、实践性，又要依据学生的认知特点、学情分析及教育教学规律进行合理组织，体现循序渐进、步步进阶和不同层次的教学需求。

① 赵明霞. 高职课堂学习共同体的建构与评价[J]. 江苏工程职业技术学院学报，2018，18（4）：87-90.

（四）以真实项目过程性评价为主体

基于信息技术的过程性评价方式对于学习共同体的教学评价具有很大的优势。这种评价方式可以通过学生实时的学习状况快速、及时、准确地反映学生的学习进展和表现。同时，通过对学生整个学习过程的大数据分析，可以深入了解学生的学习情况，提供更有针对性和个性化的教学改进方法和手段。

在“互联网+学习共同体”中，可以将真实的企业项目作为学生的学习成果来源，并要求学生完成这些项目任务。与传统的以考试试卷来展示学生成绩不同，学习成果可以是具体的实物、作品或方案，能够更好地体现学生在工作中所需要的技能和能力，实现“人才+项目”双交付。基于“互联网+学习共同体”的教学评价不再仅仅关注教学活动中的某个单独个体，而更加关注合作学习过程中个体的转变和在学习共同体中的作用。评价重点不仅放在学生的知识掌握和能力表现上，而且注重学生在合作学习过程中的参与、互动和贡献，关注他们在共同体中的角色的发展。

（五）以学生的综合职业素养提高为目标

高等职业教育的目标是提高学生的综合职业素养。由于地方行业产业和区域经济的不断发展，新技术和新产业的涌现对职业教育的人才培养提出了新的要求。为此，我们需要建立不同类别、不同层次的教学理念，从多个维度来培养学生的综合职业素养，包括懂技术、会操作、能分解、能评价和知识、能力、素质的培养。在这个过程中，教师和学生应共同构建学习共同体。学习共同体是一个由教师和学生组成的学习团体，通过合作学习、实践活动和任务驱动，共同完成项目任务，并在实践中提升信息技术应用能力、思维能力、实践动手能力和技术应用能力等多方面的能力。同时，综合职业素养的提升需要在学生的全面发展上进行。除了专业知识和技能的培养外，还应注重学生的创新创业能力、沟通协作能力、问题解决能力、跨学科应用能力等方面的培养。[①]这需要教师在教学中注重激发学生的创造力和创新意识，鼓励他们积极参与团队合作，并提供适当的评

---

① 蒋丽华，丁永久. 高职学习共同体：基于概念演变、内涵特质及其构建策略的分析[J]. 江苏高职教育，2020，20（3）：17-21+44.

价和反馈，以促进他们全面发展。

通过“互联网+学习共同体”和综合职业素养培养的方式，学生可以在真实的项目任务中不断提高自己的实际应用能力和职业素养，充分发挥信息技术和思维能力，实践动手能力和技术应用能力。最终，学生的综合职业能力将得到提升，为地方行业产业和区域经济的发展做出贡献。

（六）师生界定平等、合作、共享、共生的合作规则

在“互联网+学习共同体”的合作中，师生之间应建立平等、合作、共享和共生的合作规则，以实现更高效的学习共同体。首先，师生之间应平等对待，相互尊重和倾听彼此的意见。教师应视学生为合作伙伴，共同制定学习目标和任务，并给予学生足够的自主权和决策权。学生也应尊重教师的专业知识和经验，积极参与，分享自己的想法和意见。其次，师生之间应合作共同进步。教师和学生共同承担利益共同体的责任，协作完成学习任务。教师应提供有效的指导和支持，激发学生的学习兴趣和创造力，帮助他们解决问题和提高学习效果。学生应积极主动地参与合作学习，互相帮助和支持，共同进步。再次，学习共同体的参与者需要共同界定和认同行为准则。他们可以一起讨论和制定学习小组的构建方式、发言汇报的方式、领导者的推选等规则，确保所有成员遵守并得到共同理解和支持。最后，学习共同体中的所有成员都位于同一工作情境中，合作完成实际工作任务。每个成员有权自由地分享自己的想法和观点，并得到其他成员的支持和帮助。学习共同体的目的是共同成长和共享资源，而不是竞争和排斥。总之，“互联网+学习共同体”的师生合作应建立在平等、合作、共享和共生的基础上。通过共同制定行为准则，培养良好的合作氛围和互助精神，师生可以共同成长，形成更高效的学习共同体。

（七）形成“组间同质、组内异质”的学习团队

在高等职业教育的专业课程教学中，通过构建“互联网+学习共同体”来完成一定的学习任务或者解决一些实际问题，这是参与者进行协调沟通、通力合作的一种组织形式。由于职业教育的双主体办学特点，学习共同体也具有多元主体的属性，共同体的类型也是多种形式的，既可以是学生学习的共同体，也可以是教师教学的共同体，还可以是教与学联动的共同体。学习个体或学习群体可以在

共同的目标愿景基础上，进行交流互动、协同合作，从而形成一个组织，实现教师专业成长和学生个人发展。学习共同体的成员选择要从总体上考虑学生的个体差异，参考性别、学习基础、学习习惯和学习能力等多方面要素。小组内按照学生的不同层次来分配学生，形成互助、协作的关系，实现差异化分组；小组间则进行均衡化的资源配置，把具有不同特点的学生相对均衡地分配到各个小组中，使各组之间缩小差异，以便开展学习竞争。因此，采用“组间同质、组内异质”形式更加合适。

第六章　高等职业教育教师管理新常态

随着中国高等职业教育进入新常态，高等职业教育教师管理成为教育改革的关键议题之一。在构建适应新时代需求的教育体系过程中，高等职业教育教师队伍的结构、专业发展与管理、薪酬制度以及校长聘任制度都具有重要影响。本章从不同维度分析高等职业教育教师管理，旨在为高等职业教育提供有效的管理方法与策略，通过合理配置、专业发展、激励机制和领导力培养等方面的改进，为优质高等职业教育的推进和提升做出贡献。

第一节 高等职业教育教师队伍结构的基本现状及管理机制

高等职业教育教师队伍的结构是关乎教育质量和学校发展的重要因素。了解教师队伍的基本现状以及结构机制，对于促进师资队伍建设、优化教学管理、提升教学质量具有重要意义。

一、高等职业教育教师队伍结构的基本现状

高等职业教育教师队伍是职业教育事业的中坚力量，对于培养技术技能人才和推动产业发展具有重要推动作用。了解高等职业教育教师队伍的现状是提升教学质量和推动教师发展的关键。在当前的教育环境中，高等职业教育教师队伍呈现出一系列特点和趋势。

（一）从年龄梯次结构层面看

高等职业教育教师队伍结构从年龄结构层面看表现为青年教师所占比例较为稳定，是高等职业教育教师队伍的主力军。青年教师是指那些年龄较轻、教龄相对较短且处于职业发展初期的教师。他们通常具备较新的学科知识和教育理念，能够更好地与学生进行沟通和交流。由于年轻，他们更加充满活力、有创造力和创新思维，能够推动教学方法的更新和改进，激发学生的学习兴趣和潜能。

青年教师群体在高等职业教育中已经成为一支相对稳定的中坚力量，他们担任着教师队伍的主力军。在高等职业教育的生存和发展过程中，教师是核心，而青年教师则是整个教学队伍的生命力，是优化教学队伍建设、保证教学质量不可忽视的重要力量。青年教师也是教学方法和教育理念更新的主要推动力量。由于接受了先进的教育理念和方法培训，他们更愿意尝试新的教学方式和工具，并能与现代技术相结合，提供更丰富的教学资源和方法，满足学生的不同需求。此外，青年教师群体具有强烈的事业心和投入精神，他们对于职业教育充满热情和使命感，愿意为学生的成长和发展贡献自己的力量。他们承担着教学、科研和工

作任务，不断提升自己的专业素养和实践能力，为学校的可持续发展做出了自己的贡献。

（二）从性别差异结构层面看

高等职业教育教师队伍结构从性别差异结构层面来看，主要表现为女教师数量持续增长，逐渐占据了教师队伍的“半边天”。比较近十年来我国高等职业教育专职教师队伍中女教师的数量可以发现，她们一直是教师队伍的重要组成部分。随着女性社会地位与受教育机会的提高，越来越多的女性选择投身教育事业并从事教师工作。女教师的数量逐年上升，成为高等职业教育教师队伍中不可忽视的力量。

高等职业教育的女教师比例不仅相对较高，而且也高于普通本科院校。这一情况可能与高等职业教育的特点及教育职业的特殊性有关。职业学科更注重实践和技能培养，这为女性教师的某些特质，如耐心、细致和责任心等，提供了良好的发挥空间。同时，女教师在各自的工作岗位上取得了显著成绩。她们以勤勤恳恳的工作态度、任劳任怨的精神姿态承担着学校和家庭的双重责任。她们不仅在教学上倾注心血，传授知识和技能，还在学生们的成长和发展中起到了积极的引导作用。她们在教学评估、课程设计和学生管理等方面发挥着重要作用，为学校的教学质量和学生的发展做出了重要贡献。

（三）从职称层级结构层面看

近年来，随着高等职业教育的快速发展和高等职业教育师资队伍建设的不断完善，教师职称结构也在持续优化。在“放管服”改革的背景下，高等职业教育教师职称评审权下放至学校，这使得职称评审更加灵活和贴近实际。目前，高等职业教育教师职称评审主要采取自主评审和成立评审联盟两种方式。学校具备自主评审权，在合理的总量控制范围内，根据自身发展需求和师资队伍情况，独立组织教师职称评审工作。同时，多所高等职业教育可以共同组建职称评审联盟，通过资源共享和交流合作，提高评审的公正性和准确性。随着高等职业教育师资队伍建设的不断深入，教师职称结构逐步优化。初级职称教师的比例逐年下降，这意味着教师群体中具有中高级职称的比例在逐渐增加。副高级及以上职称教师占教师总数的比例较低，这反映了高等职业教育对具备更丰富教学经验和专业能力的教师的需求。然而，目前相对较低的高级职称教师比例也意味着还有提升空间。高等职业教育应进一步加强职称评审的公正性和准确性，为优秀教师提供更广阔的发展空间。同时，将教师职称评审与教学质量、科研成果、师德表现紧密结合，促进教师全面发展，助力高等职业教育实现更高水平的教育教学目标。

综上所述，高等职业教育教师职称结构正持续优化，初级职称教师的比例逐年下降，但高级职称教师所占比例仍相对较低。通过进一步加强职称评审的公正性和准确性，激励教师参与学术研究和教学改革，可以进一步提升高等职业教育的质量和水平。

（四）从技能型教师队伍建设层面看

高等职业教育教师队伍结构从技能型教师队伍建设层面来看，“双师型”教师比例持续增加。近年来，高等职业教育发展迅速，各学校不断开发新专业、增加新课程以满足市场需求。教育关系部门不断分层次、分类组织高等职业教育教师和校长参加国家级、省级培训，推动有计划、有步骤地在当地实施教师培训，旨在提高教师的“双师型”素质和校长的学校管理能力。然而，职业教育迅速发展的同时也带来了专职教师的短缺，这一现象在一定程度上影响了高职教育的正常教学工作。尽管一些问题可以通过引进新教师或派遣教师到企业进修来解决，但短期内仍难以满足新专业课程的需求。当前，很多高等职业教育通过聘请兼职教师来弥补全职教师和实习指导教师的不足，但由于许多兼职教师来自企事业单位一线，他们很难按照学校的教学计划保证长期到校。因此，更灵活的做法是学校在企业或机构设立现场教学点，并聘请兼职教师与派驻专职教师在教学点共同管理学生。[①]这不仅为兼职教师节省了时间，也为学生创造了浓厚的实践氛围，融入了企业一线的技能技术和岗位要求，并将教师道德、工艺和信息技术纳入“创业创新”教育的必修课。

① 郭媛媛，王帅. 多元主体协同视角下市域产教联合体建设：内在机理、实然困境和应然路径[J]. 职业技术教育，2023（8）：41-49.

（五）从教师教学管理水平层面看

高等职业教育教师队伍结构从教师教学管理水平层面来看，教师素质及教学管理水平有待提高。随着教育改革的不断深化，高等职业教育教师的教学理念发生了重大变化，在一定程度上提高了对专业技术技能水平的重视，但在技能操作方面仍然落后。高等职业教育教师的一些管理行为往往违背了培养目标，停留在传统教学的管理水平上，把管理目标定位在学生的考试成绩上。一个各科成绩优异的班级，往往被认为具有良好的管理水平，学生具有较高素养；学生良好的文化表现与其服从和纪律性之间存在一定的正相关关系。因此，优秀教师的评判标准往往体现在所管理的班级学生是否具有良好的常规纪律和在各种学校评估中获奖的能力，一些教师甚至将争夺奖牌或赢得奖牌视为管理工作的目标。学生的自主性和情感，在管理过程中往往被忽视。

目前，绝大多数高等职业教育教师坚持职业道德，具有较高的教育教学水平和实践技能，属于“双师型”教师。然而，部分高等职业教育教师缺乏敬业精神和严谨的学术研究精神。一方面，部分高职教师对课本知识更新能力不足、创新能力不高、教学方法研究不深、教学改革深度不够、课堂内容空洞，教学成为一项需要应对的任务，甚至出现了不备课、迟到、早退等教学事故。教学管理中大多沿用传统的教学管理模式，仍然是灌输式、强制式的教学管理，教学质量评价注重总结性管理，忽视程序性管理。另一方面，一些高等职业教育是从中等职业院校升级而来的，落后的管理制度和信息获取方法，以及封闭的学术环境，导致许多教师创新能力不足，科研参与意识淡薄，科研能力差，导致一些教师业务范围狭窄，知识陈旧，知识更新缓慢。

二、高等职业教育师资管理结构与机制

高等职业教育的师资管理结构是一个组织体系，它涉及人事管理、绩效考核、培训发展和激励机制等方面。这一结构应该合理设置，目标清晰明确，能够有效管理和激励教师队伍。同时，师资管理机制则是指一系列制度、政策和程序，用于规范教师的招聘、评审、聘任、行政管理和教学管理等。通过建立健全师资管理结构与机制，可以确保教师队伍的素质和能力不断提升，从而有效提升教学水平。

（一）高等职业教育师资管理结构

高等职业教育的师资队伍不同于一般社会单位、中小学和普通高等教育的人力资源，他们需要具有专业化的知识技能。目前，我国高等职业教育已建立了教师管理专业机构，可分为三类：教务处教师管理、人事处教师管理和系（部）师资管理工作委员会，如图6–1所示。

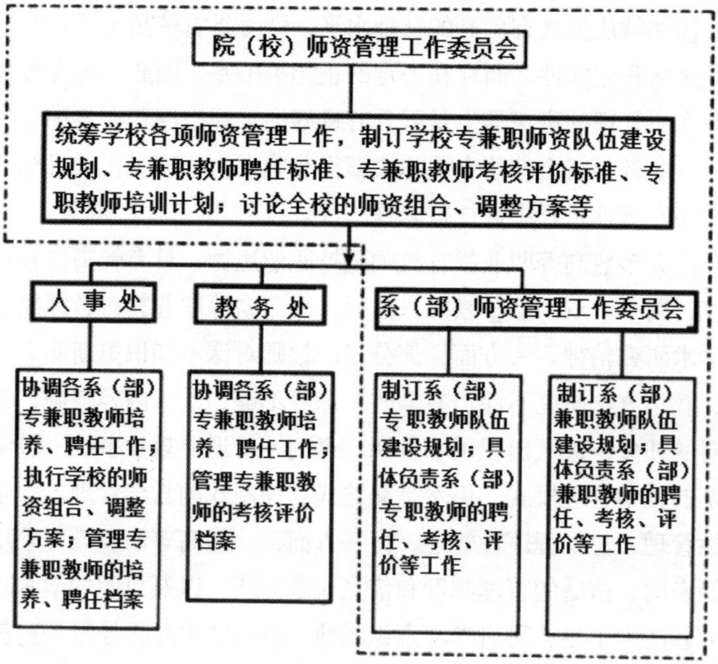

图6–1　高等职业教育师资管理结构

要建立图6–1所示的组织结构并充分发挥其作用，需要成立一个以校长为主任、由学校各学科专家学者组成的学校教师管理委员会，教师管理委员会由系主任和骨干教师代表共同组成，其中，系主任担任组长。该委员会实行学校和系两级管理，并将管理重点向下转移。高等职业教育师资队伍建设是关系其办学成败的重大战略，师资队伍的合理工作结构取决于其在学校承担的工作任务。

一般来说，专注于培养研究生和科研的高等职业教育往往具有“倒金字塔”的工作结构，即教授、副教授等高级职位的比例相对较大，以满足高水平科研和教学的需要；对于教学和研究并重的高等职业教育来说，他们的工作结构往往是

"鸡蛋形"的，这意味着中间职位——讲师的比例相对较大。从学校教师的工作结构到部门或研究部门的工作结构，都需要根据不同的任务进行综合分析，形成合理的结构，以更好地适应教学和研究的要求。

（二）高等职业教育师资管理机制

求知是每一个社会个体的本性，教师作为社会体系中特殊的"知识人"，除了需要不断丰富自己的知识之外，还肩负着社会赋予的"传道、授业、解惑"的责任。[①]在高等职业教育中，师资管理机制起着至关重要的作用，对于教育质量和学生发展具有重要影响。这里我们围绕以岗位聘任制为核心的用人机制、培训激励机制以及完善薪资分配机制这三个方面探讨如何建立和完善高等职业教育的师资管理机制，从而更好地提升高等职业教育教学水平和培养优秀人才。

1.以岗位聘任制为核心的用人机制

将岗位聘任制作为用人机制的核心是高等职业教育实现因势利导、因材施教的重要举措。这种制度根据具体工作情况设置不同职位比例，择优录用人才，明确双方权利和义务，并严格管理和评估任职后的业绩监管，以提高用人效能。首先，高等职业教育应根据专业设置确定合理的职位比例。针对不同专业的需求，根据实际情况配置合适的职位数量，避免出现人浮于事的现象。这样可以更好地满足每个岗位的需求，发挥不同岗位的作用，实现因势利导、因材施教的目标。其次，操作程序应严格规范，以保证公平有序。在聘任过程中，应以业绩为基础，综合内外能力进行评价，并公开透明地公示评估结果。通过制定明确的评估标准，将评估过程规范化，确保每位教师都能公平接受评估，并使评估结果客观准确。再次，需要正确使用评估结果。评估结果应作为履行福利、续聘和解雇的依据，为管理者提供参考。对于那些不符合标准的人，应重新低级别聘用，或者解雇。而通过评估的人将根据表现得到奖励或者晋升。最后，建立一个健全的反馈机制。任职后，应进行定期的业绩监管和评估，及时给予教师建设性的反馈和指导，帮助他们进一步提高工作能力和业绩水平，同时，业绩监管和评估可以为每位教师在自身专业发展上提供更好的规划和指引，并为其未来的晋升提供有力的支持。

---

① 方红.知识·德性·审美：教师境界的反思与重建[M].北京：中国社会科学出版社，2013.

2.培训激励机制

在高等职业教育教师管理中，建立一个有效的培训激励机制是非常重要的。这个机制旨在支持教师队伍的培养与协同创新，以建设一支高素质的“双师型”教学队伍，并创建一批专业技能过硬的创新示范队伍。首先，要明确教师在任期间继续教育和改进的权利和义务。这意味着教师应被鼓励和要求参与各种形式的培训活动，并不断提升自己的专业知识和教学技能。其次，需要制定有效的激励措施，将教师参与培训情况作为评估因素之一。这意味着在评估教师的成果和职位晋升时，其参与培训的情况将会被纳入考虑。这样的措施将鼓励教师主动参与培训，并使培训成为高等职业教育教师职业发展中的重要组成部分。再次，为教师提供培训补贴和专项资金也是重要的激励措施之一。根据每位在职教师的职位、工龄和考核情况，可以设立一定的培训补贴和专项资金，用于支持教师参与培训活动。这样的措施将帮助教师更好地安排和利用培训资源，促进他们的教学能力和专业素养的提升。最后，为了确保培训的有效性，应结合集中脱产学习与在线独立培训，采用培训前诊断、培训中评估和培训后评估的方法。这些评估工具将帮助教师了解和解决自己的培训需求，加强师德建设，并更新专业知识、积累实践技能，从而提升他们的教学能力。

3.完善薪资分配机制

绩效考核者对教师行为具有引导性。教师对上级、同事这些考核者的信任机制，往往意味着教师必须注意这些考核者对自己的工作期望是什么，从而力争使得自己的工作表现和成就令他们满意。[①]为了完善高等职业教育的薪资分配机制，需要确保其与任用考核机制相匹配、协调，以实现公平与公正。首先，高等职业教育应该坚持以岗定薪、以绩取酬的原则。岗位职责和待遇应该明确规范，并根据岗位的相对价值和认知者的胜任能力进行重新定位。这样可以确保薪资的分配与个体的职责和能力相符，增加薪资分配的公平性。其次，高等职业教育应该采用公开公平竞争的机制。教师的薪资分配应该通过公开招聘或内部竞争的方式来确定，给所有人平等的机会来展示自己的能力和潜力。这一举措可以解决过去可能存在的不公平问题，使教师们更有动力去展示自己的能力和素质。再次，高等职业教育还应该推行绩效评估制度。通过建立科学、客观的绩效评估体系，可以对教师的工作表现进行全面评估。绩效评估结果可以作为薪资分配的重要依据，

① 畅铁民.组织信任与教师绩效薪酬偏好[M].北京：中国社会科学出版社，2014.

激励教师在教育教学方面更加努力，并提高整体的教育质量。最后，高等职业教育应该鼓励教师个人的内生动力。通过给予优秀骨干带头人更多的激励和奖励，可以有效激发教师队伍的内生动力。这样可以促使教师们自觉提升自己的教育教学水平，进一步推动整个高等职业教育的发展。在完善高等职业教育的薪资分配机制时，需要考虑不同职位的特点和复杂性，并综合考虑多种因素，包括教学质量、科研成果、教师的专业能力及其在学校中的贡献等。

第二节　高等职业教育教师专业发展与管理优化

高等职业教育教师的专业发展与管理是推动教育质量和教师素质提升的关键。通过深入探讨教师专业发展的影响因素、支持系统和方式，并优化教师管理，能够为高等职业教育教师提供更好的发展机会和环境，进一步促进教师的专业发展和整体教育的发展。

一、高等职业教育教师专业发展的影响因素

教师专业发展受到多种因素的影响，这些因素可以促进教师的成长和专业素养的提高。这里，我们将探讨教师之间的团队合作、教师的知识更新管理和校长的领导艺术这三个主要影响因素。

（一）高等职业教育教师之间的团队合作

教师之间的合作对于教师专业发展至关重要。合作环境能够激发教师的创造力和动力，促进他们共同成长和提高教学质量。然而在实际实施过程中，如果行政管理过于强调统一标准与程序，可能会限制教师的个性化发展与专业特色的发挥。为了优化教师之间的合作模式，有必要转变组织文化，从过度行政化转向注重教师个性化发展和专业发展的模式。这意味着教育管理者应该构建一个支持教师创新和个性化发展的组织环境。在这种环境下，教师可以充分展示自己的专长和特点，形成具有内部凝聚力和向心力的团队。要实现这一目标，教育管理者可

以从三个角度采取措施。第一，提供充足的资源和支持，鼓励教师进行自主研究和教学实践。这包括提供专业培训、教学材料和设备等，以满足教师的个性化需求，并促进教师的教学创新和专业发展。第二，建立一种积极的交流和反馈机制，鼓励教师之间分享和借鉴经验。教育管理者可以组织定期的专业讨论会、研讨会和教学观摩活动，让教师有机会互相交流，分享教学经验和教学方法，并相互提供反馈和建议。第三，促进教师合作与团队精神的培养。教育管理者可以组织团队建设活动、共同参与课题研究和项目开展，以激发教师的合作意识和合作能力，形成协作共进的氛围。

（二）高等职业教育教师的知识更新管理

教师的知识更新管理是影响教师专业发展的重要因素之一。知识管理涉及教师对自身知识和经验的有效组织、获取、分享和应用。一个教师在专业发展中，能否有效地管理自己的知识，对其专业成长和教学质量起着至关重要的作用。第一，教师的知识管理需要注意对专业知识的获取与更新。教师应始终保持对教育领域新知识和最新研究成果的关注，不断学习并更新自己的知识库。通过参加专业培训、阅读相关书籍和文献、参与研究交流等方式，教师可以不断充实自己的专业知识，提高自身的教学水平。第二，教师的知识管理还涉及对个人经验和教学实践的总结和归纳。作为知识拥有者，教师只有通过实践，才能将获取的显性知识转化为隐性知识，内化为能够指导自己不断优化教学的有价值知识，这也是实践性知识发展的目标。[①]教师可以通过反思和记录自己的教学过程、经验和教训，建立自己的教学档案和资源库。这样可以更好地应用自己的经验和教学资料，为今后的教学提供有益的借鉴和支持。第三，教师的知识管理也需要注重与同行的交流与分享。通过参与专业对话、合作研究和教学团队等方式，教师可以与其他教师共享自己的知识和经验，并从他人的经验中汲取灵感。这种交流和分享有助于促进教师之间的互动、合作和共同成长，提高整个教师团队的专业素养和教学质量。

---

① 吴颖惠，王陆，江虹. 变革与治理：大数据时代的教师专业发展[M]. 北京：北京师范大学出版社，2021.

（三）高等职业教育校长的领导艺术

高等职业教育教师管理的过程中，应采用柔性化的管理模式。校长应该勇敢地将教学和管理的权责交给教师，给他们充足的实践培训机会，为专业成长搭建广阔的平台，并允许教师在教学管理过程中接受测试和锻炼。只有经历了这种锻炼，教师才能不断地奋斗、充实、完善和重塑自己，提高自己的教育、教学和管理能力，不断发展自己的专业水平。另外，有时学校会议上校长的一句表扬，校务会议上的一次提名和表彰，工作中任何时间、任何地点的表扬，都能被老师铭记，起到激励的作用。校长要自觉发现教师在工作和生活中的长处，及时给予真诚的表扬和鼓励。教师应在自信、认可和尊重的氛围中积极展示个性，扬长避短，实现专业成长。此外，校长还应注意宽容对待教师。校长教师有高标准、严要求是极为必要的，但更重要的是要正确对待他们的缺点和不足，允许他们失败，容忍他们的错误，不挑剔，在柔性化的管理模式中促进教师教学水平的提高。

二、高等职业教育教师专业发展的支持系统

教师专业发展是一个持续的过程，在这个过程中，高等职业教育教师需要有一个完善的支持系统来引导、支撑和促进他们的成长。[①]通过建立和完善这些支持系统，高等职业教育教师能够在专业发展的道路上更加自信、有力地前行。

（一）高等职业教育教师专业发展的导航系统

高等职业教育教师职业生涯规划是其专业发展的基础，做好职业生涯规划是促进高等职业教育教师专业发展的有效途径，是打造专业化教师队伍的有力保障，是教师专业发展的“导航系统”。教师要在职业生涯中取得成功，需要认可自己的教学工作并享受所从事的职业。然而，仅仅认可并享受职业是不够的，教师还需要科学地规划自己的教育工作，以发展教师职业，并提高个人素养。

---

① 张典兵，王作亮. 教师专业发展[M]. 徐州：中国矿业大学出版社，2017.

为了规划自己的专业发展，教师可以参考相关标准或指导性文件，如教师职业道德标准、教师绩效评价标准等。这些标准可以为教师提供一个明确的发展方向和目标。教师应该根据自己的实际情况和需求，结合标准的要求，制定一条清晰的道路，明确自己的发展目标和计划。在规划教育工作时，教师可以采取分阶段的方法。首先，制定详细的近期目标，即设定在短期内想要达到的具体成果或目标。这些目标应该具备可操作性和可度量性，以便教师能够清楚地衡量自己的进展和成果。其次，设定中期计划，即在较长时间内（如一年或几年）想要实现的综合性目标。中期计划可以帮助教师将短期目标有机地结合起来，并为未来的长期计划做准备。最后，制定长期计划，即对未来几年或十余年内甚至整个职业生涯的展望和规划。长期计划应该考虑教师的职业发展方向、个人兴趣和国家教育政策等因素，并制定相应的目标和措施。

通过这样的规划，教师可以引领自己的专业发展，并在职业生涯中取得更好的成就。然而，规划只是行动的前提，教师还需要付诸个人努力，不断学习和进步，以完全实现并达到理想的目标。只有积极地追求教学优质、专业发展和个人成长，教师才能在自己的职业生涯中持续取得成功。

（二）高等职业教育教师专业发展的动力系统

终身学习是教师专业发展的不竭动力。教师只有学习新知识，保持终身学习的习惯，才能实现从思想蜕变到行动蜕变。教师需要从思想上转变旧的生活态度，以积极主动的态度对待职业。教师只有从职业的角度看待自己的工作，意识到自己是为了生活的幸福而工作，这种坚定的理想信念才能更好地促进教师的精神成长。有着丰富灵魂和精神的教师往往是充满教育理想的教育家。他们比其他人更了解教育的发展和教育的现状，但他们从不抱怨或犹豫。他们勇敢面对客观现实，始终为了实现心中理想的教育目标而努力。他们没有职业疲劳，只有无限的创造力和进取精神，然后用自己的力量带动一群有着同样人生追求的教师，不断朝着自己的理想目标前进。

（三）高等职业教育教师专业发展的操作系统

教师职业道德标准是教师专业发展的操作系统，它对于教师的职业生涯发展起着至关重要的作用。作为教育者，一个优秀的教师应该是道德的楷模、教育的楷模和教学的专家。在当今以学生为中心的教育理念下，教师职业道德标准的重要性更加凸显。教师职业道德标准要求教师尊重学生的个体差异，关注学生的整体发展，为学生提供全面的教育支持。然而，现实中还存在一些问题，如功利主义的倾向和缺乏真正的教育理念。因此，教师需要跳出课堂，成为真正的教育者，重新审视自己的教育教学工作，从而更好地促进自己的专业发展。

一个具备高水平专业素养的教师必须具备一定的职业道德标准。这包括敬业精神、责任心、诚信正直、尊重学生和同事、保护学生权益等方面。只有遵守职业道德标准，教师才能树立起良好的职业形象，并在实践中一步步提升自己的专业能力。此外，建立和贯彻教师职业道德标准需要多方参与和配合。学校和教育部门应当加强对教师职业道德的培训和引导，提供必要的支持和资源。同时，也需要家长和社会各界的理解和支持，共同营造一个尊重教师职业道德、关注学生全面发展的教育环境。

（四）高等职业教育教师专业发展的环境系统

教师专业发展的环境系统在高等职业教育中起着至关重要的作用。这个环境系统既包括学校内部的小环境，也包括整个社会的大环境。教师的专业发展需要考虑到社会先进理念的水平状态和发展过程，同时还需要多维度、综合性、系统性地考虑环境要素对其的影响。首先，学校内部的小环境对教师的专业发展具有直接的影响。一个积极、开放和契合教育理念的学校文化可以提供良好的专业发展氛围。这包括学校领导的支持和鼓励、同事间的良好合作和互相学习的文化氛围。教师们应该积极参与学校的各项活动，参与专业交流和研讨，提升自己的专业水平。其次，社会大环境对教师的专业发展也起着重要的作用。社会对教育领域的需求和变化不断推动着教师的专业发展。教师需要关注社会上的先进教育理念和实践经验，不断更新自己的知识和技能。同时，教师还应该与行业专家和同行进行广泛的交流和合作，从中学习和借鉴。再次，教师在个性化发展的同时需要融入一个有着共同理想和追求的团队。这个团队可以是学校的教研组、学科组，也可以是专业协会等。通过参与团队活动和合作研究，教师们可以相互启发和支持，共同进步。最后，营造一个支持教师专业发展的大环境也非常重要。学校和相关部门应提供完善的培训机会和资源支持，为教师提供发展空间和晋升机会。同时，社会上应加大对教育事业的投入，提高教师的社会地位和待遇，以激发教师更好地投入到专业发展中。

三、高等职业教育教师专业发展的方式

教师专业的发展，就是不断完善专业知识和技能的过程，即专业实践共同体不断地通过将隐性知识社会化、共享与转化而创造知识的过程。[①]高等职业教育教师专业发展是持续不断的学习和成长过程，教师需要通过多种方式来提升自己的专业知识、技能和价值观。在教师专业发展的过程中，专业对话、寻找职业价值感、构筑生态自我、树立新理念和终身学习都是重要的方式。

（一）专业对话促进高等职业教育教师专业知识的提升

专业对话是促进教师专业知识提升的一种重要方式，加强适应教师专业发展的管理制度建设、改善发展评价方式、引进和谐共生的管理理念是进行专业对话的有效措施。

1.加强适应高等职业教育教师专业发展的管理制度建设

通过加强适应教师专业发展的管理制度建设，可以为教师提供更多的机会和资源，激励他们积极参与专业对话和学习交流，不断提高自身的教育专业水平。这样不仅有助于提升教师的专业知识与技能，也有利于推动整个教育系统的发展和进步。

（1）不断充实和完善促进高等职业教育教师发展的支持体系

一是各级教育行政部门要在预算中系统增加职前培训经费和职后培训经费，促进教师专业发展，通过政策和经费保障，为教师专业发展提供政策指导和项目支持。二是在机构设置中，应建立一个教师专业发展中心，以提高教师的专业发展能力，从内部组织结构和管理入手，避免功利思想，在强调教师服务社会的同时，强调教师专业发展中的重要作用。

（2）明确政策导向，引领生态发展过程

高等职业教育教师专业发展需与社会生态发展相一致，其专业发展应被视为一个终身持续的过程，需要明确的政策导向。这就要求每个人都要有专业知识的积累，更重要的是要更新促进其个人成长机制。例如，对于教师来说，应该坚持学术导向，为其学术发展提供政策支持，促进他们的学科价值的充分发挥。对于

---

① 顾小清.面向信息化的教师专业发展：行动学习的实践视角[M].北京：教育科学出版社，2005.

高等职业教育来说，它不仅为政策的实施提供了强有力的保障，而且还是推动制度出台的政策设计者。要确立促进教师学术发展的相关目标。根据高等职业教育的现状，教师也应该享受学术休假。根据他们的教育背景、职称和专业，可以享受不同的假期。这将使教师有更多的精力和动力来提高教学水平，深化专业理论知识。①

（3）构建合理的高等职业教育教师流动保障机制

构建合理的教师流动保障机制不仅能够提高教师对自身发展的认识，而且对提高教师群体的教育质量、促进高等职业教育教师的学术结构、激发教师的潜在能力具有促进作用，也有利于教育资源配置，促进教育公平发展，营造良好的教师生态环境。基于生态学中多样性、平衡性和发展性的特点，教师的专业发展需要从过去单纯的教师评价体系转变为以引导为主，并让教师、学生和管理人员参与具有多样性、针对性的评价体系，将结果评价转化为过程评价。

2.改善发展评价方式，推动高等职业教育教师的自我发展意识

高等职业教育要持续改善教师发展评价方式，能够从多种渠道获得信息，不断提高教师的教学水平，并根据每个人的评估结果来判断优秀、合格和合规的水平。在此基础上，分析教师在教学过程中的成绩和不足，协助教师纠正错误。在对教师的多维评价中，要注重过程性评价，而不仅仅只看结果；应该进行阶段性评估，而不是只有最后的总结性评估；通过评价，可以将定性和定量相结合，处理好自我评价和相互评价的关系。由此可以说，教师的专业发展应该被视为核心，这意味着教师的评价方法应该发生变化，实现对教师的多元、主观、多维评价。评价应发挥主导作用，促进教师之间的合作。

（1）注重入职前的评价与反馈。为了促进高等职业教育教师不断发现问题，弥补其专业发展中的不足，有必要使用某些工具对评估进行反馈。对于学校来说，可以通过评估教师的教学和学生对教师教学的反馈，以及评估学校为教师专业发展提供的资源和向教师提供的资助项目来评估教师培训课程，以发现实施中的问题，更好地服务和促进教师的专业发展。

（2）注意高等职业教育教师入职后的评估与考核。从学校的角度来看，有必要根据年轻教师的成长模式，针对教师入职后的工作进行评估与考核，这有助于年轻教师更清晰、更全面地了解他们的个性、能力、兴趣和价值观。在这个过程

① 杨元妍. 高校教师专业发展生态论[M]. 北京：中国纺织出版社，2019.

中，探索不同教师主体个性化的发展道路，并为他们的成长和规划提供参考。一所高水平的高等职业教育学校必须有一支高水平的教学团队，要建设一支高层次的教学团队就必须有一个良好的教师聘任机制，这对拓展大家的思维，提高工作效率和积极性具有积极作用。它也使高等职业教育在激烈的竞争中立于不败之地。

（3）建立促进高等职业教育教师成长的发展性评价机制。目前，许多教师评价都是基于年度评估的静态评价，基本上没有教师发展评价。发展性评价旨在促进教师的持续发展。在考察教师长处和短处的基础上，相关管理部门可以采取适当措施激励教师的发展，使他们的长处得到充分发挥，短处得到及时纠正。所有的转变，只有落实到改变教师的习惯性思维，相应的教学才有可能“教会学生思维”。[①]高等职业教育需要注重教师和学生的发展，以实现相互和谐发展为主要目标。

3.引进和谐共生的管理理念，突破高等职业教育教师专业发展限制

制定有利于每位教师个体发展的政策措施，创造顶层设计和谐共生的管理环境，树立榜样模范激发教师专业发展动力，形成教师可持续发展的工作环境。

（1）以高等职业教育教师合作共同体推动教师间和谐共生。教师在教学实践过程中遇到的问题和事情是相关的，可以团队一起讨论；如果与同一学院或专业的教师形成一个社区，共同探索同一教学对象下面临的问题和教学方法，这将有针对性地使知行能够得以相互探索，寻求更佳的方法和途径，真正达到强调个性化教学的效果。建立教师协作社区或教师协作研讨会，旨在通过团队内的协作和培训，使每个教师都能获得专业发展。对于参与的教师来说，能够在合作和沟通中保持工作的热情和活力，高质量地完成任务，这要求教师能够公开提出自己的问题，团队成员相互鼓励、相互关注，并以实际教学问题为指导，共同解决问题。

（2）以树立榜样激发教师专业发展动力。高等职业教育需要引导、鼓励教师成为“名师”。名师是教师群体的领头雁，一群大雁在天上飞，它们飞多高、多快、多远，主要是由领头的那只大雁决定的，因为其他大雁都会自觉地跟从那只“领头雁”。高等职业教育教师也类似。[②]高等职业教育需要树立榜样，激发高等

① 郅庭瑾. 教会学生思维[M]. 北京：教育科学出版社，2004.

② 刘宝剑. 教育：神圣、神奇不神秘[M]. 北京：教育科学出版社，2015.

职业教育教师成为名师、专业带头人、骨干教师，让优秀教师成为青年教师甚至每个人学习的榜样，并以先进思想带动公众努力。因此，对于学校来说，有必要关注、识别和树立榜样，充分发挥榜样的示范和引领作用，激发每个人参与讨论的动力，让每个人都能学习和模仿，为每个人的整体思维提供引领，以提高教师整体的综合素质。

（二）以寻找职业价值感促进高等职业教育教师专业技能提升

在学校生态系统中，学校应该扮演组织的角色，教师以组织中的个体开展工作，是超越教师个人圈子进行纯粹的反思活动，让教师通过对组织的认同来实现自己的选择，而非独自工作。教师可以通过创造良好的生态文化，在教学活动中形成教师文化，发展教师的价值，建立教师之间的相互依存关系，从而保持教师与周围环境的联系，使学校形成一个良性生态系统，从这一角度来说学校管理符合生态学的概念。在对教师的评估中，不仅仅是用某个因素作为评估对象，而是用一个系统来连接概念，评估每个人的综合素质。在此过程中，我们不仅要看到教师的学术成就，还要看到他们在职业道德和行为方面的表现。

1.优化高等职业教育教师专业发展的生态圈，推进各类生态环境联系

生态文化建设是一种注重人与自然环境和谐共生、人与自然关系可持续发展、实现人的教育与环境和谐统一的活动。这将导致一系列的变化，如人类价值观的革命，即用人与自然和谐发展的价值观取代人统治自然的价值观。

从生态环境的角度来看，高等职业教育以教育为中心，可以优化整合教学资源，充分发挥教育管理对教育资源使用效率最大化的调节作用。以教育为中心，它可以约束和规范教育作为多元生态环境形成和发展的N维空间，主要从以下角度和层次来看：一是以教育为中心，整合外部自然环境、社会环境和规范环境，从而形成教育领域的一个或多个生态系统；二是以某一学派为核心，探讨生态系统内部的相互关系；三是以人为主线，教师在其职业中具有自由，不受多重复杂因素的限制。这种自由包括教师在教学和研究方面的自由。学术自由是对先进知识的智力要求。

从生态学的角度来看，教育强调一定程度上人类主体和组织的自发性，以教育和教育环境为网络，强调它们之间的和谐，并将它们整合在一起。对于校园生态文化建设来说，就是以人为本，帮助师生树立正确的道德观念，培养有理想的高素质人才。对于教师来说，进行自我指导的教师专业发展，可以丰富和加强他

们的生活体验，有利于教师个体自发性成长。

2.激发高等职业教育教师生态职业意识，寻找教师自我价值感

寻找高等职业教师的职业价值感，促进其个体发展可持续性职业技能提升，需要激发高等职业教育教师个体职业意识。一方面，寻找高等职业教育教师职业的真价值。要加强教师在行为中的反思，通过反思激发教师的情感，让教师能够自信地提出和坚持自己的理论主张和见解，最终形成自己的教育思想及哲学意识。另一方面，以各类培训推动教师对职业的认同。基于高等职业教育教师的优势和情感特征，让教师真正把自己视为学校的主人，认识到学校的发展与自己的专业发展密切相关，并能够在外部条件不断变化时调整战略措施，以实现目标的优化。在教师的认可下，建立学校发展的共同愿景，通过真诚的奉献、真切的参与，而不是被动的坚持，通过共同的愿景达成共同的目标，使组织能够通过集体学习，提高系统思维，以促进学校蓬勃发展。

3.营造良好的校园生态氛围，激发高等职业教育教师内在驱动力

通过定期、不定期组织的不同规模的教学反思和研究活动，在制度环境层面为教师的专业成长和素质提高构建有力的保障。通过将僵化的评估体系与灵活的发展体系相结合，教师既能感受到评估的约束，又能找到适合自己发展的方式。与此同时，也可以采取激励机制，这是通过建立教师之间的学习体系来促进教师发展和提高教师素质的重要途径。通过为教师创造和谐的精神环境，营造良好的校园生态氛围，促使教师职业发展，形成个性的价值观和育人理念。这种精神环境的营造是学校形成优良学风和教学精神面貌的必然选择，因此有必要从价值观、教师精神素质和专业精神的角度营造良好的校园生态氛围，以激发教师的内在驱动力。

（三）以构筑生态自我促进高等职业教育教师师德境界的提升

高等职业教育教师通过关注自身利益来定位自己的职业角色、家庭角色和社会角色，并能够分析这些角色，以促进自身师德境界的提升。在充分考虑自身利益时，教师还应保持开放的心态，将自己置于与家人、同事和学生的生态关系中进行思考和反思，而不是单独考虑。这不仅有助于教师更好地了解和认知自己，同时也引导他们以积极进取的心态面对学术成长和教学改革发展，专注于建立积

极的生态自我意识，能够随时带着职业自信和自豪感更加努力地工作。[①]

从教师专业发展的角度看，教师必须具有反思的精神和意识。通过反思能力的建设和提高，教师能够自觉熟练地反思自身的职业道德。一方面，要明确高等职业教育教师的角色含义，推进教师建立生态自我。纵观历史，教师被称为灵魂工程师和辛勤工作的园丁，被视为知识的传播者。因此，我们可以看到社会公众对这个角色的期望。从生态学的角度来看，教师必须首先被视为独立个体，其次才被视为社会的，既有自然性，也有社会性，能够有自己的长处和短处，有自己的情感和情绪。另一方面，要改变道德参差不齐的现状，打造全方位的职业形象。学校有必要结合教师的成长模式帮助他们更清楚、更全面地了解自己的个性、能力和兴趣，形成正确的价值观。在这个过程中，与教师一起分析未来发展路径，为年轻教师制定成长计划。教师积极参与学校决策，提出自己的意见和想法，这是教师融入学校、塑造专业形象的重要方面。高等职业教育教师必须以热爱和奉献学校为己任，提高教师的体验能力、归属感，提升自身的职业形象。同时，社会、高等职业教育和教师也有必要澄清自己的价值观，引导高等职业教育教师有目标、有追求，为自身发展设定目标，促进教师个体形成内部动力，打造全方位的职业形象。

（四）树立符合社会变迁的高等职业教育教师专业发展新理念

当今社会的发展变化日新月异，在信息化、网络化、智能化、数字化、国际化的大背景下，中国几千年来形成的“传道授业解惑”这一基本使命和主要任务已不能完全满足现代教育和现代人才培养的要求，不能满足学生个性发展的需要。教师传授知识的单一性质发生了变化，知识的获取变得多样化和快速，在当今社会，一个问题对应多个答案将成为常态，开放性、创新性、独立性思维将成为教师引导学生发展的趋向。在不断变化的社会中，师生关系也将成为常态，教师的单向教学将逐渐被师生之间的双向和多向交流所取代。教师现在应成为向导，引导学习者通过不断扩大知识库来实现发展和进步。[②]由于动物性、社会性

---

① 杨元妍. 高等职业教育教师专业发展生态论[M]. 北京：中国纺织出版社，2019.

② 联合国教科文组织. 反思教育：向“全球共同利益”的理念转变？[M]. 联合国教科文组织总部中文科译. 北京：教育科学出版社，2017.

和情感性等人类特征的复杂性，教师这一职业不能简单地被取代，它要求教师应树立职业道德精神，具有教书育人的职业理念，树立服务主体成长的信念。服务主体成长，即服务学生成长，同时也服务社会。

高等职业教育教师职业岗位服务要求教师具备深厚的专业知识和熟练的专业技能。这种专业知识和技能表现为促进学生的发展，“做中学、做中教”的学习模式将应用于教育教学的全过程。在技术不断创新的时代，教师应具备沟通和交流能力，以提高沟通和交流的效率；应具有批判性思维和解决问题的能力，不仅能处理现实世界中的问题，还能处理虚拟环境中的问题；应具有创新创业能力，发挥教师的个性、想象力、敏感性，融合创新创业；应能够根据专业需要掌握人工智能在本专业中的应用，及时了解学生的情况，感受学生的情绪状态，能够及时跟上社会变迁对教师专业发展的新诉求。

（五）以终身学习推动高等职业教育教师专业发展

时代的快速发展和国家对人才需求的不断变化，要求教师不断“自强”，提升自身专业技能，实现职业价值。俗话说，培养有德的人需要有德的老师。如果教师不能适应快速变化的时代，他们就不能应对教学中的新情况和学生的新变化。因此，终身学习必将成为教师的基本素质。通过终身学习，高等职业教育教师可以更好地指导、培养学生更好地应对社会的挑战。终身学习要求教师具有良好的学习素养。这种学习素养的积累需要以学生的学习为基础，在识别学习过程中出现问题的基础上深入开展研究分析。第一，不断学习科学知识。知识的内容不是固化的符号，而是不断丰富、更新的动态的内容，学生和教师对知识的理解存在代际差异。教师需要在观察学生活动后描述、分析和解释相关知识，也就是说，他们需要使用术语来指代和联系学习过程中的要素，以有效地促进学生的学习。这就要求教师不断扩展、更新系统化知识内容。第二，加强构建知识的技术能力。当前，随着各个学科领域的不断发展和学科的交叉，知识爆炸式增长。尽管获取知识的方式更加多样，但知识是零散的。因此，为了减少学生因琐碎的知识细节带来的学业压力，教师应该具备整合知识的能力，理清知识脉络，帮助学生建立良好的认知结构，引导学生探索更深入、更广泛的知识。第三，加强解决问题的应用学习。学生应从现实问题入手，促进解决问题能力的系统发展。这就要求教师不断加强对前沿主题和学科最新成果的学习，从学生的角度了解他们在具体实践中可能遇到的问题，为解决学生的实际问题或激发他们参与学习的兴趣服务。通过“识别关键词”的具体方法，教师可以帮助学生解决问题。第四，完善高等职业教育教师职前培养职后培训一体化专业培养体系。经过多年的努力，中国建立了以教师培训为基础的促进教师专业发展的制度。

在当今基于网络物理系统出现的第四次工业革命飞速发展的关键历史时期，国家需要具有健康体魄、健全人格、理想信念、爱国主义、创新思维、人文素养以及德智体美劳全面发展的崇尚劳动的人才。培养优秀人才，就要有优秀的教师，这就决定了教师的专业发展也需要不断完善的制度体系支撑。在教师培养中，要提高师范院校的素质，提高教师素质，不断提高符合时代特点的教师职业道德。在高等职业教育教师培训中，要不断创新教师培训的方法，立足行业企业职业技能开展教育实践活动，加强教师专业技能培训，在行动中推进教师综合素质提升，加强个性化服务培训。教师专业发展需要注重教师教育的融合，突破教师职前培养、职后培训的管理模式，建立职前职后衔接的一体化创新人才培养机制。这不仅需要时间上的整合，也需要空间上的整合。敬业是高等职业教育教师专业知识和专业能力不断提升的前提和基础，需要在教师教育过程中不断呈现。教师育人需要用爱和智慧诠释，只有终身学习的智慧教师才能用爱培养出智慧的学生。

四、高等职业教育教师管理优化路径

高等职业教育教师管理是学校发展和提升教育质量的重要环节。优化教师管理是实现教育教学质量不断提升的关键之一。高等职业教育应该通过有效的措施来激发教师的积极性和创造性，提升教师队伍的整体素质和教学水平，进一步促进高等职业教育的可持续发展和教育教学质量的提升。

（一）做好高等职业教育教师思想教育工作

思想是行动的先导，认识是行动的动力。高等职业教育教师管理工作开展的先导和基础是做好教师的思想管理工作，在教师工作中给予积极鼓励和支持，使其以更大的热情投身于教育事业。

1.做好高等职业教育教师的思想管理工作

从教育哲学（人学）的观点来看，教育乃人之生成。这是教育的真正主题，也是“人的目的”的必然要求和具体体现。[①]人是一个非常复杂的有机体，只有全面、系统地了解他们的不同属性和社会关系，我们才能以务实的态度和正确的方法取得好的结果，包含生活论和价值论两个层面的意蕴。我们提出尊重、信任和关心，正是基于这一观点，即使是那些有更多缺点的人，也必须首先尊重、信任和关心他们，以便在不损害他们个性和自尊的情况下使其接受批评并帮助他们纠正缺点。在工作中，消极因素应该转化为积极因素，对人应该采取尊重、信任和关心的态度。否则，就不能达到调动积极性的效果。根据现代管理科学的“以人为本”原则，每一位管理者都必须牢牢把握做好管理人的根本原则，重视处理人与人之间的关系，努力调动和发挥人的自觉能动性。只有这样，管理工作才能做好。

2.在高等职业教育教师工作中给予积极鼓励支持

在高等职业教育教师管理的过程中应做到严格要求并耐心帮助高等职业教育教师思考问题，在工作中提供积极支持及依靠。首先，要加强对高等职业教育教师的思想教育，对教师的言行举止提出合理而严格的要求，使教师能够以高水平严格要求自己。对于个别教师的不当行为，有必要采取实事求是的态度，分析错误的情况及其发生的原因，并采取适当的方法或必要的措施加以纠正。其次，有必要对高等职业教育教师的缺点和错误保持耐心和帮助，看到他们的微小进步，同时允许重复思考以及再教育和帮助。此外，还应善于发现教师思维中的积极因素。最后，有必要对高等职业教育教师的进步有一个正确的估计。分配给他们的工作应该是适当的，每个人都应该充分发挥他们的才能，充分利用他们的专业知识。即使是犯过错误的老师，也要敢于量力而行。应帮助具有丰富教学经验的教师总结经验；要大胆放手，使教师真正做到“有权有势”，对在工作中确实取得成绩的教师，应当给予适当的奖励。

（二）满足高等职业教育教师正当的合理的要求

人们总是想要追求幸福，总是渴望获得这样或那样的东西。追求幸福是一个合法的教育目标。[②]人类的基本需求包括基本的物质需求，如衣服、食物、住所

---

① 蔡中宏. 教育社会发展研究：基于文化和人的视角[M]. 北京：中国社会科学出版社，2013.

② 伊曼努埃尔·康德. 论教育[M]. 宋渼译. 北京：教育科学出版社，2022.

以及防御和安全；与他人互动的需求，即社交需求；获得他人和社会认可、尊重和信任的“自我需要”。在当前职业教育改革的背景下，高等职业教育管理过程中要调动教师的积极性，了解和研究他们的需要，满足他们合法合理的要求。具体来说，主要是政治生活的需要、个人成长的需要、对休闲生活的需要。

第一，政治生活的需要。教师们都希望国家政治稳定、长治久安，希望在政治和社会地位上得到关心和尊重。教师需要在政治待遇上享受与普通干部同等的待遇，并在入党等政治方面得到一定的照顾和帮助，使其在共青团等学校活动中得到个人价值的发展。

第二，个人成长的需要。高等职业教育教师个人成长主要体现为教师个体需要释放自己的才能和力量。教师们渴望做好工作，为教育行业做出贡献，因此，他们希望充分利用自己的才能和长处。一个人如果有一定的天赋和专长，就会希望有机会表达自己，同时也希望自己的天赋得到社会的认可。如果一个人的长处和才能没有机会在这所学校得到展示，他们会觉得这里没有英雄的用武之地，可能会要求转岗。学校领导应该了解教师的心理，并努力为他们提供展示自己优势的机会。

第三，对休闲生活的需要。除了自己的工作和学习之外，教职员工希望有一个丰富而有意义的休闲生活。对于在偏远或山区等交通不发达地区工作的教师来说，这些要求将更加紧迫。文化生活中无法解决的长期贫困也会导致人们对自己的工作感到厌倦。

简而言之，无论从何种角度或方法进行分析，教职工的需求并不完全相同。我们必须分析哪些是合理的，哪些是不合理的，善于引导和培养教职员工的合理需求，并满足他们的合理需求，引导其正确处理个人和国家、集体之间的矛盾，以及短期和长期需求之间的矛盾。

（三）正确运用评比、奖励手段

学校的教育周期很长，教育工作的成效不可能立竿见影，要基于高等职业教育教学和工作的规律、特点正确运用评价和奖励手段。要调动教职工的积极性，必须采用奖励的方法。评价的目的是促进各项事业的发展，增强人们积极工作的动力和积极性，造福国家和人民。因此，它也是调动高等职业教育教师积极性的一种辅助和必要的方法。学校、班级、学科组和教师之间存在着客观的竞争。然而，如果学校领导有意识地组织评估，他们可以将竞争引向正确的轨道。如果不及时阻止不利于集体的行为，或不正确的行为轻易得到谅解和鼓励，就会使学校管理受到阻碍。因此，正确组织评价能够使集体和个人都有明确的目标，评估条件的提出有利于使每个人的努力与集体目标相一致；能够创造积极主动的局面，充分肯定教师个体的勤奋和智慧，缓解其压力；可以促进教师团队成员之间相互学习、相互指导、相互影响，推广好的经验。

简单地根据考试成绩来评估教师的工作质量，不仅不能满足学校任务的总体要求，还会影响教育政策的全面实施。实践证明，批评往往会引起怨恨。培养相互学习的良好氛围，以正面表扬为主要关注点，可以帮助管理者及教师更多地看到他人的长处。

（四）运用积极的教师激励模式

运用恰当的激励模式激发教师的积极性是一种动态而活跃的管理模式。该模式关注教师认知活动、情感体验的肯定和意志力的强弱等心理状态。通过科学地评估教师的积极激励模式，并使用适当的方式来激发教师对于工作的积极性、热情。评价是激励的基础并为之服务，激励建立在评价的基础上，基于理论研究和实践经验，我们认为激励教师主要有两种模式：个人需求模式和社会需求模式。

1.个人需求模式

个体有需求，需求有层次和类别。要激发人们的积极性，就必须注意满足他们的个体需求，这是调动教师积极性的个人需求模式的基本含义。从实际出发，对教师的需求进行评价和分析。通过创造良好和谐的人际关系和环境，教师可以在轻松愉快的环境中工作。通过人际关系诱导需求，将潜在的消极需求转化为积极需求，促使他们形成集体的积极力量，从而减少内部摩擦，确保学校教师管理的正常运作。首先，坚持言传身教的原则。古人说：“其身正，不令而行；其身不正，虽令不从。”所以，学校领导必须严格遵守各项规章制度。要求教师做什么，首先要以身作则，做表率。否则，思想政治教育激励就会变成空谈。只有人人公平、公正、平等地遵循规章制度，教师才能愿意接受指导。其次，抓住机遇，注重沟通技巧。许多影响教师动机的心理问题往往是由对人、对己、对事的看法不完整或不正确引起的，如人际关系障碍、观念差异等。在这一点上，领导者应该以共情和真诚为原则，并使用建议、谈话、咨询等方式以启发教师正确理解问题。最后，注重策略，为教师保密。在心理咨询过程中，不可避免地会触及教师隐私、心理和行为方面的某些缺陷。因此，通过对话或其他方式获得的信息绝不能被披露或泄露，否则会造成信任感缺失，甚至出现不堪设想的后果。

2.社会需要模式

教师个人职业发展需求与社会需求之间的一致性和契合度至关重要。在教育领域，教师不仅是个体，也是社会的一部分，他们的职业发展应该能够满足社会对教育的需求。教师个体应积极适应社会需求，并将自己的职业发展与国家和学校的教育目标相契合。教师需要意识到自己的工作是为了服务社会和国家，尤其是在教育领域，他们承担着培养未来人才的重要任务。因此，当个人需求与集体和国家需求存在冲突时，教师应牢记国家利益和集体利益的重要性，将其放在首位，不计较个人得失，努力将工作做好。

在实践中，引导教师正确处理个人与社会需求的冲突是非常重要的，这可以通过加强思想政治教育的实践来实现。通过思政教育，教师能够深入了解社会的发展需求和政策导向，培养正确的价值观和责任感。同时，教师也需要不断更新自己的知识和技能，与时俱进，适应社会发展的要求。

（五）逐步实行高等职业教育教师聘任制

我国《教师法》明确规定，学校应当实行教师聘任制。聘任制是指用人单位利用合同聘请相关人员到学校任教的方式。雇主有权雇佣和解雇，而个人有权被雇佣和拒绝。合同对双方的责任、权利、利益和任期做出了规定。

一方面，要坚持优化选拔，招聘人员的工作任务质量标准应分为几个级别并在招聘人员面前公布，允许所有应聘人员自愿申请职位，打破按资历排名的传统，让优秀的教师脱颖而出。目前，学校人才流动的合理方向应该是：从城市地区和教学实力强、人才密集的学校到教学实力弱、人才短缺的地区和学校，从大城市到中小城镇，从城镇到农村，从沿海到中西部及偏远地区。随着学校内部管理体制改革的深入，学校逐渐成为独立的办学主体。学校有办学的自主权，校长有聘请教师的权力。这对教师的选拔和任用是非常有益的。一段时间以来，聘任制在实践中发挥了重要作用：打破终身制聘任方式，优化了教师队伍，淘汰少数不合格的教师，保障大多数在职教师的权益。但与此同时，任命制度为单位领导人提供了更大的权力，个别缺乏操守的人只任命“贤惠”的个人和“亲密”的个人，“以权谋私”的现象会更加严重，不善于管理人际关系的人将“被权力所迫”。而且，聘任制的录用标准在实际操作过程中往往没有客观明确的标准。特别是对于富余人员的安置来说，这仍然是一个重大挑战，学校岗位往往有限，甚至无法

"自我消化"。

另一方面，从学校的外部管理和运行机制来看，高等职业教育教师聘任制作为社会制度的一个子系统，应在社会主义市场经济体制下实现人才的合理流动。领导者很重要，这是因为他们充当组织的精神支柱，在变革时期为组织指明方向，并对组织效能负责。[①]校长作为党和国家教育政策的执行者和学校工作的组织领导者，不应该仅仅停留在政策的"信息简报"上，更不应该是某种制度下的"维护校长"，而是要以党和国家确立的教育方针政策和当代教育发展规律为基础，结合学校的整体目标及发展理念，成为新管理模式的理性实施主体。学校应建立公平竞争机制。每一位教师在竞争面前都是平等的，他们的能力是评价的唯一标准。高等职业教育可以实行职称双轨制，既有国家批准设定的，也有按岗位设人、按岗位发薪的学校。只有这样，人才才能安排得当，才能淘汰论资排辈者，让优秀的青年教师脱颖而出。

（六）完善高等职业教育教师"非升即走"制度

"非升即走"制度的目标不应集中在"淘汰"上，而应集中于"支持"上。为了评估和筛选教师，高等职业教育必须投入资源培训年轻教师，确保足够的资源用于提高教师的整体水平，如合理的薪酬和理论指导；确保资源使用渠道的独立性，长期聘用的教师必须拥有独立的资源及一定的晋升渠道。

第一，中国高等职业教育在推进"非升即走"制度改革时，相较于美国等西方国家必须更加谨慎，应建立健全保障机制和"非升即走"权力增强机制。首先，高等职业教育要完善教师辞退制度和教师"走出去"经费机制，加强集中管理，成立专门机构统一管理被辞退教师的后续安置工作。其次，要拓宽横向范围，采用"升或降""升或调"等方式对现有教师进行内部挖掘和自我消化，如利用兼职、非全日制学习、短期就业，或转任助教、实验室等岗位。再次，要注意纵向分流，高等职业教育可以积极向行业企业等社会机构推广合适的人才资源，促进双方需求的满足。此外，中国应完善教师灵活流动的顶层制度设计，更好地整合这一体系的学术劳动力市场和社会保障体系。最后，要注重对教师科研能力的评价，把骨干教师从一系列教育科研活动中拉到任职前"非升即走"的轨

① 韦恩·K. 霍伊. 教育管理学：理论·研究·实践[M]. 范国睿译. 北京：教育科学出版社，2007.

道上。对于高等职业教育来说，有必要考虑教师在教学和人才发展方面的贡献。在教学考核过程中，不可能对他们实行就业前制度和“非升即走”制度，既要注重自查，又要注重定量与定性相结合的评价。要加强同行评审和合作企业外部评审同向并行实施的制度，高等职业教育应适当弱化“学术冠军”评价和筛选的特征，实施适应性和发展性的评估和评价。青年教师不应与学院其他老教师竞争，而必须与同等管辖权和资历的学者进行横向比较。

第二，实行灵活的“非升即走”工作调动机制，主要包括选择最具学术潜力的学者，设定有条件的截止日期，并淘汰不符合评估标准的学者。然而，也可能存在由于名额有限而无法晋升的情况，优秀的“晚熟”人才被淘汰。因此，我们不应该简单地考虑“晋升或离职”的淘汰制度，而应该建立一个人性化的就业和产出转移机制，给学者足够的发展空间。除了已设立的“终身职位”外，还可以为一些大器晚成的优秀学者设立“近终身职位”。未来，将他们提升为“终身职务”，对高等职业教育实施“不升不离”制度具有借鉴意义。如果评估不通过，原来的“不续签合同”将改为“一年后不续签原职位”，即“转岗后不升职或离职”，削弱了改革的“杀伤力”。合理的工作条件不仅是确保“晋升或离职”机制改革成功的基本要素之一，也是“筛选”的难点之一。当然，明确和具体的标准只能是授予长期教师职位的必要条件。此外，这些标准还必须经过国内外同行专家的评估，并得到同行的认可。

第三，引入“非升即退”的竞争机制和退出机制，探索“非升即退”和“非升则降”的多种退出模式，为被解聘教师提供发展机遇和平台，继续探索完善“非升即退”制度的相关支持措施，督促高等职业院校增强约束意识和责任感，实施“不升不离”制度，切实保障教师权益，畅通人才流动渠道，确保人才配置效益最大化。如果新聘用的教师在工作几年后没有得到晋升，他们独立选择的权利必须得到保护，并允许他们有更多的机会竞争职位。简而言之，高等职业院校必须给予所有教师同等的认可和机会，形成完善的职业规划。这种自由流动不仅为高等职业教育人才的发展提供了空间，也保证了各类人才都能选择最合适的岗位。

总体而言，应明确长期教学岗位的总体要求，明确长期教学岗位在教学团队中的位置，确保评估结果的科学性。在强调数量的同时，要适当增加“定性评价”，客观衡量新聘教师的综合表现，既关注教师现有的学术水平和发展潜力，也关注个人发展和学校的发展愿景，引导广大教师朝着高等职业教育师资队伍建设的方向发展。

（七）提高高等职业教育教师教学质量管理水平

提高教学质量是高等职业教育永恒的话题。衡量高等职业教育办学是否成功的主要标准是其培养的人才是否满足社会岗位对技术技能型人才的需求。目前，国内外许多高等教育机构借鉴了全面质量管理的理念，建立了以ISO9000系列标准为基础的教育管理体系，并开展了综合质量管理认证，在保证教育教学质量方面取得了显著成效。①将ISO9000标准的管理思想与管理机制引入职业教育的质量管理过程，不仅能够大大提升教育质量管理的水平，还能逐步形成规范的现代化教育质量管理模式。②提高高等职业教育教师教学管理水平，优化教学质量监控与评价的方法如下：明确教学质量目标，对每个教学环节和监测点建立科学严格的质量标准；充分发挥各级行政人员、教师、学生教育管理人员的保障组织职能，形成全方位、全过程的质量标准监控体系；采取适当的教学质量控制方法。

同时，应加强教师职业道德修养。高等职业教育教师必须充分认识职业道德修养的必要性和重要性，并在持续的教育教学过程中真正内化为个人道德品质。

提高高等职业教育教师素质也至关重要，强化教师评价体系，结合管理部门、同事、学生、教师自身的评价，促进成绩提升，纠正不足。还应提高教师科研水平。科研是教师增长自身知识的过程，通过科学研究，教师积累了经验，才能熟练地教授课程内容。只有这样，才能实现高质量的教学，培养具有创新意识、独创性和创新能力的新型人才。学校应鼓励和支持高等职业教育教师通过各种措施努力提高研究水平。青年教师必须具备较强的语言表达能力，用简明的语言向学生传授所从事的专业知识、实践经验和技能，并能将以上内容概括为易于学习和记忆的图表、公式等。

此外，没有高等职业教育研究生学历以及企业实践经验的教师，尤其是年轻教师，需要申请在职硕士学位以及每3年至少有超过6个月以上的企业一线实践经历。需要注意的是，高等职业教育里的老师应该来自世界各地、各行各业，并尽可能避免同一个“来源”。

---

① 田来社.影响高职院校教学质量的主要因素及对策[J].中国职工教育，2014（12）：52-53.

② 刘晓欢.职业教育质量研究专论[M].天津：天津大学出版社，2013.

第三节　高等职业教育教师薪酬管理与激励策略

在高等职业教育中，教师的薪酬管理和激励策略是关键的管理问题，直接影响教师的积极性和学校的发展。然而，我国高等职业教育教师的薪酬管理存在一些问题，如缺乏科学的评价体系、不公平的薪酬分配等。为了改善这种状况，需要制定符合原则的激励策略，并探索完善教师薪酬激励机制的路径。

一、我国高等职业教育教师薪酬管理存在的问题

当前，我国高等职业教育教师薪酬管理存在薪酬分配体系不符合市场规律、缺乏系统的绩效评价体系、缺乏长期有效的激励机制等问题。

（一）薪酬分配体系不符合市场规律

公平是高等职业教育教师薪酬管理的一个关键因素。目前，高等职业教育对工作性质的不同要求体现在不同工作级别和职位之间的工资价值观差异。高等职业教育教师多为知识型工作者，学历较高，知识结构丰富，创新能力强。因此，教师知识的价值不能用“各尽所能”的简单方法来衡量。我国高等职业教育的薪酬管理仍然主要基于传统的管理模式，薪酬分配体系不包括知识价值，导致教师的薪酬水平与市场上同类人才的薪酬相比存在显著差异。高等职业教育薪酬管理不符合市场情况的现象极易形成不公平的薪酬分配体系，而且不利于我国高等职业教育的发展。

（二）缺乏系统的绩效评价体系

高等职业教育缺乏系统的绩效评价体系，这对教师以及学校的整体发展都造成一定的负面影响。第一，缺乏系统的绩效评价体系意味着教师无法清晰地了解自己的工作表现和发展方向。没有准确衡量和认可教师的工作质量和贡献的评价指标，很难激励教师努力提升工作水平和创新能力。第二，缺乏系统的绩效评价体系使得院校难以辨别出有价值的教师和研究项目，从而无法有效管理和分配资

源。没有科学的评价机制，可能导致人才浪费和资源浪费，限制了高等职业教育的发展。第三，缺乏公正、科学的评价体系，可能导致教师之间的薪酬、晋升机会存在不公平的现象，从而影响学校的声誉和形象，这也可能降低教师的工作积极性和对学校管理的信心。第四，缺乏系统的绩效评价体系意味着学校无法有效监控和评估教师的工作质量和成果，难以及时发现问题并进行改进。这可能阻碍高等职业教育实现教育质量的持续提升和学校整体的发展。

（三）缺乏长期有效的激励机制

高等职业教育确实存在激励机制长期有效性不足的问题。目前，一些激励措施往往只是临时性的、一次性的，而缺乏系统化、长期化的考虑。这样的情况可能导致教师的工作积极性不稳定，缺乏对高等职业教育管理的持续信心。在引进优秀人才方面，一次性的激励机制，如较高的薪酬和福利待遇，可能会在短期内吸引教师加入，但如果没有持续的互补激励机制，教师在长期发展过程中可能会失去动力，这可能导致人才的流失和高等职业教育的稳定性问题。为了解决这个问题，高等职业教育应该着眼于建立科学、长期有效的激励机制，以促进教师的持续发展和投入。这种激励机制应当更加关注教师的职业发展路径和成长空间，建立长远的师资激励体系。同时，还需要考虑绩效评价、专业发展支持等方面的因素，为教师提供持续的激励和支持。

二、高等职业教育教师激励应遵循的原则

高等职业教育教师积极主动和创新的程度取决于激励制度的适用性，激励制度决定了组织的成败，在这一过程中需要坚持以下原则。

（一）个体差异原则

个体差异原则强调在激励过程中要认识到每位教师的独特性和差异性，针对个体开展有针对性的激励活动，实施多种方式、渠道、层次和差异性的激励措施。每个教师都有自己的个性特征、背景和发展需求，他们可能具备不同的工作习惯、教学风格、创新能力以及专业技能。因此，在制定激励机制时，需要针对

不同教师的需求进行细致的考虑和分析。为了充分挖掘激励对象的不同需求，可以采取多种方式、渠道和层次的激励措施。例如，可以提供不同形式的教育培训，满足教师的专业发展需求；可以提供灵活的工作安排，满足教师的个人生活和工作平衡需求；可以设立个人奖励制度或团队合作激励机制，鼓励教师之间相互学习与合作。在制定激励政策时，也需要有一定的灵活性和可变性，随着实际情况的变化进行不断优化和调整。通过对激励机制的不断反馈和改进，能够更好地满足教师的需求，提高其工作动力和积极性。

（二）动态调整原则

动态调整原则是指在高等职业教育教职工和行政部门管理中，激励机制应根据实际情况和不断变化的需求进行灵活调整和优化。在实际的管理过程中，教师和行政人员之间存在着个体差异和专业领域的不匹配。因此，单一的激励机制可能无法完全适应所有个体的需求和潜力。为了让激励机制更加有效地发挥作用，需要采取动态调整的原则。动态调整原则要求组织系统在管理过程中发挥重要作用。组织系统需要密切关注教职工的发展和变化，根据实际需求和行业发展趋势进行激励机制的调整和改进。这意味着激励机制不是一成不变的，而要根据不同阶段和需求不断调试和优化。同时，激励机制的动态调整也要求参与者不断适应和接受。教职工和行政人员需要理解和认同激励机制的调整，并将其视为内在行为的驱动力，而不仅仅是外在的奖励和激励手段。他们需要积极参与，不断调整自身行为和目标，以适应变化的激励需求。

（三）目标适度原则

目标适度原则是指在设定激励目标时，需要根据具体情况设定明确、适当、具有挑战性和可衡量性的目标。对于高等职业教育教师而言，设定合适的目标非常重要。首先，目标不能定得过高。如果设定的目标过高，超出教师的能力范围或现实情况，教师将感到无法实现，进而降低工作动力。教师可能因为目标过高而失去信心，从而影响教学质量和积极性。因此，在设定目标时，应考虑到教师的能力水平和实际情况，确保目标具有合理性和可达性。其次，目标也不能定得过低。如果目标过低，没有挑战性和激励效果，教师可能会失去动力和积极性，他们可能没有动力去提升自己的专业能力和教学水平。因此，在设定目标时，应以一定的挑战性来激发教师的潜力，并鼓励他们不断追求进步。再次，目标的设定还应具备衡量性和限制时间。目标要能够明确地衡量和评估，以便教师能够清晰地了解自己的进展和成绩。设定目标时还应限制完成时间，从而增加目标实现的紧迫感和动力。最后，目标的设定是一个动态过程。随着实际情况的变化和教师自身的成长，目标需要动态调整和修正。通过定期审视和反馈，可以对目标进行优化和适度调整，以确保其与实际情况相符。

（四）社会实用原则

社会实用原则是指在对教师的激励过程中，需要考虑社会发展的要求和趋势，以有效地激发教师的工作热情，并推动社会进步和发展。高等职业教育作为社会组织，在其发展过程中会受到各种内外部环境因素的影响。教师作为高等职业教育的核心力量，也会受到这些环境因素的影响。因此，在激励教师时，需考虑社会发展的要求，使激励措施更具社会实用性。首先，激励教师应与社会发展的要求相一致。高等职业教育教师不仅需要具备学科专业知识和教学能力，还需要紧跟时代发展的趋势。激励机制应鼓励教师不断学习和更新知识，提高教学质量和专业能力，以适应社会对高等职业教育的需求变化。其次，激励措施应促进社会进步和发展。高等职业教育教师的工作不仅仅是传授知识，更重要的是培养学生的实用能力和就业竞争力。因此，激励机制应鼓励教师开展产学研合作、参与社会实践项目等实践活动，以提升教学质量和促进学生的就业。最后，激励措施应体现社会的公益性和社会价值。高等职业教育对教师的激励不仅仅是为了个人利益，更要关注社会的发展和进步。激励机制可以通过设立奖励机制，激励教师在服务社会、推动社会发展方面做出突出贡献。

（五）公平竞争原则

公平竞争原则是指在对教师的激励中，要确保激励机制是公平、公开、公正的，让教师能够在合理的竞争环境中充分利用自身专业技能，并为公共利益做出积极贡献。公平竞争原则强调激励机制中的公平性。教职工都希望自己能够得到公正和适当的对待，不受歧视或偏爱。因此，在制定激励机制时，需要明确和公开激励的标准和规则，确保所有教师在同等条件下获得相应的激励。这有助于建立和谐的校园氛围，增强教师的满意度和投入度。此外，公平竞争原则还要求教师能够充分利用自身的专业技能参与竞争。学校应该提供适当的培训和发展机会，使教师能够不断提升自己的能力和水平。同时，激励机制也要鼓励教师通过学习和创新来增加自己的竞争力，实现个人和组织的共同发展。公平竞争原则的实现还需要民主参与和透明公开。学校应该建立激励机制的决策参与机制，让教师能够参与决策过程，提出自己的意见和建议。同时，激励机制的执行和结果也应该对教师进行透明公开，让教师了解激励措施的实施过程和标准，提高其对激励机制的信心和认可度。

三、高等职业教育教师激励向度

高等职业教育要想有效地激励教师，就必须从物质激励和精神激励两方面入手，才能更好地实现高等职业教育教师激励目标。

（一）物质层面的激励模式

物质层面的激励模式是一种调动人的积极性的行为，作为一种有效的管理手段一直受到高等职业教育管理者的重视。针对高等职业教育教师物质层面的激励主要从基本工资、福利、奖金、资助等方面开展，通过物质激励可以调动高等职业教育教师各项工作的积极性。

（1）基本工资。人力资源工作的首要目标是维持个体的生存，被称为“人类灵魂工程师”的教师也是如此。获得工资和补偿是维持这一点的基本需要。高等职业教育必须因地制宜，在基本工资方面为教师提供基本的物质保障。同时，还需要考虑教师作为知识工作者需要满足的基本生活水平，以确定高等职业教育教师的基本工资，这是确保制度稳定运行的基本要素。

（2）福利。除了教师的基本工资外，高等职业教育还需要为他们提供额外的补偿。它可以保证和提高高等职业教育教师的工作和生活水平，增强他们对工作环境的归属感。提高高等职业教育教师生活质量的方法有很多，例如为孩子提供学习机会、为个人提供全日制教育、休闲假期、假期津贴等。但在应用福利模式时，有必要考虑不同群体和水平教师之间的差异，选择有针对性的福利方法，实现个人目标与整体目标的统一，在实现目标的基础上最大限度地降低成本。

（3）奖金。奖金通常是对组织中员工完成任务或对组织忠诚的奖励，旨在加强积极行为，巩固组织想要实现的激励目标。高等职业教育也应该从教师的长期和可持续发展的角度来表彰那些实现了工作目标的教师，并鼓励他们通过一定的奖励来释放工作潜力和热情，以取得更好的教学成果。

（4）资助。高等职业教育的成本主要由学生的学费承担，但学校花费大量资金来支持教师的个人发展和学术研究是不现实的。高等教育管理部门可以通过与社会力量合作，通过企业引进相关技术，充分吸引、开放、放权各研究项目的资金，让教师充分利用各种机会进行研究，并在适当的时候实现自己的人生目标。同时，高等职业院校可以提供一些物质支持，只有让教师感受到温暖和集体关怀，他们才能自然而然地激发热情和创造力，从而献身于教育行业。

（二）精神层面的激励模式

教师管理中的精神激励是教育管理的一种重要手段，它能激发教师工作的主动性、创造性，避免强制行为所引起的方位心理和对策反映。针对高等职业教育教师精神层面的激励模式主要从以下几个方面开展。

（1）职业生涯发展。教师职业在社会上享有很高的认可度，因此高等职业教育教师职业本身就是教师成长的动力和内在的心理满足点。选择这个职业的人有更高的内在价值追求。因此，高等职业教育管理者需要创造一个可持续、稳定、不断带来新挑战的平台，让这些具有强烈自我实现意图的高等职业教育教师能够以自己的方式塑造人生目标，发挥优势，并尽一切努力实现这些目标。在这个过程中，管理者还应该尽可能考虑教师的现状，预测他们在追求目标时可能出现的问题，并制定有效的机制来帮助教师实现职业目标。

（2）成长成才。成长成才不仅是高等职业教育里的年轻教师的内心所向，同时也是所有有进取心的教师都希望实现的目标。他们希望在知识和技能上变得更强，以便更好地控制自己的生活，实现自己的人生价值。作为一名高等职业教育教师，尤其是年轻教师，他们通常希望不断提高自己的教学和学术水平，获得更多关键的专业技能，并在社会活动中使用这些技能。不断学习和成长不仅仅是指不断获得技能和能力，还包括继续学习的能力，甚至学习得更好更快的能力。在新世纪智能化速度惊人的情况下，这是一项很有竞争力的能力。高等职业教育之所以培养年轻教师的技能，是因为高等职业教育期待他们的成长，但同时也害怕年轻教师成熟后离开学校，这是一个矛盾的问题。高等职业院校应建立合理有效的用人机制，把握好调配与培养的关系，为自己造就一支高素质、高水平的教师队伍，使其成为高等职业教育发展的有效动力。

（3）职位晋升。在职业成长和发展的过程中，职位的晋升可以给人们带来满足感和成就感。在专业发展的过程中，高等职业教育教师不可避免地要争取晋升和进步，这种激励方式对高等职业教育教师具有重要的激励作用。一个善于教学的优秀教师不一定能成为一名合格的管理者，高等职业教育可以通过提高教师专业和技术水平来提高综合办学实力，为教师提供更为广阔的发展平台。

（4）尊重和理解。获得尊重和理解能给人带来巨大的心理满足。在高等职业教育的知识工作者群体中，这种感觉往往会更强烈地激励他们的行动，并成为他们的内在驱动力。这是因为教育水平越高，对高层次需求的渴望就越强烈。通过受到尊重和理解，教师的工作得到认可，教师的知识受到赞赏，教师将对自己的工作能力更有信心。当尊重和理解的需求得到满足时，教师往往表现出更积极的态度，并做出更大的努力来保持这种积极的感觉和良好的形象。同时，通过表达对教师的理解和认可，管理者也可以让教师更加尊重他们。因此，教师和管理者之间的关系变得更加和谐，管理者和被管理者之间的关系进入良性循环，往往会给激励带来倍增效应。

（5）荣誉激励。获得荣誉是每个工作领域的人的愿望。春秋时期的政治家管仲曾说："仓廪实而知礼节，衣食足而知荣辱。"现在，高等职业教育教师基本实现了"粮仓实"和"衣食足"。"知礼节""知荣辱"是一种高层次的要求。除了满足尊重和认可的需要，人们还希望得到他人的赞扬和认可。因此，应为优秀教师设立"优秀教师""模范个人""最美教师"等荣誉称号并予以表彰。这些表扬和表彰是对教师工作的肯定和鼓励。教师的内心会产生一股强大的力量，促使他们保持和发展自己的优秀行为，同时也会激励其他教师。

四、完善高等职业教育教师薪酬激励机制的路径探究

通过对国内外高等职业教育教师激励理论和实践应用的研究表明需遵循人才作为社会资源的基本管理原则，解决高等职业教育教师激励问题，以"以人为本"为指导，结合教师个体实际，完善高等职业教育教师激励机制，改善组织文化，加强教师培训和管理，制定良好的学习政策，为教师专业发展搭建良好平台，使高等职业教育教师得到合理的待遇。在设计激励机制时，应根据教师的知识结构、职称水平、能力水平、综合实力等对其进行分类。应选择多种激励管理

模式，为不同类别和级别的教师制定激励机制。努力为高等职业教育教师创建一个宽松适度的现代化激励环境，提供一个全面、合理、公平的评价体系，使教师能够积极参与工作，愉快、高效地执行教学和科研任务，从而全面促进教师的个人发展和高等职业教育的组织发展。建议采取以下有效措施。

（一）在市场规则的基础上建立薪酬体系

马斯洛的需求层次理论和ERG理论都明确指出，要实现激励效果，必须关注基本需求的满足。高等职业教育教师是公共机构劳动力的一部分。近年来，政府不断提高公务员和事业单位员工的工资。教师是以知识为基础的员工，并且比其他类型的员工具有更强的高层次需求，教师的经济人特征不容忽视。高等职业教育教师普遍认为，他们的工资水平反映了教师身份的价值，也是自尊和自我价值的基础和保证。如果高等职业教育想保持对优秀教师的吸引力，就必须努力提供薪酬激励。应该综合考虑当前的时代背景，结合学校的实际情况、当地的经济水平和人民的基本生活质量，努力使教师工资的增长跟上物价增长指数，并将当地人力资源部门倡导的年薪增长与当地平均工资水平相结合，为优秀教师提供有竞争力的薪酬。

（二）在公平理论的基础上建立绩效评估体系

只有实现公平分配、平等分配或按需分配，才能满足人们的要求。这意味着工资必须根据工作表现进行分配，也就是说，根据工作投资和取得的成果进行分配。人们喜欢比较，看看他们是否受到公平对待。经过比较，如果他们觉得总体上是公平的，他们会保持原来的工作热情；如果人们觉得自己的工资比完成同样工作量的人低或高，他们的心理就会受到影响。教师考核不是最终目的，而是激励和监督教师提高工作积极性、提高绩效、提高工作效率的一种手段，通过有效合理的绩效管理可以促进高等职业教育教师的发展和进步。

（三）在满足需求的基础上完善社会保障机制

高等职业教育的投资者和管理者需要明白，如果他们想稳定教职员工，就需要让教师没有后顾之忧。这就要求高等教育的领导者了解社会保障制度的各个方面，在满足教师需求方面具有前瞻性和解决问题的及时性，增加对有特殊成就的人才和行业内罕见人才的社会保险金额，增加住房公积金的份额，以及其他类型的社会保障福利，以保证高等职业教育教师退休后的生活质量。这样，高等教育机构才能有足够的向心力来唤起教师的主人翁意识，调动专业带头人、骨干教师和优秀教师的积极性，更好地留住他们，鼓励他们高效、积极地工作。

（四）在重视教学的基础上加大科研支持力度

专业学科的科研水平决定了一所高等职业院校在某一专业领域的影响力。一所高等职业院校培养的学生数量和质量决定了其在高等职业院校之间的竞争实力。高等职业院校要吸引、培养更多优秀学生，提升自身地位，必须坚持以科研促教学改革、以教学促科研、科研与教学共同发展的基本思路，重视支持教师开展科研工作。要重视并加大对教师科研资源的投入和各方面的支持，鼓励学校教师积极参加各种讲座、竞赛等相关专业活动，帮助教师从企业获得更多资金和技术支持，应该在科研成果的形成中发挥积极的引领作用，使学校的年轻教师能够迅速成长。

（五）在发展需求的基础上完善人才培养体系

知识型教师希望在自己的专业领域取得更多成就，这反映了他们在该领域的价值。高等职业教育应该使年轻教师职业成长与发展制度化，为他们提供培训机会，并激励他们专注于与人才培养相关的教学活动；高等职业教育应根据自身条件和要求，在培养时间和培养成本方面建立科学合理的支持机制，以提高青年教师的教育水平；为教师提供领导力培训，并关注其专业发展；应考虑对每个培训课程进行培训需求分析，充分发挥培训的作用，否则培训将成为青年教师的一种形式，甚至是一种负担。

（六）加强政府职能部门的调控职能

政府在高等教育领域扮演着重要角色，既是基础教育资源的提供者，也是行业发展的规范者和引导者。为了优化高等职业教育的薪酬体系，应加强政府职能部门的调控职能。首先，政府应当制定相关政策和法规，明确高等职业教育薪酬制度的基本原则和指导方针。政府可以制定薪酬制度的公平性、合理性和透明度要求，确保教师的收入与其工作贡献和水平相匹配。政府还可以出台激励措施，鼓励高等职业院校提升教学质量和学生就业率，以推动整体教育水平的提高。其次，政府可以加强对高等职业教育的宏观调控，确保薪酬体系的合理运行。政府可以设立独立的机构或委员会，负责监督和评估高等职业教育的管理和绩效。通过定期的评估和激励机制，政府可以对高等职业教育的薪酬制度进行监督和调整，以保证公正性和可持续发展性。此外，政府还可以通过投入教育资源和提供补贴等方式，为高等职业教育提供支持和帮助。

（七）建立多样化的激励制度

为了构建多样化的激励制度，高等职业教育的激励措施不仅要包括可量化的奖励，还要包括不可量化的奖励和福利待遇。在激励教师方面，除了奖金之外，还应提供其他形式的奖励和激励措施，以满足教师在工作和职业发展方面的需求。高等职业教育可以通过组织专业培训、研讨会和学术交流活动等方式，给教师提供学习和成长的机会。高等职业教育应注重教学设施的改善和教学资源的配置，为教师提供良好的办公条件和教学设备，以提升教师的工作效率和舒适度。此外，高等职业教育可以设立一系列的个人荣誉奖励，如教学成就奖、科研创新奖、教育服务奖等，以表彰和鼓励教师在各个领域取得的卓越成绩。这不仅能够增加教师的荣誉感和自豪感，还能够激发他们的热情，使他们更好地投入教育工作中。

（八）建立长期发展的薪酬待遇制度

校长的聘任制能够满足教师对于行政职位竞争的需求，但考虑到聘任制的长期性，当教师达到一定的职称水平时，很容易因为安于现状而对工作产生消极态度。因此，需要给教师一个不断成长和更新的目标，同时不能给他们的日常工作带来太大的压力。例如，在招聘人才时，要有短期和长期的目标与要求，合同的签订要有成长要求。如果不符合要求，应采取一定的处罚措施。在教师的聘用合同中，工资和其他福利应该与其成长挂钩，更高目标的达成要与工资挂钩，这样可以长期保持高等职业教育教师的工作积极性。

第四节　基于胜任力的高等职业教育校长聘任制度

高等职业教育教师管理过程中，校长发挥着不可替代的作用，本节内容试图从建立基于胜任力的高等职业教育校长聘任制度的角度切入对高等职业教育的管理，进而影响和促进高等职业教育教师的发展。基于胜任力的校长选任制度在高等职业教育中日益受到重视和应用，旨在评估候选人的能力、素质和潜力，以确定最适合的校长人选。本节将围绕基于胜任力的高等职业教育校长选任制度展开讨论，涵盖了现状剖析、选任特点、选任程序与方法以及关键的行为面试过程。通过深入研究和探索，可以更好地了解基于胜任力的校长选任制度的运作机制，以及其在提升高等职业教育管理水平和教育质量方面的作用。

一、高等职业教育校长选任制的现状剖析

对于高等职业教育来说，选择一位合适的校长是确保学校发展和提升教育质量的关键决策。只有通过正确认识和认知现状，才能推动高等职业教育校长选任制的进一步发展和改进，为高等职业教育的发展提供更好的管理和领导支持。这里我们将围绕高等职业教育校长选任制的现状展开剖析，探讨其存在的问题。

（一）高等职业教育校长选任制的现状

1973年，哈佛大学教授麦克利兰（D.C. McClelland）在他的论文《测量胜任力而非智力》中正式提出了“胜任力”的概念。其中提到，胜任力指的是与工作或工作绩效有紧密联系的技能、特征或动机，可以借此更好地预测实际工作绩效。一直以来，我国高等职业教育选任校长的流程和方法与普通高校基本一样，以任命制为主，即上级组织部门提前派人到学校调查，或者在相应区域开展民意调查，以推选出校长和副校长，并根据组织部门的具体要求安排职位。采用的甄选措施、校长任期和福利的相关规则均与选任干部一样。从实际情况来看，自中华人民共和国成立以来，与政府官员一样，高等职业教育校长和书记均有相应的行政级别，现在的设置是根据院校行政归属从副部级到副厅级，包括选拔和任命，也是以政府官员为基础，已经形成了一定的制度。2019年3月17日，中共中

央印发了修订后的《党政领导干部选拔任用工作条例》，吸收了干部人事制度改革的新经验新成果，根据新形势新任务对干部选拔任用制度进行了改进完善，成为党政领导干部选拔任用工作的基本依据。

结合工作实践不难发现，高等职业院校领导干部任命制在高等职业教育的实际发展中具有重要的推动性，主要体现在以下方面。

（1）确保党和政府对高等职业教育的核心领导，充分体现出党管教育、党管干部的本质。虽然高等职业教育校长的选任要经过相应的民主决策，考察师生的意见，但是最终决策还是由上级党委进行。

（2）确保高等职业教育工作保持一定的连续性和稳定性。党和政府一方面需要任用干部，另一方面需要提高干部的能力。接受任命的校长通常在上任前接受了相应的培训，接受了一些职位的磨炼，并在日常生活中进行有意识的检查。因此，新旧校长的工作承接得比较稳定、顺利。

（3）确保了高等职业教育的正确政治定位。由于现有的选拔标准、程序和方法与党政干部选拔模式一致，因此特别注重对候选人政治面貌的调查。这在很大程度上确保了候选人政治背景过硬，能够与党中央同步，通常不会在重大问题上走错误的道路。

（4）任用更有效。尽管选拔高等职业院校校长的程序很多，但上级党委和组织部门在实际工作中发挥着主导作用，有时党委领导的意见甚至起到主要作用。与耗时较长的西方国家高等职业教育校长选拔相比，我国高等职业教育校长选拔效率仍然相对较高。

（二）高等职业教育校长选任制的问题剖析

尽管有这些积极的影响和结果，但当前的高等职业教育校长选拔制度总体上仍面临许多挑战，它的选择标准、方法并不符合高等职业教育作为学术共同体的特点。因此，如果国家政策与高等职业教育的特征相一致，它们将发挥良好的作用；相反，它则不会顺利通过。它面临的主要问题包括。

（1）选拔任用标准的“官员化”倾向与高等职业教育校长“多面手”角色要求不匹配。[①]我国高等职业教育选任校长要基于一定的标准，实际选任的过程受

① 李德方. 我国高职院校校长选任的现状特点及问题研究[J]. 职教论坛，2015（19）：42-45.

党政领导干部选拔标准的影响较大，一般重视下面几种素质：强烈的革命奉献精神和责任感、较高的学术水平和声誉、优秀的组织和管理能力、曾在该校学习或工作。根据实际情况来看，上面的选拔标准在一定程度上体现了高等职业教育校长应具有的素质，不过算不上全面、严谨。目前，高等职业教育这一特殊的社会组织，已经从远离社会实际转变为与社会紧密连接，牵头与行业企业进行沟通交流，高等职业教育校长需要扮演的角色也随之产生了翻天覆地的改变，校长应该成为360°多方位发展的多面手。与世界上其他国家有着相似的经历，通过较长时期的建设和发展，尤其是在20世纪90年代，我国高等职业教育大范围的扩招以及落实创新型国家发展战略需要很多高素质人才，我国高等职业教育也踏上了全球职业教育发展的行列，它们正以前所未有的速度迅速发展，其发展目标、发展战略、发展方式也向世界先进水平靠近。高等职业教育也正从由政府主导发展的知识阵地向科研、人才培养和社会服务的学术共同体过渡，为社会发展不断注入能量。这就使得作为高等职业教育核心人物的校长不应只是负责管理学校的官员，还要发展为学术利益的代言人、国家政策的执行者、教师的榜样、社会利益的主动反映者。目前，我国高等职业教育实施的校长选拔标准还在向“官员化”靠近，与要求高等职业教育校长成为“多面手”的实际需求并不匹配，反而会继续使高等职业教育的管理趋向于行政化，我国的高等职业教育本身就具备行政划分属性，这有可能使高等职业教育校长将行政级别提升放在第一位，追求短期利益，甚至出现功利主义的恶习。

（2）选拔任用方式的“行政化”特征与高等职业教育组织“学术性”的本质属性不符。组织特征是不同组织间能够实现相互区分的独特的基本属性。要想更好地开展组织工作一定要清楚地认识和贯彻组织的基本属性。现实世界的社会组织有不同的种类，分为政治组织（政府组织）、经济组织（公司）和社会组织（如医院和学校）。[①]从客观上来看，我国高等职业院校校长也属于官员，他们的选拔自然遵循甚至模仿党政机关选拔任用官员的行政方式。该方法遵循组织程序，严格进行组织检查，并不符合高等职业院校作为学术性组织的基本特征。高等职业院校属于社会组织，即便与政治组织、经济组织等其他社会组织联系较为紧密，但归根结底它是一个教育的场所，具有公益属性，高等职业教育组织的主要目标是培养高素质、实用型、应用型、创新型人才，为社会和

① 李巧针.从大学的组织特性谈我国大学校长遴选制改革[J].江苏高教，2011（5）：23-26.

区域经济发展提供专业化技术支持和智力支持。为了达到以上效果，高等职业教育要致力于朝着充满自由气息、不懈追求真理、平等民主、知行合一的校园氛围发展，体现在高等职业教育校长的选任方面就形成了更高的要求，不仅要考察候选人的政治素质和领导能力，还要兼顾他们的学术水平和教育能力，找到符合要求的优秀培养对象的唯一方法是充分发展民主，吸引优秀教师作为后备培养干部，能结合学校的实际情况发表更为准确的观点。除此以外，还要赋予他们相应的知情权和发言权。

（3）选拔任用对象的"一体化"方式与高职教育"类属性"特征不吻合。中华人民共和国成立后，受到当时国情以及国际社会的影响，我国的大部分领域都选择了一味模仿甚至照搬苏联的相关模式，对于高等教育的专业发展，采用了"单轨制"。在当时，"高专"（高等专科学校）实际属于普通高等学校的扩大领域，同四年制高校对比来讲，属于更低一级的高等教育水平，但本质上是一样的。因此，对于此类学校的校长的选任同普通本科的方式一致。进入21世纪，我国社会发展日新月异，社会发展需要大量的技术型人才，我国高职教育发展受到了社会各界的重视，高等职业院校的数量和规模显著增加，同时也被定义为不同于普通高等教育的"类型教育"。大众化理论的提出者马丁·特罗教授认为，高等教育的大众化和普及化阶段不能采用唯一的模式，应采用不同的模式。而美国学者伯恩鲍姆则认为，采用不同模式的高等教育体系有助于社会和不同机构得到相应的满足。在他的专著《维持高等教育多样性》中，他从七个方面着手描述了高等教育办学的多样性。由此看来，对高等院校进行合理的分类是必要的，正如美国教育家伯顿·克拉克从系统论的角度分析的，有必要对众多院校进行适当的区分。作为提供技术技能型人才的主要机构，高等职业教育不可避免地具有与普通高校不同的功能和特点。简单地说，高等职业教育主要培养在实际生产中利用科学知识研发产品的技术人才，而普通高校则侧重于培养研究事物发展内在规律的学术人才；高等职业教育主要教授的是如何应用技术知识（程序知识），而普通高校则主要教授如何应用科学知识（描述性知识）。这一职能的差异和划分，必然会对教师的知识结构和素质，以及包括校长在内的管理人员的能力提出不同的要求，而现在所用的与普通高校一样的校长选任方式并不能满足高等职业教育的需求。

二、基于胜任力的高等职业教育校长选任特点

胜任力是指在特定职位或组织中，能够有效地衡量、体现个体在工作中的表现，包括相关知识、技能、态度、信念和动机。基于胜任力的校长选拔旨在最大限度地提高个人、职位和组织之间的一致性。因此，基于胜任力的高等职业教育校长选任通常是最有可能决定最成功的潜在候选人，与传统的校长选任相比，基于胜任力的高等职业教育校长选任有以下特点。

（一）选任标准与岗位要求高度一致

制定甄选标准是选拔任用的先决条件。具体来说，基于胜任力的高等职业教育校长的选拔应在校长岗位胜任力模型的基础上制定标准，该模型需要根据已有的校标样本来建立。分析校标样本依靠的指标是与工作绩效相关的一些指标，也就是工作绩效指标（Performance Criteria）。多数情况下，工作绩效指标指的是从组织整体来看，可以测定相应工作的产出指标以及实际产出同组织内其他单位或个人之间的关系的指标。此外，工作绩效指标不仅是能够用数字表示的，也涵盖了品质内涵和行为表现。涉及高等职业教育校长的工作，绩效指标主要是指学校在培养应用型人才、组织相关研究和社会经济发展方面的表现和影响，选任标准要与岗位要求保持高度一致。

（二）选任目标与组织愿望有效契合

高等职业教育校长的选任目标是找到最合适的候选人，确保其与学校的组织愿望有效契合。这意味着在选择校长时，应充分考虑候选人对高等职业教育的特定文化、办学方向、管理目标定位和发展战略的理解和适应能力。选任校长的目标与党和政府对高等教育机构的要求是一致的。党和政府鼓励高等教育机构发展具有特色和优势的专业化学科、培养高素质技能型人才，并注重产教融合、创新创业和服务地方经济社会发展。因此，校长的选拔目标也应紧紧围绕这些要求，选任具备相应胜任力的专业管理人士。选任校长的目标还体现了对学校未来发展的考量。校长的领导能力和战略眼光对于学校的长期发展至关重要。校长应具备良好的决策能力、卓越的组织管理能力以及领导团队的能力，能够准确把握高等

职业教育面临的机遇和挑战，制定合理的发展战略和落实方案。同时，选任校长的目标也为高等职业教育提供了一个重要机会，使其能够在领导层中引入更多具有行业经验和专业知识的人才，推动学校的创新发展。通过选任有能力的校长，学校可以更好地适应和引领时代变革，提升教育教学质量，促进学生的全面发展，进一步增强学校的影响力和竞争力。

（三）有利于选拔出具有潜力的理想人选

传统的选拔往往更侧重于测试候选人的外部特征，如知识和技能。这些特征一方面有助于测量和识别，另一方面在一定程度上与工作绩效有关。然而，在复杂的管理职位上，自我评价、动机和态度等深层次的品质往往是起决定性作用的。高等职业教育校长的职能是复杂的。由于使用传统筛选方法难以评估这些关键特征，因此通常无法对其进行有效评估。基于胜任力的选拔机制提供了解决这一问题的机会，能够选拔出具有潜力的理想人选，作为基础的能力选拔模型，其要素既包括知识和技能等明显特征，也包括价值观和动机等隐藏特征。因此，基于胜任力的高等职业教育校长选任制度有利于选出最有前途、最适合的人，有利于选拔出“潜力股”。[①]

三、基于胜任力的高等职业教育校长选任程序与方法

高等职业教育的校长选任是学校管理的重要决策之一，既关系到学校的发展和教育质量的提升，也关系到教师和学生的利益。在校长选任过程中，胜任力作为评价候选人能力和素质的核心标准之一，具有重要意义。通过科学的程序和有效的方法，确保胜任力的充分考量和准确评估，能够选拔出最具能力和潜力的校长人选，为高等职业教育的稳健发展和教育质量的提升提供坚实的基础。

---

① 李德方. 做一个胜任的校长：高职院校校长胜任力研究[M]. 北京：知识产权出版社，2015.

（一）明确选任校长职位

在胜任力理论的指导下，在选拔合适的高等职业教育校长人选时，需要根据学校的不同特点和需求明确所要选任的校长职位。不同的高等职业教育对校长的要求会有所不同，因此，选任过程中需要根据具体情况确定合适的选择标准和测试内容。首先，明确校长职位所需的知识。不同的高等职业教育可能有不同的专业领域和专业特长需求，校长在相关领域的学术背景和专业知识将是考虑的重要因素之一。例如，某些高等职业院校可能需要更注重应用技术的校长，而另一些可能需要更关注创新创业方面的校长。其次，明确校长职位所需的技能。校长作为学校的领导者和决策者，需要具备领导、管理、沟通、协调等各种重要技能。这些技能包括战略规划、团队建设、问题解决、人际关系处理等，都是校长职位的核心要求。再次，校长的素养也是选任的重要考虑因素。校长应该具备高尚的道德品质、良好的职业操守和社会责任感，以及良好的沟通能力、判断力和决策能力。他们应该能够带领学校走向成功，为教育事业做出积极贡献。最后，校长个人的动机也需要纳入考虑范畴。校长应当具备教育情怀、对高职教育事业的热爱和使命感，以及愿意为学校和师生的发展付出努力的意愿。校长的动力和目标与学校发展方向的契合度也是很重要的。总之，在明确选任校长职位时，需要考虑知识、技能、素养和动机等多个要素的匹配度。明确职位要求，制定合适的选择标准和测试内容，有助于选拔出最为合适的校长人选，为高等职业教育的发展提供坚实的管理基础。

（二）基于胜任力的职位分析

所谓的基于胜任力的职位分析，具体来说是利用特定职业或职位的胜任力模型，对该职业或职位所需人才的关键特征、组织环境和相关变量等因素加以研究得出该职位的人物需求“画像”。同过去进行的职位分析相比，基于胜任力的职位分析具有的特点包括：职位分析是基于从实际效标样本中测量的要素（即处于特定职位的人）；内容更加全面，不仅要注意外在的知识和技能，还要注意文化和动机等隐性因素；职位分析一定要同组织战略一脉相承，保证维护组织的整体利益。一个职业或组织要想更加全面地总结出与之相符的胜任力特征，就必须对职业或组织中的个人行为和表现加以研究。也就是说，任何一项工作中的人员都不是单独的，而是在组织环境、组织文化和组织发展过程中进行各项活动，因此，基于胜任力的职位分析能突出地展示出“人员—职位—组织”相符的特点。

（三）发布选任公告

不难发现，发布选任公告面对的对象越多，候选人的数量也越多。其中通常会包括选拔职位要求及说明、选拔范围、报名条件及资格、评选程序、遴选方式，以及时间安排等。某些类型的工作可能有特殊要求，一定要说明所需的特殊内容。多渠道推广可以极大地增加传播受众的数量。同以前采用的筛选方法不同的是，基于胜任力的初选不仅对个人信息进行考察，而且会在申请中根据工作分析结果开发出反映候选人能力特征的元素，以便于下一阶段的初步测试，提高筛选效率。

（四）报名与初审

初审内容分为资格审查和胜任条件这两部分。资格审查在许多领域都很常见，实行起来比较容易，可以按选任统治中的具体要求执行，包括学历、资历等。对胜任条件加以审查，一定要基于胜任力模型制定一套初步的能力标准，然后根据这些标准确定考试人员名单。

（五）基于胜任力的测试

基于胜任力的测试主要包括笔试和面试，是选任过程中至关重要的一个环节，实施起来也较为复杂。

1.笔试

笔试主要考查担任高等职业院校校长所需的基本理论、知识、方法和相关专业知识，特别是运用理论、知识和方法分析和解决校长工作中出现的实际问题的能力。试题包括客观题和主观题。客观题包括判断题、选择题（单选题、多选题）等；主观题包括辨析题、论述题、案例分析题、写作题、申论题等。试卷中试题的难易程度应合理安排，问题的难易程度应根据招聘职位需要具备的知识和技术的需求确定，从而能区分出不同水平。为了获得较好的笔试成绩，通常会结合《高等职业教育校长胜任力模型》等相关材料建立笔试试卷或试题库。在高等职业教育校长的选任中，候选人能够参加选任的前提是必须达到相应的资历、能力和学历要求，再考查参加选任人员应达到的知识储备和能力水平。

2.面试

与传统面试方法的不同之处在于，在高等职业教育机构进行的基于胜任力的校长选择面试需要结构化的面试方法。结构化面试是指根据特定职位和特定程序的能力要求，使用一套专门的问题评估标准和评估方法，评审团与候选人直接进行口头交流，评价应考者是否满足具体工作能力要求的人才测评方法。结构化面试主要有两种，行为描述性面试（简称行为面试）和情景性面试。[①]在进行行为访谈的过程中一定要遵循行为一致性原则。实现该方法的依据是，由一个人以往的行为能够预测其今后的行为。一个人经常丢三落四，那么他下次也很容易发生这种情况。这是一种高效的人才选择工具，可以有效地消除基于行为和目标的个人主观因素，也是根据人才能力选拔人才的重要测试工具。研究人员发现，非行为化面试与未来工作绩效之间的相关系数为0.05～0.19，而行为访谈与工作绩效之间的相关性系数为0.48～0.61。事实证明，与传统的非行为化面试相比，行为访谈的准确性和有效性明显较高。行为面试主要具有三个特点：第一，实地测试求证。通过候选人描述发生在自己身上的事，从中得到的信息较为真实、客观。第二，可靠性。进行行为描述面试，可以通过某些方式来确保信息更加可靠，如过程中涉及的细节和数据，应如实地记录下来，根据收集到的大量材料进行评判。第三，高成本效益。与传统面试相比，面试的反复次数减少，能够缩短招聘时间周期，提高面试的经济回报。

（六）基于胜任力的背景调查

基于胜任力的背景调查是确保组织能够选择最合适的高等职业教育校长候选人的另一个保证。通常会利用目前党政领导干部选拔和考察的一系列方式，如进行单独谈话、填写意见征求表、民主测评、实地考察、资料审查、专项调查、与考察对象面谈等。其中，需要引起重视的一点是，与党政领导人选拔和任命开展的调查存在不同之处，基于胜任力的背景调查一方面要确定候选人的基本个人信息是否属实，另一方面还需要调查在前面的流程中没有深入分析的胜任力要素以

---

① 基国林，李德方. 基于胜任力的高等职业教育校长选任面试探析[J]. 职业技术教育，2015（20）：64-67.

及其他相关问题。因此，必须根据《高等职业教育校长胜任力模型》和其他相关材料仔细设计用于背景调查的问卷等其他工具，确保调查的有效。为了确保申请人得到尊重，应在履行信息义务之前以及在收到申请人的签名和同意后进行背景调查。

（七）讨论并确定人选

在高等职业教育校长选任的过程中，一旦行为面试阶段完成，就可以根据既定的选拔计划，对一定数量的总体排名较高的候选人进行统计。这个统计数据可以提供给相关决策者进行讨论和比较，以便最终做出准确的招聘决定。

讨论环节是非常关键的一步，因为它提供了一个机会，使决策者能够共同评估和审查候选人的表现、能力和潜力。在讨论过程中，决策者可以就候选人展示的领导风格、管理经验、教育理念等方面进行深入交流和思考。他们可以讨论候选人的优势和挑战，评估候选人与学校发展目标的契合程度，并考虑候选人在面试过程中表现出的潜力和适应性。

讨论过程中，相关决策者需要充分利用和权衡各种信息和观点，并秉持科学、客观和公正的态度。他们应该仔细研究候选人的简历、面试表现和参考资料，以确保决策建立在充分了解候选人能力和素质的基础上。同时，决策者还应尊重多元意见和专家意见，以确保选择出最佳的人选。

最终，根据决策者的讨论和比较，将宣布选出的人选。这一过程需要遵循相关程序和规定，确保决策的科学性和合法性。

四、基于胜任力模型的高等职业教育校长选任行为面试设计

上面介绍的基于胜任力的高等职业教育校长选任程序中，对候选人进行结构化面试是较为重要的一步，尽管行为面试和情景面试都使用详细的职位描述来创建结构化的表格，但这两种类型的面试是当前人才选拔中使用最广泛、最有效的评估方法。由于高等职业教育校长职位的特殊性和复杂性，因此选择行为面试作为校长选任的主要测试方式需要制定行为面试方案、设计行为面试问题、实施行为面试。

（一）制定行为面试方案

一个科学、完整、可行的面试计划是行为面试成功的保证。行为面试计划通常包括选择考官、准备考题和安排考场。

1.选择考官

行为面试是由考官主导进行的，因此考官的个人素质对面试结果会产生很大的影响。对考官的具体要求包括人品正直、修养较高、工作经验丰富、知识渊博，有较强的人际交往能力、良好的自我认知、明确选任职位的要求等。为了尽可能确保面试过程的客观性和公正性，以及面试结果的准确性和可靠性，面试官人数最好是由5到9人的奇数组成，成员包括来自上级组织单位的代表、经验丰富的关键代表以及心理学、教育学专家代表。

为了减少面试过程中面试官的偏见，在进行行为面试之前，面试团队必须接受适当的培训。除了在面试小组成员之间建立和谐的合作关系外，培训还应侧重于规范评估标准、改进问题和明确成员之间的责任划分。

2.准备考题

考题应能反映候选人应具备的个人素质，如知识、技能、文化和动机等。问题的根本原因在于以往发展起来的高等职业教育校长胜任力模型的内容。由于时间等因素，现阶段不可能也没有必要考虑所有能力要素，因此，有必要对能力模型的要素做出决定，并选择8～10个关键要素进行审查。

为了方便工作并最大限度地减少审查人员在审查过程中犯下的错误，为了反映结构化面试的优势，在确定测试问题后，必须同时设置每个问题的审查标准。排名通常基于10分制，也可以使用5分制。

3.安排考场

考场的环境也会影响面试结果，所以这一环节应引起重视。基本要求如下。

第一，考场要整洁、明亮、安静。

第二，考场面积不能太大，也不能太小，通常为30～40平方米（如果条件允许，最好选择宽敞、有品位的场所作为考场）。

第三，适当的温度和照明。

第四，每个独立的考场应根据考生人数设置候考室。候考室必须与主考场保持一定距离，避免影响考试的顺利进行。

（二）设计行为面试问题

在行为面试问题的设计过程中，核心要素的选择、问题的转化和行为指标的设计都是至关重要的。通过合理选择核心要素、巧妙转化问题以及设计准确的行为指标，可以充分评估校长的能力、经验和领导风格等，从而得出对学校发展有利的选任结果。

1.核心要素选择

为高等职业教育校长胜任力建立的“格式塔”模型设置能力要素，这些要素的知识可以借助笔试来评价，考虑要素本身的性质（其中一些可以通过背景调查来实现）、测试时间和其他因素，依据准确、科学和简单的原则，根据德尔菲法，全局观念、战略思维、分析判断、行动力、公共关系、创新意识、自信、绩效导向是行为面试中需要评估的八个关键因素，其中，战略思维、分析判断、行动力、公共关系、绩效导向是专业学校优秀管理人员的特征，如表6–1所示。

表6–1 在行为面试环节考察的胜任力要素

序号	胜任力要素
1	全局观念
2	战略思维*
3	分析判断*
4	行动力*
5	公关关系*
6	创新意识
7	自信
8	绩效导向*

备注：*为优秀高等职业教育校长胜任力要素。

2.问题转化

进行行为面试时必不可少的一步是，把表6–1中的核心要素用一系列问题体现出来，同时，这些问题一定要凸显出行为性，不能局限于理论性或指示性。所谓行为问题，就是反映主体行为的特征、状态、过程和结果的问题。与候选人的过去有关的行为中一个或多个技能要素的信息是通过要求他们确认自己过去在特定情况、任务或背景下实际做了什么来获得的，主要是为了利用候选人以往的表现从而评估其之后会采取的行为。同行为问题相比，理论问题主要涉及主体的价值判断和意见，而不是他们真正的行动。然而，指示性问题通常会对被提问者诱导，然后将其纳入他们的感知结构中，因此，它不能反映真实的情况。同时，要避免方向性问题，以免对面试者的主观意识造成混淆性引导。

3.设计行为指标

一旦要验证的能力要素转化为行为问题，就必须根据行为的水平和结果来细化这些问题，以便在面试中进行赋值打分。也就是说，有必要为每个问题制定行为指标，并添加相应的分数。

一般来说，一套基于胜任力的行为面试问题具有以下特点。

（1）问题是开放性的。受访者不仅仅是回答“是”或“否”，更是要求他们使用更多的语言，从丰富的语言表达中获得更多的信息，以便更好地评估受访者的能力。

（2）突出最近的例子。如果受试者总是吹嘘自己多年前的荣誉，但总是回避最近产生的荣誉，这应该引起面试官的注意。

（3）注意主题的内在联系。当评估相同的潜力时，你可以问几个不同的问题来相互验证，并检查它们是否相互矛盾。

（三）实施行为面试

行为面试的基本过程可分为三个阶段：预备阶段、正式面试阶段和结束阶段，如图6–2所示。

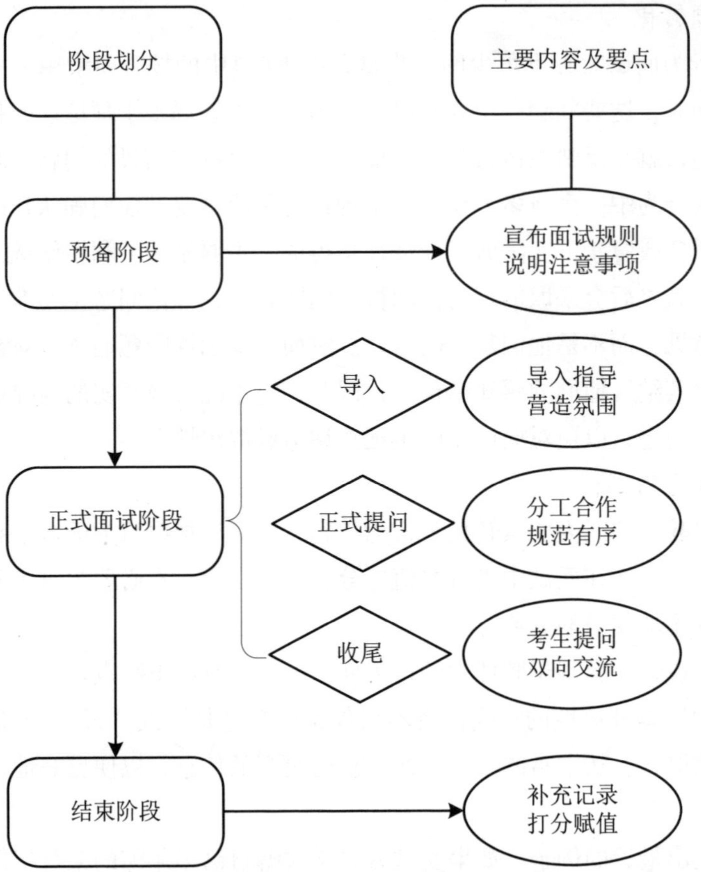

图6-2 行为面试流程图

（1）在准备阶段，面试代表向受试者解释面试程序、规则和其他相关主题。同时，一些准备工作，如抽签决定考生的面试顺序，也必须在这个阶段完成。

（2）面试的正式阶段通常包括三个阶段：介绍、正式面试和总结。在导入时，考官通常会提供结构化的建议或指导，以营造轻松愉快的氛围，帮助参与者放松，并积极回答相关问题，以评估他们的真实状态和水平。如果你问一个正式的问题，提前安排好由谁进行提问以及提问的次序，不同考官负责一定的领域并占据着不同比重，确保全面协调、和谐合作。考官提问大体上会按照先简单后困难、先具体后抽象的方式，首先应测试参与者的知识、技能等比较表面的因素，再测试素养、动机等深层次的因素。收尾时，可以对参与者进行常规的提问，还应让他们有机会说出一些自己比较关注的问题，这些问题反映了双边沟通和结构化访谈中的互动特征。值得注意的是，整体观念、分析判断、行动能力、创新意识是合格高等职业教育管理者能力的特征，也是学校管理者必须满足的基本要求。战略思维、公众意识、信心和绩效导向这四个要素是高等职业教育优秀领导者的显著特征。

（3）结束阶段包括面试官对正式调查阶段的监督和评估，补充和改进记录以及评分。这一阶段还可用于就面试过程中提出的问题进行简要交换意见。完成后将评分表交由专门统计人员汇总计算。

第七章　新时期高等职业教育学生管理

随着我国经济、社会、文化的发展，高职院校的学生呈现出复杂、多元的特点，产业升级和经济结构调整不断加快，高职院校的学生管理工作面临着新的机遇和挑战，高职院校学生管理工作的繁杂性和艰巨性不断增强，传统的学生管理模式与方法已经不能够满足现阶段高职院校的实际需要。在这种背景下，摆在学生管理工作者面前的一个现实问题是高职院校学生管理工作应如何更好地面对大数据所带来的新形势和新技术，如何大力推进高职院校学生管理工作的信息化建设。

第一节　基于信息化的高等职业教育学生管理内涵

信息化源自现代通信、网络和数据库技术，是基于计算机智能工具培育和开发新生产力的历史过程，旨在使其有利于社会发展。信息化最早由日本学者梅棹忠夫提出，在其撰写的《论信息产业》中，他将信息化定义为“信息化为计算机化、通信现代化、行为合理化的总称”。自此，信息化的概念逐渐被全世界所运用，其中也包括中国。我们不难发现信息化是一个集生产力与生产关系为一体长期发展过程。相反，其他学者的定义则将信息化设置在现代信息技术的应用实现高水平的背景下，着重于对全社会信息资源的高度共享，以推动社会经济的高速和高效发展。

一、学生管理理念的信息化

“以学生为本”的管理理念是信息化学生管理的核心。在传统的学生管理模式中，学生通常处于被动接受的状态，而信息化管理则更加强调学生的主体地位，注重学生的个性化需求和全面发展。高等职业教育应该建立“以学生为本”的管理理念，充分尊重学生的权利和尊严，关注学生的成长和发展，利用信息技术为学生提供更加优质的教育服务。信息化学生管理更加注重信息公开和透明。学生作为高等职业教育的主体，有权了解自己在学校中的各种信息，如学业成绩、活动参与、奖惩记录等。高等职业教育应该通过信息化手段，及时更新和发布学生信息，保障学生知情权和参与权，同时鼓励学生参与到学校的管理和决策中来，增强学生的归属感和责任感。

二、学生信息管理的信息化

学生信息管理的信息化是高等职业教育学生管理的重要组成部分。在信息化背景下，通过现代信息技术手段，对学生信息进行全面、准确、高效的管理，能够提高管理效率、提升服务质量、保护学生隐私，同时也能够更好地满足教育教学和学生全面发展的需求。

实施学生信息管理的信息化要根据学校的实际情况和发展需求，制定学生信息管理信息化的总体规划和实施计划；明确目标、工作内容、时间节点和责任人；组建由信息化技术人员和管理人员组成的团队，负责学生信息管理信息化的实施和运维；建设高速、稳定、安全的网络环境，配备必要的计算机、服务器、存储设备等硬件设施，确保学生信息管理系统的正常运行。

要实现学生信息管理的信息化，必须建立完善的学生信息管理系统。这个系统应该包括学生的基本信息、学籍管理、选课系统、考试系统、成绩管理、奖惩记录、实习就业信息等全方位的信息，同时也要保证数据的安全性和隐私性。这个系统的建立需要学校各部门之间的协作和配合，同时也需要不断更新和优化系统功能，以满足学生和学校管理的不断变化和增长的需求。此外，学生信息管理信息化的实施需要有一支高素质的管理队伍。这支队伍应该具备信息化素养和技能，能够熟练地使用信息化管理工具和应用信息化管理系统，同时也应该具备严谨细致的工作态度和责任心。学校应该通过培训和学习等方式，不断提高学生信息管理队伍的素质和能力，保证学生信息管理工作的顺利开展。

三、学生管理服务信息化

学生服务信息化是高等职业教育发展的必然趋势。传统的学生服务方式存在服务效率低下、服务质量不稳定、服务资源不足等问题，而通过信息化手段，可以有效地避免这些问题，提高服务效率和质量。同时，学生服务信息化也可以更好地满足学生的个性化需求，为学生提供更加便捷和高效的服务，提升学生的获得感和满意度。

（一）学生管理服务信息化的实施方式

一是建立全面的信息化服务体系。要实现学生服务信息化，必须建立全面的信息化服务体系。这个体系应该包括学生入学、选课、成绩管理、奖惩记录、实习就业等全方位的服务内容，同时也要保证服务的便捷性和高效性。这个体系的建立需要学校各部门之间的协作和配合，同时也需要不断更新和优化系统功能，以满足学生和学校服务的不断变化和增长的需求。二是提升学生服务信息管理队伍的素质和能力。学生服务信息管理队伍的素质和能力是实现学生服务信息化的关键。这支队伍应该具备信息化素养和技能，能够熟练地使用信息化服务工具和应用信息化服务管理系统，同时也应该具备严谨细致的工作态度和责任心。学校应该通过培训和学习等方式，不断提升学生服务信息管理队伍的素质和能力，保证学生服务信息化的顺利开展。三是开发智能化的信息化服务工具。智能化的信息化服务工具可以为学生提供更加便捷、高效、个性化的服务。比如，开发移动终端应用，可以让学生随时随地地查询课程信息、成绩信息、奖惩记录等，也可以为学生提供在线咨询和服务等功能。

（二）学生管理服务信息化的保障

学生管理服务信息化的保障需要从政策支持、管理制度、人才队伍、数字化校园建设和社会力量合作等多个方面入手，建立起全面、协调、可持续发展的保障体系，为学生管理服务信息化提供有力的支持和保障。

一是要政策支持和领导重视。学生管理服务信息化工作需要得到学校领导的高度重视和政策支持。学校应该将学生管理服务信息化纳入学校整体发展规划中，制定相关政策措施，提供充足的经费支持，并建立由学校领导牵头的信息化管理委员会，对学生管理服务信息化工作进行统一指导和协调。同时，学校需要加强对信息化工作的宣传和教育，提高师生员工的认识和意识，形成良好的信息化氛围。

二是要建立健全信息化管理制度。学生管理服务信息化工作需要建立健全的信息化管理制度，包括信息安全、数据管理、系统维护等方面。学校应该制定相应的管理制度和操作规范，确保信息化工作的规范化和制度化。同时，要明确各部门的职责和权限，建立起有效的沟通协调机制，保障信息化工作的顺利推进。此外，学校还需要加强对信息化管理人员的培训和学习，提高他们的信息化素养和技能水平，增强他们的责任感和使命感。

三是要加强人才队伍建设。学生管理服务信息化工作需要加强人才队伍建设。学校应该建立一支技术精湛、结构合理、精简高效的信息化人才队伍，加强信息化人才的培养和引进。这支队伍应该具备信息化管理能力、信息技术应用能力、信息安全防范能力等，能够为学生提供更好的信息化服务。同时，学校可以积极引入外部资源，例如，通过购买社会服务、实行岗位交流、健全产学融合等方式，引入外部优质资源，推动信息化人才队伍的全面发展。

四是要推进数字化校园建设。数字化校园建设是学生管理服务信息化发展的重要基础。学校应该积极推进数字化校园建设，包括网络覆盖、数据中心建设、数字化教育教学等方面，提升数字化水平，为学生管理服务信息化提供良好的环境和条件。同时，学校需要加强数字化校园与信息化管理的深度融合，实现数字化校园与信息化管理的有机结合和相互促进，提高数字化校园的智能化程度和服务水平。

第二节　高等职业教育学生管理的重点

高等职业教育培养的学生是国家未来的栋梁，他们的成长及发展直接关系到国家发展的趋势。通过加强思想政治教育，可以增强他们的爱国主义精神、社会责任感和道德修养，提高他们的综合素质，为国家的发展和繁荣提供有力的人才支持。加强思想政治教育能够培养优秀的人才。通过全面深入地加强大学生思想政治教育，可以培养出拥有坚定的理论信仰和爱国情怀的优秀人才。这些人才在未来能够积极参与工作和社会建设，发扬爱国主义、集体主义和社会主义精神，推动社会发展，为国家的繁荣做出贡献。思想政治教育是社会或社会群体用一定的思想观念、政治观念、道德规范，对其成员施加有目的、有计划、有组织的影响，使他们形成一定的思想品德的社会实践活动。可见，思想政治教育是社会不断提升其成员的道德品质与规范的重要方法，同时也是个人把社会规范、道德观念不断内化的过程。

一、加强高等职业教育学生的思想政治教育

高等职业教育是培养技术技能型人才的重要阶段，加强学生思想政治教育对于塑造他们正确的人生观、价值观和世界观具有重要意义。为了有效开展高职院校学生思想政治教育工作，需要遵循管理原则、明确教育任务并采取相应对策。

（一）思想政治教育管理的原则

习近平总书记在全国教育大会上提出，“思想政治工作是学校各项工作的生命线”，大学生思想政治教育对于培养学生正确的人生观、价值观和世界观具有重要意义。为了有效管理和推进大学生思想政治教育工作，需要遵循方向性原则、科学性原则和系统性原则。

1.方向性原则

方向性原则是指高校学生思想政治教育管理活动必须以国家教育政策和方针为依据，使我国大学生思想政治教育服务于建设繁荣、民主、文明、和谐、美丽的社会主义现代化国家。大学生思想政治教育管理应遵循方向性原则。当前，中国是世界上最大的发展中国家，为了实现共产主义的终极目标，经济的蓬勃发展需要大量的高素质科技人才，只有通过教育才能满足人才培养的需求。教育作为上层建筑，应积极适应和促进经济基础的发展。因此，与思想政治教育密切相关的思想政治教育管理活动也应积极适应经济建设的需要。①

2.科学性原则

科学性原则是指高校学生思想政治教育管理应遵循客观规律，采用一系列创新的管理理论和管理方法，使高校学生思想政教管理符合科学标准。大学生思想政治教育管理活动必须使管理规律符合并遵循思想政治教育规律。大学生思想政治教育与对意识形态的认识密切相关。理论联系实际是思想政治教育的生命，促进大学生重视自我教育是思想政治教学的价值所在。在大学生思想政治教育管理中，应注重大学生思想政治教育的实践性和个人的自我教育。大学生作为高校思想政治教育的主要对象，需要深入挖掘自己的心理世界，了解自己的需求，与教育者产生心理认同，才能更好地开展思想政治教育，找到正确的大学生思想政治教育管理方式。

3.系统性原则

国际国内环境因素对大学生思想政治教育的影响不容忽视。思想政治教育既是阶级政治的产物，也是时代的产物。在时代背景下，大学生思想政治教育应根据国际国内环境的变化，不断更新教育内容，创新教育方法。同时，高校环境也是影响大学生思想政治教育管理的一个重要因素。大学生思想政治教育管理体系

---

① 石加友，苗国厚. 大学生思想政治教育管理学[M]. 北京：光明日报出版社，2022.

包括许多部分，这些部分是不可分割的、相互联系的。只有厘清这些部分之间的关系，强调系统性，各个部分才能相互配合，形成各级协同工作的管理模式，提高大学生思想政治教育管理的凝聚力、感染力和管理协同性，更好地促进大学生思想政治教育的发展。

（二）思想政治教育任务管理

高等职业教育思想政治教育管理涉及宣传思想教育管理、思想政治教育教学管理、思想政治教育活动管理、日常行为养成教育管理、安全稳定教育管理等多方面内容。在高校各方协同参与，且保证我国高等教育社会主义方向的前提下，通过思想政治教育任务管理体系，实现学生思想政治教育的协同育人功能。

1.宣传思想教育管理

高校宣传思想教育工作的管理责任主要由学校党委宣传部承担。作为高校宣传思想工作的核心部门，党委宣传部的工作职责主要包括指导全体师生学习思想政治理论知识、建设校园精神文明、弘扬校园文化、管理活动等。贯彻党的教育方针的前提是始终坚持社会主义大学的方向，这是党委宣传部的首要任务。坚持社会主义大学方向是我国高校思想教育管理的总方针。党委宣传部履行职责的首要前提是认识和坚持这一教育方向。从本质上讲，它也是对中国大学的性质、目标和途径的集中总结。

2.思想政治教育教学管理

高校思想政治理论课应始终围绕“培养谁”和“如何培养人”这两大目标，以此为出发点和落脚点，建立科学高效的管理体制和运行机制。高校思想政治理论课教学管理由马克思主义学院或高校思想政治学理论课教学部共同承担，党委宣传部、教务处领导配合。领导由学校党委书记担任，副职领导通常由分管教学的副校长和分管学生工作的副书记共同担任。指导委员会通常由思想政治理论课教学单位的专家和教务处相关监督部门的成员共同担任。独立的思想政治理论课程教学研究机构是开设马克思主义理论课的载体和平台。此外，通过教学研究的探索，旨在促进思想政治理论课各项课程教学质量的优化，把握思想政治理论课程教学规律，引导思想政治理论教学改革方向，切实提高思想政治理论课堂教学质量。

（三）加强高等职业教育学生思想政治教育对策

作为高等教育的重要组成部分，高等职业教育承担着培养高素质技术技能型人才的使命。在学生的专业知识培养之外，加强思想政治教育是高职院校的重要任务。加强高职院校学生思想政治教育，旨在提高学生的思想政治素质，增强他们的社会责任感和道德观念，培养健康、全面发展的人才。具体来说，可以通过以下方面加强高职院校学生思想政治教育。

第一，强化实践教学。通过实践活动，可以让学生更好地理解和掌握思想政治理论知识，同时也能够培养学生的实践能力、创新精神和团队协作精神。可以组织学生参加社会实践、科技创新、志愿服务等活动，让学生在实践中感受社会、了解社会，增强社会责任感和使命感。

第二，重视心理健康教育。学生的心理健康是思想政治教育的重要组成部分。应该加强心理健康教育，使学生具有良好的心理素质和健全的人格，帮助学生解决心理问题和困惑，提高自信心和自我调节能力。

第三，推进信息化技术的应用。利用信息化技术可以拓展思想政治教育的途径和手段，提高教育的趣味性和实效性。可以通过建立校园网站、微信公众号、在线课程等途径，让学生更加便捷地获取思想政治教育资源，增强思想政治教育的效果。

第四，加强学生自我管理。应该引导学生参与自我管理，提高学生的自我约束和自我管理能力。可以通过学生会、学生社团等组织形式，让学生自主开展思想政治教育活动，培养学生的自我认知和社会责任感。

第五，促进思想政治教育与其他学科的融合。思想政治教育并不是孤立的学科，应该与其他学科相互融合，形成全面的教育体系。可以通过开设相关课程、组织跨学科活动、推进学科交叉等方式，丰富学生的知识结构，提高学生的综合素质和创新能力。

二、高等职业教育的德育管理方法

高等职业教育作为培养技术技能型人才的重要阶段，德育工作在学生全面发展中起着至关重要的作用。为了有效开展德育工作，高等职业教育需要探索适合自身特点和目标的德育管理方法。

（一）思想道德教育的主要内容

当前，思想道德教育的主要内容包括世界观、人生观和价值观教育。通过让学生了解世界，理解人生的意义和价值，树立正确的世界观、人生观和价值观。道德品质教育包括社会公德、职业道德、家庭道德和个人品德等方面的教育，培养学生的道德意识、道德情感和道德行为。爱国主义教育的目标是通过让学生了解国家的历史、文化和传统，培养学生的爱国情感和爱国意识，增强学生的国家意识和国家责任感。理想信念教育通过让学生了解各种社会思潮和思想体系，培养学生的思想意识和思想觉悟，树立正确的理想信念。传统文化教育则通过让学生了解中华优秀传统文化，培养学生的文化自信和文化自觉，增强学生的文化素养和文化底蕴。

（二）思想道德教育的主要任务

社会主义现代化建设不仅要求建设者具备专业技能，更要求建设者具有崇高的社会主义意识、坚定的信念、良好的道德品质和高尚的情操。改革开放和社会主义市场经济体制建设以来，外国先进生产力和先进文化传入中国，一些不正之风和功利思想也时有抬头。这些思想不断侵蚀着人们的灵魂，对社会风气和党风产生了非常恶劣的影响。高职德育工作要从抵制和消除这些错误思想入手，巧妙地向学生传播先进思想。现在的大多数学生都是独生子女，被宠坏了，缺乏合作精神。在开展各种活动时，德育教育应注意帮助学生建立快乐、轻松、和谐的人际关系，学会取长补短，学会融入环境，学会在沟通中提高自己。

当下思想道德教育的主要任务包括：培养学生的政治方向，引导学生理解和接受我国的政治体系和社会主义核心价值观，培养他们的爱国情怀和公民意识；发展学生的道德素质，通过教育和实践，使学生逐渐形成良好的道德观念和行为习惯，树立正确的道德标准，提升道德素质；增进学生的心理健康，关注学生的心理健康状况，通过心理咨询、讲座等形式，提高学生的心理素质，增强他们的心理自我调节能力；提升学生的社会责任感，让学生了解并承担起社会责任，培养他们的社会责任感和公民意识；培养学生的法律意识，使学生了解并尊重我国的法律法规，培养他们的法律意识和法治精神。

（三）思想道德教育的方法

高职院校的德育工作需要综合运用多种方法和手段，注重学生的主体性和个性化发展，培养学生的自主意识和创新精神。同时，需要不断探索和创新德育方法，适应时代发展的需要和学生未来职业发展的需求，为培养具有高尚品德、健全人格、创新能力和实践能力的优秀人才做出积极的贡献。

1.强化价值引领

把理想信念教育放在首位，深入开展社会主义核心价值观和中华民族伟大复兴中国梦教育，用好红色资源，通过大讲堂、选修课程、“沉浸式”体验活动等学生喜闻乐见的方式，教育引导他们树立远大的理想信念，厚植爱国情怀。

2.构建德育工作体系

建立科学的德育评价体系，注重过程评价和结果评价相结合，定量评价和定性评价相结合，确保评价结果的客观性和准确性。同时，开展学生互评、自评和教师评价等多种评价方式，全面了解学生的德育表现和思想状况。加强顶层设计，将德育工作纳入学校整体发展规划，制定具体实施方案，明确工作目标和责任，构建学校、家庭、社会、企业等多方参与的德育工作网络。

3.提升教师素质

加强师德师风建设，提高教师德育意识和教育水平，加强对教师德育教学能力和职业道德的培养，鼓励教师参与学生德育实践和校园文化建设。通过培训、交流、研讨等方式，提高教师的德育意识和能力，使他们能够更好地担任德育工作。同时，鼓励教师参与德育研究和实践，不断探索和创新德育方法。

4.注重课堂教育

发挥课堂教学主渠道作用，合理安排教学内容，引导学生关注社会现实和人生价值等问题，注重培育学生的职业精神和职业道德。采用多种教学方法和手段，如案例分析、小组讨论、角色扮演等，使德育教育更加生动有趣。同时，可以利用现代信息技术手段，如蓝墨云班课、微课程等，实现线上线下相结合的混合式教学模式，提高德育教学的效果和质量。

5.开展实践活动

组织学生参加各类社会实践、志愿服务、创新创业等活动，让学生亲身体验社会生活和工作实践，增强他们的社会责任感和实践能力。与企业和社区合作，建立德育实践基地，为学生提供实践机会和平台。通过实践活动，学生可以亲身体验职业道德、职业规范等，增强对德育理论知识的理解和应用能力。

6.丰富校园文化

加强校园文化建设，营造良好的校园文化氛围，开展形式多样的文化活动和体育比赛等，提高学生的文化素养和综合素质。支持学生社团开展各种有益于德育的活动，如志愿服务、文化活动、社会实践等。通过参与社团活动，学生可以锻炼自己的组织能力、协调能力、实践能力等，同时也可以增强对德育的认知和理解。

三、加强高等职业教育学生精细化管理

随着社会的快速发展和竞争的加剧，加强对学生的个性化、差异化管理显得尤为重要。精细化管理可以更好地满足学生的需求，促进其个人成长与发展，并帮助他们克服困难，取得更好的学习成果。

（一）学生心理健康的精细化管理

学生心理健康的精细化管理是指通过关注学生的个体差异，提供针对性的心理健康服务和支持，以促进学生的心理健康发展和预防心理问题。这种管理方式强调细节、个性化和定制化，旨在更好地了解每个学生的需求，并为他们提供个性化的帮助和支持。

要建立心理健康教育的组织机构与师资队伍，为了确保学生心理健康工作的顺利开展，需要建立完善的组织机构和强大的师资队伍。组织机构包括学校心理健康领导小组、心理咨询中心、心理教研室、班级心理委员等，负责制定和执行心理健康教育计划、管理学生的心理健康问题、组织心理健康教育活动等。师资队伍包括专业的心理咨询师、心理医生、教师等，他们需要接受系统的培训，掌握心理健康教育的基本理论和方法，能够有效地帮助学生解决心理问题。

要强化日常预警防控，通过构建“学校–院系–班级–宿舍/个人”四级预警网络，及时发现学生的重大变故、重大挫折及异常情况，辅导员、班主任每月要遍访所有学生寝室，中小学教师要与家长进行密切沟通，共同加强心理疏导。

要加强心理咨询辅导服务，高校要强化心理咨询服务平台建设，设立心理发展辅导室、积极心理体验中心、团体活动室、综合素质训练室等，县级教育部门要建立区域性的中小学生心理辅导中心，定期提供业务指导、技能培训。

要关注个别差异，根据不同学生的不同需要开展多种形式的教育和辅导，提高他们的心理健康水平。要开展个别咨询与辅导，开设心理咨询室（或心理辅导室），设立心理健康预约信箱和网上咨询，对学生在学习和生活中出现的问题给予直接的指导，排解心理困扰，并对有关的心理行为问题进行诊断、矫治。

（二）学生校外实习的精细化管理

在确保学生安全的前提下，按照学院校外实习相关要求制订计划，完成实习任务，达到理论知识和实训操作相结合的目的，为学生将来的就业打下基础。①

（1）严格执行《职业学校学生实习管理规定》。

（2）按照教学计划对校外实习企业进行考察。涉及外出实习企业时应先考察企业的资质及运作情况，根据教学内容、教学特点是否符合专业要求确定实习单位。

（3）详细洽谈协议内容，凡涉及人身和财产安全的内容必须经校企双方同意方可修改。

（4）落实相关事宜并制订实习方案，针对每个环节把好关，做到“事前有预案，事后有措施”。

（5）带队教师根据学生实习情况做好学生外出期间日常情况记录。及时汇报学生外出期间企业反馈的意见。

（6）学生外出实习结束后，院系应及时与企业沟通，做好实习总结并写出实习报告，为每位学生做好实习评价。

（7）做好资料整理，收录学生的实习档案，归档保存，以便今后实习工作的开展。

（8）根据教学计划安排学生外出实习，每学期开学第一周把外出实习计划报实训中心。

（9）对没有教学实习计划的，必须由教务处、实训中心批准后方可安排学生外出实习。

（10）根据教学内容、教学特点，尽可能寻找能够建立长期合作关系的外出实习企业，与确定的企业单位进行合作洽谈，最终确定外出实习合作企业。

---

① 刘兆东.技工院校精细化管理工作实务[M].济南：山东科学技术出版社，2017.

（11）按照学院外出实习的要求，根据企业的生产环境和生产特点对参加外出实习的学生进行实习前的培训和安全教育，按照企业规定着工装，遵守实习企业的规章制度。

（12）根据协议内容落实学生意外伤害保险。没有办理意外伤害保险的学生一律不准派出。

（13）外出实习原则上以班级为单位，须有专职带班教师带队，负责日常的管理、安全督导和与企业的协调，以及常规问题的处理。对一次不能接受整班实习的，由企业负责日常的管理，各系要安排教师定期了解实习情况，并每月进行信息反馈。

（14）实训中心组织人员定期对外出实习企业进行巡查，积极协调处理存在的问题，并把情况反馈给学院分管领导。

（15）外出实习需经学院分管领导批准后方可进行。

（三）校园安全的精细化管理

校园安全是高等职业教育管理工作中的重要方面，精细化管理可以有效预防和应对各类安全问题，保障师生的生命财产安全。在校园安全精细化管理中，安全教育是至关重要的环节。为了提高学生的安全意识和自我保护能力，需要明确安全教育的主要内容，并采取相应的措施。

1.安全教育的主要内容

（1）安全规章制度教育

各校学生管理工作的质量在很大程度上体现在制度发展的科学性上。加强学生管理体系建设是各职业院校做好学生管理工作的迫切任务，也是衡量学校学生管理工作是否有序的重要指标。

学校应采取多种形式，让学生意识到，安全法规和制度是多年实践经验的总结，其中一些是从事故中吸取的教训，是以牺牲和鲜血为代价的；让学生意识到，他们为了节省自己的一些精力而违反安全法规和规则，是对国家、社会、人民的生命财产以及他们自己和他人的家庭幸福的不负责任。因此，学生们可以理解学校安全规章制度与校园安全和人身安全密切相关，并增强他们遵守纪律的意识。

（2）自我保护教育

我们应该教育学生在遇到非法侵权威胁时应及时向公安部门报警，以寻求帮助。有必要教育学生在危险面前不要害怕，不要恐慌，保持冷静。他们应该认识到罪犯“有罪”的共同特征，记住作案人的身体特征，为公安部破获此案提供重要线索。对于身体能力较弱的学生，不要“打硬仗”，而是要冷静机智，善于动脑，善于处理情况，用自己的智慧赢得求助和报案的机会；顾全大局，灵活应变；我们应该从维护生命安全开始，根据形势的发展，维护最大的利益，而不是忽视小事的重要性。

（3）消防安全教育

一些学生在火灾发生时，由于缺乏预防和自救的知识和能力，也失去了最佳逃生时间，最终被火魔无情地吞噬。针对这些问题，应做好以下工作，加强对高职学生的消防安全教育。

要教育学生爱护各种消防器材并妥善维护，以减少发生危险时不必要的伤亡；教育学生熟悉消防出口，并在上学或外出时保持其畅通。只有这样，才能有效地减少火灾的发生。通过定期进行消防演练，让师生员工熟悉火灾发生时的应对措施和逃生技巧，提高他们的心理素质和应变能力。完善高职院校消防安全管理制度，明确各级管理部门和人员的职责和任务，加强消防设施的维护和管理，确保校园安全。

（4）交通安全教育

积极开展交通安全主题活动，让广大职业学生牢固树立“安全第一、预防为主”的交通意识。通过交通安全教育，鼓励职业院校学生建立五个相应的预防措施，即注意红绿灯、停车道、斑马线、靠右行驶和注意道路权利。营造一种人人自觉遵守交通法规的氛围。

教育学生在旅途或运输过程中不要利用一时的便利，忽视必要的安全。他们应该始终考虑安全和隐患之间的关系。

（5）其他安全教育

因各种原因进入校园的非在校人员，包括已经毕业的学生，必须认真管理。由于他们对校园相当熟悉，安全人员很容易将他们视作校园里的学生，而忽视对他们的调查和询问。这就是引发多起外部人员在校园伤害学生的案件发生的原因。

近年来，学生冲突愈演愈烈，演变为严重冲突，导致公寓内发生多起人身伤亡悲剧事件。有时一套公寓由几间单人卧室组成，宿舍里发生的事情一开始就不容易被发现。因此，公寓应建立安全责任制，使安全网络更加全面和到位。

2.安全教育的主要措施

（1）提高对学生安全教育工作重要性的认识

安全教育是所有教育活动中至关重要的一环，它关乎学生的人身安全、身心健康，甚至影响社会的稳定。因此，必须从思想深处认识到安全教育的重要性，形成强烈的安全意识。必须始终把学生安全教育放在重要位置。全过程教育要求安全教育始终贯穿学生在校学习生活、从入学到毕业的全过程，持之以恒。学生是未来社会的主人，他们的安全关系到整个社会的未来。作为教育者，我们有义务和责任为学生提供高质量的安全教育，增强他们的安全防范意识和能力。安全教育应以防为主，防治结合。在提高安全防范意识的同时，也要加强心理辅导和压力缓解工作，预防因学习、生活等压力引发的心理问题。

（2）安全教育要突出重点，注重教育效果

在开展安全教育之前，需要明确教育目标，例如培养学生的安全意识、让他们掌握基本的安全知识和技能，或是使他们能够应对特定的安全威胁。明确的目标可以帮助教师更好地设计课程和教育活动。安全教育的内容应该与学生的年龄、认知能力和生活环境相适应。对于高职院校大学生，侧重于网络安全、交通事故防范等方面。通过定期进行安全演练，让学生熟悉在遇到各种紧急情况时应该如何行动，提高他们的应变能力和自我保护能力。安全教育不能仅仅停留在理论层面，还要强调实践操作，一定要让学生亲身体验和实践。例如，进行灭火器的使用演练，或者模拟遭遇袭击时如何自卫等。鼓励学生参与到安全教育中来，让他们提出问题、分享经验，甚至参与到课程的设计中来。

（3）多形式多途径拓宽学生安全教育渠道

第一，利用课堂教育主渠道。可以在思想品德、法律基础等课程中融入安全教育内容，充分发挥课堂教育的主渠道作用。例如，在语文课堂上，可以结合课文内容，引导学生讨论和思考如何在日常生活中保护自己的安全。同时，应该注重教学方法的灵活性和趣味性，将安全教育的内容巧妙地融入教学，让学生在潜移默化中接受安全教育。

第二，开展专题讲座。可以定期邀请公安、消防、卫生等专家为学生开展安全知识专题讲座。这些讲座可以涵盖交通安全、网络安全、食品安全等多个方面，让学生全面了解各种安全问题并掌握相应的防范措施。同时，专家们可以通过实例讲解的方式，让学生更加深入地了解安全知识的实用性。

第三，制作安全教育宣传资料。可以制作安全教育宣传海报、宣传册、PPT、视频等资料，发放给学生或放在校园公共场所，让学生随时可以了解安全知识。这些宣传资料应当注重图文并茂、简洁明了，让学生一目了然。此外，还可以制作一些互动式的安全教育资料，如互动式PPT或H5页面，让学生通过参与互动来了解和掌握安全知识。

第四，利用网络平台。可以在校园网、官方微信公众号、QQ群等网络平台上开设安全教育专栏，发布安全教育的相关文章、视频、图片等内容。这些平台可以充分利用网络传播的优势，将安全教育的内容迅速传递给学生和家长。同时，可以利用这些平台的互动功能，与学生和家长进行实时沟通和交流，及时掌握学生的安全情况。

第五，组织安全实践活动。可以组织学生进行灾害逃生演练、消防演练、紧急救援等安全实践活动。这些活动可以帮助学生了解在紧急情况下应该如何行动，以提高他们的应变能力和自我保护能力。同时，还可以组织学生参观消防队、警察局等地方，了解专业救援人员的日常工作和训练，让学生更加深入地了解安全知识和技能。

第三节 高等职业教育学生管理存在的问题

当前高职院校的信息化建设方面已经有了较大的进步，对教育信息化发展都有一定层次的认识，但仍有部分学校没有准确地将信息化发展放在战略性重要地位，仍然存在部分人对学生管理工作的重要性认识不到位的情况，在主动利用各种新载体手段来加强改进学生管理工作方面还做得很不够，没有进行科学化规范的规划。有些人虽然重视，但往往只是迫于上级要求或压力，没有真正从内心重视起来，未能高度重视信息技术并充分利用它来支持学生管理工作，大多处在自发状态。

一、管理模式不合理

传统的管理模式往往注重管理者的权威性，强调学生的服从，而忽视了学生的个体差异性和发展需求。这种管理模式已经不再适应现代高等职业教育的需求，需要进行改革和完善。首先，传统的管理模式缺乏个性化。每个学生都是一个独特的个体，具有不同的性格、兴趣和能力。而传统的管理模式往往采用一刀切的方式，对所有学生都采取相同的标准和要求，这会导致一些学生感到不适应和被忽视。例如，一些学生可能更适合自主学习和自我管理，而一些学生则可能需要更多的指导和帮助。因此，管理者应该根据每个学生的特点，制定个性化的管理方案，以满足学生的不同需求。其次，传统的管理模式缺乏灵活性。高等职业教育的学生管理不仅仅是对学生的日常事务进行管理，还包括对学生进行思想教育、心理辅导、职业规划等方面的管理。而这些方面都需要管理者具备足够的灵活性和应变能力。例如，当学生遇到心理问题时，管理者需要迅速地采取措施进行干预和帮助；当学生需要进行职业规划时，管理者需要提供有效的指导和建议。而传统的管理模式往往缺乏这种灵活性和应变能力，无法有效地解决这些问题。

二、管理信息技术的运用缺乏理念支持

目前，高职院校对已经存在的基本信息技术应用不够充分，学生管理工作的主客体信息素养不足，校园信息化建设步伐缓慢，信息技术在学生管理工作领域中的应用不充分，存在硬件设备老化、软件开发及利用不到位等一系列问题。虽然，高职院校已经重视运用新技术新媒体支持的管理工作、教学工作，但是充分运用信息技术支持学生管理工作的认识还不够到位，思想认识不到位，以及重视程度不够，导致实际工作的推进将受到阻碍。信息技术全面支持高职院校学生工作是需要用心付出努力的，大部分进行学生管理的教师能够投入大量的精力重视信息化管理，极少部分教师不以为然，认为自己有很多传统的工作经验，足够应对新时代的学生管理，有的甚至连基本的电脑操作都不熟练，甚至还会产生抵触使用信息系统的行为，高职院校学生管理者对于信息化管理的认识各有不同，这也就导致了推动信息化管理的动力不足。部分学生管理人员由于没有经过相关培训，本身技术水平不高，对于学生管理信息系统的操作不正确，经常会浪费很多时间，还达到不到预期的效果，严重影响了学生管理的信息化建设及应用的效果。

三、各类信息技术运用得不充分

在高职院校开展学生工作，需要每日小事的积累和总结。因此，高职院校学生的管理工作需要从学生的角度来探索，从学生的学习、生活和心理等方面，正确引导学生们的言行，促进高职院校学生正确三观的形成。

高职院校各个院系的学生管理工作性质和工作内容颇为不同，每个院系的学生管理工作平台的开展并不平衡。团委作为各二级院系团学工作的牵头部门，工作的主要对象是全校团员学生，在利用新信息技术开展学生工作、传承团学精神等方面成绩突出，还利用智慧团建的载体平台管理在校团员的团组织关系的转进转出，能够及时关注学生的团关系动向，利用高职学生感兴趣的载体平台开展团学活动，提升团学学生的社会认同感和责任感。高职院校的党委组织部组织师生党员进行系统的理论学习，搭建适合自己部门工作的技术平台，并且对党员的信息管理也做到了信息化系统管理，对党务工作的开展和管理及宣传有了较完整的运行体系，比较突出的方面是促进党员下载学习强国App进行随时随地学习。其他各院系也针对各系部管理的特点建设了工作运行的技术平台，但没有积极运用已有的工作平台，使用比较普遍的就是QQ群、微信群，便于工作上的通知发布，文件的传送等。

部分高职院校的二级院系还存在重视院系网站的常规工作内容建设，而忽视为学生提供多元化优质服务的问题。有些院系的网页虽然及时更新了内容但由于内容不够吸引人，学生的浏览率始终得不到提高，浏览量最多的是公告栏中的各种通知公告。学生管理工作中最重要的思想政治教育方面反而在网站上没有太多的体现，或者是思政教育方面的网页内容做得不够新颖，网站内互动环节较少，也没有顺畅的沟通与反馈渠道。各院系网络共享不足，智能手机已经全面普及，学生日常生活中使用手机的频率远远高于电脑，各种手机App极其丰富，看相关通知和信息也比较方便，而我们的校园App还处于建设初级阶段，这就会使学生忽视校园网及门户网站的作用。

第四节　高等职业教育学生管理工作创新路径

高等职业教育学生管理工作的创新路径需要从多个方面入手，注重学生的需求和特点，加强与学生的沟通和互动，不断提高管理工作的科学性和有效性。学生管理模式需要与时俱进，适应时代的发展和学生的需求。可以尝试采用项目管理、质量管理等先进的管理模式，提高学生管理工作的效能和效果。

一、树立“以人为本”的学生管理工作理念

在当前的职业教育阶段，为了培养优秀人才，课程和专业教师应选择适合学生专业、有利于学生综合素质发展的教育内容，并自觉将新的教育理念融入其中。因此，在控制和选择教学内容方面，教师需要引入包括人格发展、职业认知发展和掌握新职业技能在内的教学内容，同时自觉地将创新创业教育与继续教育相结合。前者有利于学生掌握当前的职业发展形势，提前做出最佳的职业规划，而后者则强调引导学生在感知中树立崇高的人生价值目标，使其拥有健康的精神追求，从而帮助学生建立对价值观的正确理解。①

对于辅导员来说，在班级管理中，要贯彻“以人为本”的理念，尊重学生的个性化发展需求，灵活处理好班级管理的重点；对于课程和专业教师来说，为了实现教育目标，有必要在实践训练和理论教学中选择有效的教学方法，使学生成为教育教学的主体，改善学生难以积极参与学习过程的现状。除此之外，辅导员还需要明确学生的能力发展目标。不同专业的教师和辅导员应立足于学生综合能力的培养，从实际出发，注重培养学生的专业素养、认知能力等能力，开展有效的教育教学活动和班级管理活动，增强学生的多元能力。此外，在学生管理过程中，辅导员需要不断围绕学生多元化发展的核心理念，及时把握学生个性化发展需求，与学生建立良好的沟通平台，以改进和更新现有的学生管理方法和内容，并实现学生综合素质和能力的发展，以创建一个新的教育管理体系。

二、完善管理模式，满足学生需求

制定个性化的管理方案。每个学生都是独特的个体，具有不同的性格、兴趣和能力。因此，管理者应该根据每个学生的特点，制定个性化的管理方案，以满足学生的不同需求。具体来说，可以根据学生的专业特点、性格爱好、学习情况等因素，制定符合学生个人情况的管理方案，以提高管理效果和质量。

注重学生的职业规划。高等职业教育旨在培养具有实践能力和职业素养的高素质人才。具体来说，可以开设职业规划课程、邀请企业人士来校进行讲座、提

① 陈禹. 新时代高职院校学生教育管理工作创新探究[J]. 科教导刊，2023（17）：146-148.

供实习机会等，以帮助学生了解职业环境、提高职业素养和技能。

增强管理者的灵活性和应变能力。高等职业教育的学生管理不仅仅是日常事务的管理，还包括对学生进行思想教育、心理辅导等方面的管理。而这些方面都需要管理者具备足够的灵活性和应变能力。因此，管理者应该加强自身的学习，不断更新管理理念和方法，以更好地应对学生管理中的各种问题。加强师生之间的互动关系。

现代高等职业教育的学生管理不再是单向的命令和控制，而是需要管理者与学生之间建立良好的互动关系。这种互动关系可以增强学生的参与感和归属感，提高管理效果和质量。因此，管理者应该注重加强与学生之间的沟通和互动，了解学生的需求和意见，积极听取学生的建议和反馈，以建立良好的互动关系。

加强学生服务工作。学生服务工作是高等职业教育学生管理的重要组成部分。管理者应该注重加强学生服务工作，为学生提供更加优质的服务和帮助。具体来说，可以建立完善的学生服务体系，包括学习指导、心理咨询、就业指导等方面，为学生提供全方位的服务和支持。加强学生自我管理能力的培养。

三、创新学生工作载体，强化师生互动

传统的学生工作载体往往只注重管理者的权威性和学生的服从性，缺乏对学生个体差异性和发展需求的关注。这种管理模式已经不再适应现代高等职业教育的需求，需要创新学生工作载体，以更好地满足学生的需求和发展。每个学生都是独特的个体，具有不同的性格、兴趣和能力。创新学生工作载体可以更好地关注学生的个体差异性和发展需求，提供个性化的教育和管理服务。提高管理效果和质量。通过创新学生工作载体，可以更好地加强师生之间的互动关系，提高管理效果和质量。同时，创新学生工作载体也可以更好地激发学生的参与感和归属感，增强学生的自我管理能力。创新学生工作载体可以为学生提供更多的实践机会和平台，提高学生的实践能力和综合素质。同时，创新学生工作载体也可以帮助学生更好地了解职业环境和职业素养，提高学生的职业适应性和竞争力。

在创新学生工作载体方面，要建立学生自治组织。学生自治组织是学生在管理者指导下自主成立的学生组织，可以通过开展各种活动和项目，提高学生的自我管理能力和综合素质。例如，可以成立学生会、学生社团等自治组织，让学生自主管理和组织各种活动和项目，提高学生的自我管理和组织能力。要充分利用

互联网平台。互联网平台是创新学生工作载体的有效途径之一。可以通过建立微信公众号、微信群等互联网平台，加强与学生之间的互动和交流，及时了解学生的需求和反馈，提供个性化的教育和管理服务。要开展实践活动。实践活动是创新学生工作载体的另一种有效途径。可以通过开展各种实践活动，如社会实践、创新创业实践等，为学生提供更多的实践机会和实践平台，提高学生的实践能力和综合素质。要开展个性化教育和管理服务。个性化教育和管理服务是创新学生工作载体的又一种有效途径。可以通过开展个性化教育和管理服务，如学习指导、心理咨询、就业指导等，为学生提供个性化的教育和管理服务，更好地满足学生的需求和发展。要注重用微信群、QQ群、微博等加强师生互动，促进师生有效沟通。借助这些信息化工具强化与学生的交流，能够与学生实时交流，且这种非面对面的交流也有效缓解了学生面对教师的心理压力，让学生及时阐述自身的想法，帮助辅导员开展有效、有针对性的管理工作。

四、提升师资力量，确保管理实效

首先要加强教师队伍建设。教师是高等职业教育管理的核心力量，加强教师队伍建设是提升师资力量的关键所在。具体来说，可以采取以下措施。（1）建立严格的教师选拔制度。选拔具备高素质、较强的专业能力和良好师德的教师，是保证高等职业教育管理实效的基础。学校应该注重教师的专业背景、教学经验、师德等方面，建立严格的选拔制度，确保教师队伍的质量。（2）加强对教师的培训和提升。通过定期组织教师参加各种培训和学习活动，提高教师的教学水平和专业素养。同时，鼓励教师参加各种学术研究和交流活动，了解行业最新动态和趋势，提升教师的学术水平和综合素质。（3）建立良好的激励机制。通过建立科学的评价体系和激励机制，激发教师的工作热情和创造力。例如，可以设立优秀教师奖励制度、教学成果奖励制度等，鼓励教师在教学和管理方面做出更多的贡献。（4）注重加强校企合作。加强校企合作是提升师资力量的另一种有效途径。可以通过与企业合作，让教师参与企业的实践活动和项目开发，提高教师的实践能力和职业素养。同时，可以邀请企业人士来校开展讲座和交流，让教师更好地了解行业发展和市场需求，为学生的职业规划提供更好的指导和帮助。

其次要加强信息技术能力培训。高职院校所有员工，特别是领导干部和专兼职辅导员，都必须有意识地积极学习（多渠道学习）信息技术。有必要对信息管理和网络学生管理工作中的关键职位中的人员进行思想政治素养和信息管理安全素养的培训。要全面提高辅导员队伍的信息技术素质。专职辅导员是高职院校学生的管理者，同时也是思政教育的先锋，他们是与学生联系最多的人，也是最亲密的朋友。所以应提高辅导员的专业技能，指导学生建立正确的三观，并为学生提供正确的行为指导和选择建议。这就需要辅导员教师努力成为“四有辅导员教师”，同时辅导员们自身还需要具备扎实的思想政治教育理论知识、心理学知识、教育学知识以及其他多方面的专业知识技能。思政工作者要坚定理想信念，热心教育事业，不忘初心，不辱立德树人使命，以高度的责任心完成教书育人、管理育人、服务育人、网络育人任务。在现如今信息化快速发展的大环境下，信息技术不断渗透到我们的学习工作中来，如何巧妙合理地运用信息技术载体支持思想政治工作是每个教育工作者都需要提升和掌握的技能。

如今，高职院校信息建设在具体实践中会出现各种问题，其中一个重要原因是学生管理团队正在发展，并不成熟，缺乏实践经验，并且在面临问题时无法在短时间内找到合适、妥善的解决办法。任何管理工作中最关键的因素都是人，人的素质涵养在很大程度上决定了管理工作的最终结果。现如今，高职院校信息化进一步发展迫切需要解决的问题是建立一支高质量、高效率的信息化学生管理工作团队，只有高质量、高效率的信息化学生管理工作人员队伍才能为学生管理信息化提供根本保障，顺利完成人才培养任务。这支高质量的信息化学生管理工作队伍不仅责任重大，而且要求比较严格，要想适应当今的信息化环境，他们不仅要有较深厚的学生管理理论水平，而且还需要拥有实际的高校学生管理工作经验和较熟练使用网络技术和软件开发技术的能力与水平。

五、加强辅导员队伍建设

加强辅导员队伍建设是高等职业教育学生管理工作的重要环节。辅导员是学生思想政治教育、日常管理、心理辅导等方面的重要力量，对于学生的成长和发展起着至关重要的作用。

首先，要提高辅导员的准入标准。辅导员作为一项专业性较强的工作，需要具备一定的专业背景和职业素养。学校应该制定严格的选聘标准，选拔具备相关专业知识和丰富管理经验的人才担任辅导员。同时，在选聘过程中，要注重候选人的品德、责任心、服务意识和沟通能力等方面的考察，确保所选聘的辅导员具备较高的综合素质。

其次，要加强辅导员的培训和学习。辅导员工作涉及领域广泛，包括思想政治教育、心理学、管理学等，需要不断学习和更新知识。学校应该为辅导员提供定期的培训和学习机会，包括岗前培训、职业素养培训、业务能力提升培训等，帮助辅导员提高工作能力和专业素质。同时，鼓励辅导员参加各类研讨会、学术交流等活动，拓宽视野，提高工作水平。

再次，要明确辅导员的职责和角色定位。辅导员是学生管理工作的核心力量，需要承担起对学生进行思想引导、行为管理、心理疏导等职责。学校应该明确辅导员的角色定位，赋予其相应的权力和责任，确保其能够有效地开展工作。同时，学校应该建立健全的辅导员工作制度，规范辅导员的工作流程和行为准则，提高工作的科学性和有效性。

最后，要建立良好的激励机制。辅导员是一项需要高度责任心和奉献精神的工作，需要得到充分的认可和激励。学校应该建立完善的激励机制，包括薪酬待遇、晋升机会、评优评先等，激发辅导员的工作积极性和创造性。同时，要关注辅导员的个人发展和成长，为其提供更多的学习和晋升机会，增强其职业归属感和成就感。

六、加强信息载体软硬件资源建设

要完善校园无线网络覆盖。目前，使用手机在学校冲浪互联网的方式主要依赖于4G、5G网络和小型Wi-Fi的模式。绝大多数学生使用移动通信运营商提供的网络包来消耗数据以将其移动电话连接到互联网。手机硬件设备和软件系统不受时间和空间的限制，但是移动电话的互联网接入位置的信号覆盖范围受外围条件的限制。当移动互联网接入环境不好时，移动Internet访问将被阻止。与此同时，移动互联网数据包的价格由市场经济决定。由于网络流量套餐的费用不低，高职院校的部分学生由于家庭贫困无法大量使用流量，导致无法正常上网。而且5G手机并没有完全普及，大部分学生还是使用的4G手机，目前5G流量的价格仍偏高，而4G流量的网络体验感不是特别好。随着手机网络的普及以及持续改进，移动互联网终端对年轻的学生群体的影响越来越大，高职学生对移动电话网络的需求逐渐增加。高职院校如果希望通过手机网络平台进行学生管理，他们应该进行相应的投资，并以校园扩展为中心。高职院校运用手机网络平台开展学生管理工作，需进行相应的投入，如扩大校园式移动Wi-Fi覆盖范围，使高职院校学生可以通过校园提供的网络资源用手机访问互联网，这不仅可以减轻学生只能通过消耗手机数据实现移动互联网访问的问题，而且还加强了高职学生对学校的硬件环境建设的认可度。

第八章　现代化高等职业教育服务区域发展

进入21世纪以来，在城市化、现代化两大浪潮推动下，区域的经济社会发展呈现出更为激烈的竞争态势。高等职业教育的现代化是区域经济社会发展的重要组成部分。[①]经济社会的发展变革使高等职业教育的功能也从原来单一的教学职能，逐步演化为教学、科研和服务区域发展三大职能并重。[②]服务区域发展是现代化高等职业教育建设中的一项重要内容，也是高等职业教育日益关注的问题。大多数高等职业教育已经把服务区域发展作为推动高等职业教育发展的一项重要工作，并把服务区域发展工作纳入了学院的整体规划和专业建设计划。

---

① 刘宝剑. 教育：神圣、神奇不神秘[M]. 北京：教育科学出版社，2015.

② 张琼，桑雷. 高职院校社会服务责任刍议[J]. 学校党建与思想教育，2010（32）：65-66.

第一节 高等职业教育服务区域发展的功能、目标及现状

高等职业教育作为服务区域发展的重要力量，承担着培养高素质技术技能型人才、推动产业升级和助力创新创业发展的使命。在当前经济转型和社会发展的背景下，通过对高等职业教育服务区域发展的功能、目标及现状的深入研究，我们可以更好地把握高等职业教育与区域发展的关系，建立起产教融合、人才培养和技术创新的有效机制，推动地方经济的可持续增长和产业生态的健康发展。

一、发挥高等职业教育服务区域发展的功能

目前，我国处于经济和社会发展的转型期。在很长一段时间内，传统产业占据了主导地位，企业对人才的需求也多是依赖于那些具有一定知识、技术水平的劳动力。但是，随着新能源、高端装备制造以及人工智能信息技术等一系列新兴产业的兴起，传统的劳动力对企业来说已不能满足其产业发展需求，人才工作的目的要求和评价指标有了很大的改变。为了匹配生产、建设、管理等各种一线工作任务，完成岗位技能需求，能够迅速上手为企业解决问题，新兴产业发展需要兼具专业理论知识和实践技术的高素质技术技能型人才。高等职业教育承担着为社会输送高质量技术技能型人才的重任。高等职业教育既要承担教育科研的功能，又要发挥自身的优势，服务于区域经济社会发展。随着信息技术的迅速发展，高等职业教育与社会的关系日益密切，社会职能日益凸显，现代高等职业教育的科技应用服务、教育培训、社会公益服务三大社会功能逐步得到完善与扩展。

（一）助力产业发展科技应用

我国高等职业教育的主要目标是为社会发展培养生产、服务于管理一线的高素质技术技能型人才。高等职业教育所培养的人才对于区域发展起到举足轻重的作用，其在技术、技能服务和社会培训方面的优势日益凸显。随着时间推移，高

等职业教育的社会地位不断提升，对地区经济发展的作用也变得愈加重要。

一方面，一些处于技术前沿的企业不仅需要人力资源，还需要技术进步，所以特别希望与学校在相关方面进行合作。高等职业教育的价值取向是为地方经济服务，为了更好地促进当地的社会经济发展，高等职业教育必须转变传统的学科体系的培养模式，调整战略为服务当地社会发展，为其提供相应的支持，尤其是在技术应用方面。

另一方面，高等职业教育的发展与当地经济相辅相成。没有社会经济的支持，也就没有高等职业教育的可持续发展，高等职业教育应该挑起重担，提高工作质量，更好地响应当地社会经济需求，为社会创新添砖加瓦。因此，有必要提高高等职业教育服务区域产业发展科技应用能力，促使教育与产业同步、同轨，这是社会和高等职业教育发展的必然趋势。

（二）提供教育培训咨询服务

教育培训咨询服务是高等职业教育服务区域发展的重要组成部分，通过提供各种培训和咨询服务，为企业和社会各界提供专业知识和技能支持。高等职业教育在育人的同时，积极承担非学历教育、企业培训、职业培训等角色，与企业紧密合作，为区域经济的创新与升级提供支持，并推动市场经济的发展。

其一，高等职业院校通过开设各类培训课程，满足社会对不同领域技能人才的需求。无论是技术性的生产技能培训还是管理水平的提升，高等职业教育都能根据市场需求开设相应的培训项目，并通过专业教师团队和先进的教学资源，提供综合性的培训解决方案。

其二，高等职业院校通过与企业合作开展咨询服务，帮助企业解决在经营管理、技术创新、市场拓展等方面遇到的问题。通过与企业的紧密合作，高等职业教育能够深入了解企业需求和挑战，并提供专业的咨询服务，帮助企业提升运营效率、推进科技创新，为区域经济的发展注入新动力。

其三，高等职业院校还可以利用自身的教学资源和科研成果，为地方政府提供决策咨询和政策建议。通过参与地方政府相关项目的研究和评估，高等职业教育能够为地方发展规划和产业布局提供科学依据，推动区域经济生态的优化升级。

（三）推动社会公益服务

社会公益服务是高等职业教育履行社会责任的重要方面，扶贫助农成为近年来高等职业教育社会公益服务的主要领域之一。通过开展技术培训、基础教育、市场知识传授等活动，创新现代公益服务模式，打造公益服务平台，为农村地区的剩余劳动力提供专业培训和知识传授，鼓励他们从事更加适应当地农业经济结构的职业和创业，推动社会公益事业发展。

其一，高等职业教育通过技术培训，向农村剩余劳动力传授农业生产技术和现代农业管理知识，提高他们的专业技能和农场管理水平。这样，不仅能够提升农民的农业生产效率，改善农产品品质，还能够推动农村经济的提质增效。

其二，高等职业教育通过开设助农基础教育课程，提供农村地区的文化教育和社会知识，帮助农村剩余劳动力提高素质，增加就业机会。这不仅关乎农民个人的人生发展，还有利于农村地区的人力资源优化配置和经济社会的全面发展。高等职业院校通过市场知识的传授，帮助农村剩余劳动力了解市场需求和商业运作，提供创业指导和就业咨询，为他们提供更多的就业机会和创业平台，促进农村经济多元化和可持续发展。

其三，对于高等职业教育来说，开展社会公益服务不仅是履行社会责任的体现，也是促进高等职业院校与地方的深度融合，提高学校实践教学水平的重要途径。通过参与扶贫助农等项目，能够不断提升教师的专业素养和实践能力，增加学生的就业机会和实践经验，进一步提高高等职业教育的办学质量。

二、高等职业教育服务区域发展的目标

在当前形势下，高等职业院校如何利用自身资源和优势完成服务区域发展任务，应对知识经济的挑战，关系到高等职业教育的社会地位和未来发展。服务区域发展是高等职业教育的重要职能，不仅体现了职业教育对经济社会发展的责任，也体现了高等职业教育的社会担当。高等职业教育不同于普通的高等教育，应定位在服务地方经济发展方面。高等职业教育是适应经济发展而产生的，不仅培养了高质量的技术技能型人才，更重要的是提高了社会效益。高等职业教育作为一种特殊的高等教育类型，具有地域性、职业性、服务性的特点。高等职业教育主体履行服务区域发展职能，能够满足社会经济发展需要，助力地方企业高质

量发展，推动高等职业教育可持续发展。

（一）满足社会经济发展需要

高等职业院校作为教育和科研机构，具有服务区域发展的重要责任和使命。在满足社会经济发展需要方面，高等职业教育扮演着关键角色。

其一，通过培养人才来满足社会经济发展的需要。当下，“市场需求”成为职业教育存在和发展的最大理由。[①]高等职业教育致力于培养适应市场需求的专业人才，通过提供与实际工作相关的课程，帮助学生掌握实用技能和专业知识，并培养他们具备创新精神和实践能力。这样的培养模式能够有效地满足社会各个领域对高素质人才的需求，推动行业的发展和经济的增长。

其二，高等职业院校通过科研和创新活动来推进社会经济发展。高等职业院校拥有丰富的人才资源和专业知识，在科研领域进行创新和突破，促进科技成果的转化和应用。通过与企业、政府等合作，高等职业院校能够将科研成果转化为实际生产力，推动产业的升级和创新。

其三，高等职业院校通过服务区域发展，为社会提供支持和咨询。高等职业院校可以与地方政府、企业进行合作，为其提供专业知识和技术支持，推动产业结构调整和转型升级。高等职业院校通过为企业解决实际问题、提供咨询服务，进而促进区域经济的可持续发展。

（二）推动高等职业教育可持续发展

教育最迫切的需要是专业的行业平台、现代化的教育产业链。[②]高等职业教育自身的性质决定了其具有特殊的区域性和社会属性。从服务区域发展的角度来看，他们的社会工作和侧重点也与普通本科高校不同。

一方面，高等职业教育应加强与地方政府、企业等相关方的紧密合作，深入了解区域经济的实际需求，根据需求进行课程设置和研究方向选择，确保教育培

---

① 徐平利. 职业教育的历史逻辑和哲学基础[M]. 桂林：广西师范大学出版社，2010.

② 杨开城，窦玲玉，张慧星. 我们到底应该实现什么样的教育产业化[J]. 现代远程教育研究，2023（3）：47-54.

训的内容与市场需求相匹配；加强与行业协会、职业培训机构等的合作，建立起产学研用多方面的合作平台，促进知识与实践的结合，为培养具备市场竞争力的毕业生提供更多的机会和资源。

另一方面，高等职业教育应加强自身的内部管理和建设，提高办学质量和教育水平，在师资培养、教育资源配置等方面不断优化，为可持续发展奠定坚实基础。高等职业教育应加强对师资队伍的建设和培养，提升教师的实践能力和社会服务意识，使其能够更好地适应区域经济的发展需求，并通过科研和创新活动为服务区域发展提供专业支持和咨询。高等职业教育应积极倡导创新创业精神，鼓励学生参与实践项目和社会实践，培养学生的实际操作能力和创新能力，使他们能够更好地适应快速变化的社会经济环境，并为区域经济的发展做出贡献。

（三）履行服务区域发展职能

服务区域发展是学校和社会之间的桥梁，高等职业教育依靠高质量、优质的教学资源实现自身价值、获得社会认可、推广资源、为当地社会发展提供必要的服务。服务区域发展水平的高低，直接影响着高等职业教育在社会环境中的定位，也间接影响着高等职业院校对外部资源的利用。为此，加强对服务区域发展的质量与成效的提升，既是获取国家扶持与社会资源的必要条件，又是高等职业教育自身存在与发展的必然要求。

高等职业教育可以通过迅速转化社会生产力的科研成果，并促进其在生产一线的应用，来履行服务区域发展使命。通过履行其服务区域发展使命，他们可以产生不同形式的社会福利，如社会教育和培训。高等职业教育的社会表现反映和检验着教育水平和科学成就。职业院校的社会功能与经济社会发展密切相关，已成为提高院校声誉、提升教育质量、拓展学生发展空间的重要指标。学生参与服务区域经济社会发展不仅是为了提供社区服务，更是为了增强他们的专业能力和服务，从而增强他们适应实际工作需求的能力。

（四）助力地方企业高质量发展

在约翰·罗尔斯（John Rawls）看来，“在一个共同体中，人们获得了需要和利益，这些需要和利益推动他们以某些方式为互利而一起工作。存在着共有的最终目的和实现这个目的的方法，一旦这一目的实现，将加强共同体的联系纽带。”①企业是高等职业教育的共建主体之一，高等职业教育建设过程中必须主动对接行业企业，形成校企命运共同体，这样才能使高等职业教育的建设变得更有针对性、更有特点，打造高等职业教育办学特色，培养能满足行业企业需要的人才，助力地方企业高质量发展。从这一点上来讲，推进校企深度融合，使其充分发挥在组建高等职业教育过程中的重要作用，可以为高等职业教育建立现代产业学院提供更多的支撑和载体，同时还可以推进现代产业学院的运行模式创新。

从本质上讲，高等职业教育是一个综合性技术技能型人才培养的共建平台，可以将更多的企业、更多的企业骨干尤其是更多的杰出人才引入教育、教学和管理工作当中，从而在很大程度上有针对性地推动资源共享的建设，这对促进产业与学界、供给与需求、文化育人与实践育人、专业建设与课程改革，都起到了很好的支撑作用，形成特色化、综合性的校企合作共同体。

从实践角度来看，在高等职业教育的建设过程中，应该深刻认识到校企融合对高等职业教育高质量发展的积极作用，采取切实有效的措施，努力推动职业院校与企业之间的深度融合，使企业在共建高等职业教育中发挥出更大的作用，校企共建取得更好的成绩与效果，形成高素质技术技能型人才供需耦合，以期达到助力地方企业高质量发展的目标。

三、高等职业教育服务区域发展的现状

提供区域发展服务是高等职业教育的一项基本功能。目前，在高等职业教育之间的竞争中，一切都围绕着服务区域发展的技能和水平。只有更好地支持区域发展，高等职业教育才能获得更好的发展。如今的社会是一个竞争激烈的社会，那些服务区域发展能力较弱的学校很难生存下去。高等职业教育在建校过程中面临的资金、技术问题与国家和社会各行业的支持密切相关，具体来看，我国高等职业教育服务区域发展意识逐步提高，服务区域发展内容不断深化，服务区域发展成效逐渐凸显，但服务区域发展创新驱动力不强，校企共建生态发展机制深度融合力度仍然不够。

---

① 约翰·罗尔斯. 正义论[M]. 何怀宏，何包钢，廖申白译. 北京：中国社会科学出版社，2009.

（一）服务区域发展意识逐步提高

社会经济的发展使得人们的需求变得多样化，社会对人才的需求也越来越大，因此教育机构开始反思和转变其发展、管理水平和内容。高等职业院校作为区域经济人才培养和科技研究的核心育人主体，其发展必须与社会经济融合，要深入落实服务区域发展重要职能。

服务区域发展是高等职业教育建设的重要组成部分，提高服务区域发展的能力是高等教育机构发展和建设的重要因素。服务区域发展项目仍然是教育机构总体规划和发展的一项重要任务。教育行政部门牵头组织高等职业院校共同制定评价标准，开展强有力的领导、全面规划，并采取了系列措施，以确保服务区域经济社会发展意识逐步提高。高等教育机构可以根据当地经济发展的实际情况和特点，提高其服务区域发展能力。“双高”类的职业院校作为国家级、省级示范单位，也要发挥引领作用，帮助和促进地方其他职业院校的建设和发展，为地方社会经济建设做出贡献。

（二）服务区域发展内容不断深化

高等职业教育服务区域发展的形式、渠道和模式日益多样化，服务领域和水平不断扩大和提高。职业教育机构应根据区域社会经济发展的趋势和需求，调整课程模式，创新教育理念，为社会提供更优质的服务区域发展。为了适应社会对人才培养的需求，一些高等职业院校根据自身的资源和实际情况，多形式、多渠道创新校企合作、工程人才综合开发的模式。

同时，为促进区域发展，实现学院人才高质量发展目标，高等职业院校还应根据学生的特点和兴趣，系统地组织学生开展技术服务、技术交流等。高等职业院校应加强与社会企业的联系，同时还可以参与国际交流与合作，不断提高高等职业教育的教育水平。

（三）服务区域发展成效逐渐凸显

每一所高等职业院校都有自己的特点和条件，所以，近年来高等职业教育在自己的条件和资源的基础上，对自己所拥有的资源和优势有了更清晰的认识，对服务区域发展的需求和重点进行了清晰的认识，扩大了服务区域发展的范围和方式，并将自己的服务区域发展特色表现得更加突出。

其一，与当地政府和企业合作建立信息技术平台并开展相关技术服务项目，根据市场经济和职业培训发展的规律，不断拓宽服务渠道、完善服务模式、创新服务理念，取得良好的经济效益和社会效益。目前，一些高等职业院校充分认识到学校发展与服务区域发展的关系，主动寻求与社会企业的合作机会，与企业签订了联合组织协议，不断探索校企合作的新模式、新形式，取得了显著成效。

其二，高等职业院校必须转变观念，释放潜力，扩大服务区域发展范围，逐步提高服务水平。高等职业院校和企业共同进行技术技能型人才评估，共同开发培训材料；建立合作交流机制，开展以企业真实项目为主线的校企合作，提高教育教学水平和影响力；利用高等教育优势，制定社会综合人才培养计划，组织区域内院校进行经验交流，建立良性沟通机制，促进区域内高等职业教育共同发展。

其三，开展各种形式、内容丰富的国际交流活动，开展学生服务区域发展活动。全国示范性（骨干）高等职业院校应重视对发展相对落后的高等职业教育的辐射带动，对西部地区发展相对滞后、教育资源匮乏的地方高等职业教育进行“对口支援”，协助管理干部、师资培训和学生共同培养。

（四）服务区域发展创新驱动力不强

当前，高等职业教育为区域社会发展提供服务的能力相对滞后，与服务区域发展战略的要求的差距还很大，尤其是在科技创新、国际化水平和国际竞争力等方面还有待进一步提升。

政府层面。近年来，国家对高等职业教育的校企深度融合进行了积极的提倡，并出台了一系列的指导性文件。譬如，2023年6月，国家发改委会同教育部等八部门联合发布《职业教育产教融合赋能提升行动实施方案（2023—2025年）》，从国家经济和社会发展综合管理部门角度强调统筹推动教育和产业协调发展，通过产教融合方式为全面建设社会主义现代化国家提供人力资源支撑，指明要加快形成产教良性互动、校企优势互补的产教深度融合发展格局。[①]但是，这些政策多为宏大叙事，高等职业教育校企共建过程中主体诉求并没有得到充分满足，没有具有权威性和全面性的法律、法规实施细则以推动和规范高等职业教育校企深度融合；地方管理部门缺乏健全、完善的针对高等职业教育校企深度融合的指导手册及支持政策，尤其是对于企业来说，政府颁布的相关政策的力度不足，吸引力不够，这些问题都亟需解决。

学校层面。高等职业教育为企业提供的服务效能较低。目前，社会通常以就业率和就业质量为评价指标对高等职业教育教学质量进行评价，而忽视了其真正能够发挥的作用。高等职业教育人才供给不能满足企业对人才的需求，没有将企业对于人才的需求进行细化、分类研究，人才供需不匹配。高等职业院校为企业提供的综合服务水平较低，无法满足企业对职业技术人才的需求。

企业层面。企业始终以追求利润最大化为出发点。许多企业只注重经济效益，没有深刻地认识到校企深度融合的重要性，且认为参与人才培养需要耗费一定的人力、物力、财力，造成成本增加，因此企业没有足够的积极性去参与校企合作，造成了高等职业院校学生企业一线实践不深入，岗位技能不娴熟，毕业生就业难等一系列现象。

（五）校企深度融合力度不够

产教融合和校企合作是发展中国特色高等职业教育的根本途径。校企合作，就是学校与企业双主体之间，通过平等合作、双向互动、相互协作，实现相互促进、持续发展的过程。中国特色职业教育的校企合作模式，遵循校企主导、政府推动和行业指导的合作原则。高等职业教育服务区域发展要满足社会、经济、行业和企业的需求，有针对性地进行服务区域发展能力建设。近年来，我国很多地区高等职业教育校企深度融合已初见成效，但校企共建生态发展机制有待进一步提升，校企深度融合力度不够，仍面临着一些困难。[②]

一方面，校企深度融合离不开良好的宏观环境保障，积极的措施引导激发校

① 中共中央办公厅，国务院办公厅. 关于深化现代职业教育体系建设改革的意见[EB/OL]. https://www.gov.cn/zhengce/2022-12/21/content_5732986.htm?trs=1，2022-12-21.

② 郭媛媛，王帅. 多元主体协同视角下市域产教联合体建设：内在机理、实然困境和应然路径[J]. 职业技术教育，2023（8）：41-49.

企双主体参与产教融合的热情、校企协同的意识，否则，主体易处于被动参与状态。校企深度融合是高等职业教育与产业之间的全面融合。当前，高等职业教育校企深度融合的模式比较单一，以传统订单班和现代学徒制为主，有待进一步扩大融合的范围。校企融合还不够深入，具体体现在：个别高等职业院校与企业只是签了合作协议，而没有明确的融合的内容，也没有推进融合工作的进行，双方停留在“纸面合同”的状态；部分高等职业院校仅从专业技能、知识掌握角度出发，而忽视了企业岗位对人才的具体需求；高等职业院校未将行业标准与课程标准有机融合，所教授学生内容滞后；职业素养和职业技能标准与行业、企业的契合程度较低，专业设置与产业需求对接有待加强。

另一方面，校企融合是一个动态的、多维的系统工程。当前，一些高等职业院校的“校企合作”缺少一套全面、科学、合理的评价体系，也没有一套完整的、统一的、可供“诊”的标准和指标。从理论上讲，横向维度是指政府、学校和企业三方参与到学校和企业之间的所有行动与活动；学校与企业之间的纵向维度是一个从发生到发展的全过程。一些地区高等职业教育校企合作的评估指标并未从横向和纵向两个方面构建，校企共建生态发展机制深度融合力度有待进一步加强。

第二节 高等职业教育服务区域发展建设思路

服务区域发展是高等职业教育的职责和使命，也是促进高等职业教育和社会建立紧密联系的重要途径，高等职业教育提升服务区域发展能力、为社会提供高质量的服务也是不可回避的话题。高等职业教育机构需要引入先进管理理念，创新学校服务区域发展工作机制。

一、转变办学理念，加强与社会的密切联系

目前，高等职业教育管理者对学校的社会服务工作职能重视不够，学校与社会的关系也不紧密，这也是高等职业院校缺乏走入社会的勇气的一种表现。我国经济社会发展正处于变革的关键阶段，高等职业教育也正处于转型关键期。学校

必须抓住机遇，努力提升服务区域发展职能，了解经济社会发展趋势，只有这样才能为社会提供针对性的服务，实现高等职业教育的可持续发展。

其一，高等职业院校应改变观念，积极应对。高等职业院校应认识到，自己的使命已从单纯的传授知识、传授技能转变为为服务区域发展。在高速发展与变革的时代背景下，高等职业院校不能再沾沾自喜，应该改变思维方式，积极主动融入行业企业，建立长期的合作关系，并寻找新的服务机遇。比如，主动向合作企业咨询意见，共同签署相关的人才共育协定，进行合作研究，与研究机构联合开发新的产品、开展新项目等；为企业提供在职人员技能培训和技术咨询服务，为企业提供人才方面的支持，达到校企“双赢”目标。

其二，高等职业院校要加强与合作企业的联系，主动寻找服务区域发展的机会，使其专业技能更好地适应经济和社会发展的需要，以保证培养出来的人才的质量满足市场的需要。这样，既可加强学校为社会提供的服务，又可提升学校的声望和影响。高等职业院校应定期选派教师到企业生产一线进行现场顶岗、深入交流和访问，了解企业发展现状、行业发展前景和市场需求状况，深入企业进行交流学习，丰富自身实践经验，围绕合作企业选定研究主题，拓展服务区域发展的内容和渠道，为提高服务区域发展质量奠定基础。

其三，高等职业教育在“走出去”的同时，也应“请进来”，加强与有关产业、企业的交流，高等职业院校应聘请一些专业技术人员到学校授课，为学生和老师们创造最新的产业资源环境，让他们能够不断地更新自己的专业知识，开阔自己的视野。同时，高等职业院校还可以邀请行业企业中的专家们，与他们保持长期紧密的联系，并邀请其参与到专业的调整和课程设计中来，跟高等职业院校教师一起协商人才培养计划。

二、完善管理机制，明确服务区域发展方向

目前我国大部分高等职业院校并未针对服务区域发展职能设立专门的行政管理机构，无法对高等职业教育服务区域发展工作做系统的规划和管理。高等职业教育必须建立服务区域发展管理职能。服务区域发展中心（办公室）应建立专业的功能服务，如设置专业人员并明确分工，确定服务区域发展的方向，并由当地龙头高等职业教育牵头，与龙头企业共建产教联合体，有效提高服务区域发展的相关性。

职业院校应完善支持管理机制，以服务区域发展管理职能为导向，通过对其进行深入研究，构建并完善支持管理体系，制定相应的服务区域发展管理制度和方法，以推动职业院校服务区域发展工作的持续有序开展。在绩效评价方面，明确教师在服务区域发展中所承担的任务，制订一套管理方案，提出一些明确的要求和规则，并把教师对社会事务的参与与绩效评价相结合，绩效评估标准与年终绩效评估和职位晋升挂钩。在科技研究领域，制定科技成果管理的管理方案和规定，为学校工作人员参与科学研究提供全面指导和科学指导。

三、引入激励机制，强化主动服务意识

高等职业教育教师是服务区域发展的主要参与者，他们普遍认为学校具有服务区域发展功能，且对学校的发展非常重要。因为教师的时间和精力有限，对服务内容了解不足，参与服务区域发展的时间相对较短，所以学院学校层面应制定相关激励措施以鼓励师生参与区域经济服务活动。高等职业教育履行社会工作职能成败的关键在于教师的积极参与与配合。为了激励高等职业教育教师社会工作职责的有效履行，高等职业院校必须制定适当的鼓励措施，充分调动全校师生参与服务区域发展的积极性，这样不仅有助于学生更好地融入社会，促使教师技能随着产业转型升级及时更新，更有助于实现高等职业教育自身的社会发展目标。

其一，引入社会保障制度。建立教学与科研相结合的福利奖励制度，对对服务区域发展做出突出贡献的团队和个人将根据实际情况进行适当的物质和精神奖励，并优先考虑职称评定、晋升和高级职员的选拔。

其二，在高等职业院校开展社会工作时，将服务区域发展纳入绩效评估，仅通过教师自发参与来确定教师参与社会工作的程度和方法是不现实的，因此，应根据规定和情况，将教学业务的数量和质量转化为个人流动的服务区域发展，并将其纳入绩效评估，作为奖励绩效和选拔优秀人才的依据。

其三，建立合理的绩效分配制度。高等职业院校必须发展和增加对社会工作的支持，促进教师和管理人员参与社会服务活动，完善分配制度，服务区域发展活动产生的经济效益必须按个人贡献比例分配。它可以保护教师的利益，完善高等职业教育实验室和实验设备等教育资源的管理体系，努力向教师和社会开放教育资源，为教师参与社会服务工作创造条件。

四、引入社会力量，多元主体参与办学

高等职业教育办学模式改革的核心内容就是要打破政府作为唯一管理机构和单一权力中心的现状，实现办学主体的多元化。[①]引进竞争机制，引进社会资本，充分发挥市场的作用，让更多的社会企业加入公共服务中，实行多元主体参与管理，提升服务质量。高等职业教育的办学主体，基本上都是以当地政府的财政投入为主，它的办学资金比较有限，这就对学校的基础设施建设以及实验实训设备的更新不利。所以，打通与社会进行沟通的渠道，从而与社会建立起密切的关系，利用校企合作的方式，引入社会资本，与社会力量进行联合办学，这种方式既可以实现减轻政府财政负担的目标，又可以缓解高等职业教育在发展过程中面临的资金短缺问题。所以，高等职业院校要改变观念，积极争取社会力量，让他们一起参与办学，以校企共建专业为载体，吸引合作企业在资金、技术、师资、设备等方面投入资源，与学校共同商定人才培养方案，共同制定教学计划，共同设置课程内容，共同对教学过程进行管理，共同建立实习实训基地，校企联合开展科研技术攻关项目，共同承担学生实习就业的责任，从而提升人才培养质量和科技成果转化率。

我国高等职业教育的发展可以借鉴国外成功的职业教育和培训模式，如德国的“双元制”教育，由国家、企业、个人和学校共同参与，这是一种由国家、企业、个人和其他机构投资管理学校的教育模式。企业负责为学生提供实践培训，学校负责基础理论知识。通过高等职业院校与企业的深度合作，促进高等职业院校与企业之间的资源共享，有利于缓解高等职业教育人才培养输出的瓶颈问题。校企双方应共同制订人才培养方案，设立课程体系，共同共建“校中厂”训练基地，将课堂搬入企业生产一线，场景育人，校企共同管理与分享优势资源。师资队伍均由企业聘请专业技术人员组成，任教教师需经过企业考核，以提高师资队伍的整体素质和技能水平。在这种情况下，企业能够消除对高等职业教育的偏见，在感情上对高等职业教育认同与接纳，并能针对高等职业教育的需要，寻求与高等职业院校的深度合作。在师资力量建设上，应增加经费，与高等职业院校共建技能训练基地、技术研究中心等，以改变高等职业教育师资力量相对较弱的现状。在软件方面，企业参与到教学、实习、实训和科研中去，随同学校一起制

① 刘晓. 利益相关者参与下的高等职业教育办学模式改革研究[M]. 杭州：浙江大学出版社，2015.

订人才发展规划，选派技术人员到学校任教，和学校的老师一起组建教学团队，参与教学活动。定期审查和评估学校的有效性，获得必要的人力资源和技术服务支持，通过学校与企业家的深入合作，实现与学校的互利共赢。

总之，现代化高等职业教育管理模式应借鉴先进的企业管理经验，在育人的过程中强调效率和生产服务，引入竞争机制和激励措施，提高服务效率和质量。因此高等职业院校必须创新管理机制，让社会力量参与教育活动，提高高等学校的服务区域发展意识，促进高等职业院校服务区域发展。

第三节　高等职业教育服务区域发展实施路径

现代化高等职业教育服务区域发展是自身发展的内在要求，需发挥政府职能部门领航作用，坚持市场需求导向、增强高等职业教育内涵建设，校企双主体协同发展、形成利益共同体，强化绩效评估、建立高等职业教育机构服务区域发展能力考核制度，加强与地方政府、企业合作，深化教育培训内容与市场需求的匹配，并提升高等职业教育的教学质量和科研水平。[①]通过这些举措，高等职业教育能够更好地融入区域发展，为地方经济生态发展提供更加专业和实用的支持，是高等职业教育服务区域发展的重要实施路径。

一、完善政府职能，发挥“掌舵”领航作用

高等教育由政府组织和管理，政府必须转变和完善其职能，从“办”职业教育转变为“管理和服务”职业教育，发挥“管理”的主导作用，为高等职业教育的社会工作创造有利的环境，建设可持续发展的高等职业教育。引导和提高服务区域发展意识，积极通过立法服务社会，利用法律法规和政策文件，协调社会企业参与高等职业教育的实施过程，通过财政拨款确保社会福利的适当实施，并通过评估监督高等职业教育社会绩效的改善，但政府不是万能的，在发挥“掌舵”

① 李秋宇. 新公共管理视角下高职院校社会服务能力提升研究[D]. 西华师范大学，2021.

领航作用的同时需充分发挥市场这只“看不见的手”的调节作用。

（一）坚持统筹规划，完善顶层设计

政府作为主管部门，在高等职业教育发展中起着统筹规划和宏观调控的重要作用。因此，各级政府应该明确自己的责任，做好顶层设计，完善相关法律法规和体制机制。

1.完善法律法规

目前，我国制定了《关于加快推进现代职业教育体系建设改革重点任务的通知》《职业教育产教融合赋能提升行动实施方案（2023—2025年）》《关于开展市域产教联合体建设》等一系列职业教育改革政策，这些政策从宏观的角度给予指导、规划，多为宏大叙事，尚没有具体的服务区域发展的细则条文，所以，无论是中央政府还是地方政府，都应加强对高等职业院校服务区域发展的建设、管理、运行等方面的法律、法规的健全，这对提高高等职业院校的服务区域发展能力具有非常重要的意义。国家和地方要大力推进“产教融合”，大力发展“产教融合”的高等职业教育。除此之外，还应该健全保护高等职业教育教师的知识产权和专利制度的法律法规，以对其技术成果进行保护，使其能够安心地参与为服务区域发展的活动。

2.建立完善的服务区域发展运行机制

作为“掌舵者”的政府，要根据自身的条件，落实国家的政策，制定相关的配套政策，指导、扶持高职学校参加服务区域发展，为提高高职学校服务区域发展水平营造有利条件。

第一，完善导向机制。政府要对经济社会发展进行综合评价，把职业教育融入产业发展和区域规划中，构建起一套对人才短缺状况进行调查的体系，对人才的需求进行科学的预测，从而指导高等职业院校对职业结构进行调整，使之与产业发展相匹配，从而为社会提供所需要的专业人才。在此基础上，省级教育行政部门对本地区高等职业教育的社会表现进行了评价，并针对具体情况，提出了相应的对策，为高等职业教育的发展提供宏观指导。

第二，完善激励机制。政府部门牵头制定财政、税收、金融等一系列激励政策，并给予一定的政策扶持，鼓励高等职业院校和社会企业深度合作。比如，针对与高等职业院校共建产业学院的企业，共同完成项目收益后，可以通过税收法律法规规定的应纳税额给予一定的减免，还可以享受国家对参加实习活动的学生

或教师的商业或企业活动的相关减税政策。通过一系列激励政策，使学校、行业和企业积极深度融合，共建命运共同体。

第三，完善行政管理机制。政府和教育部门必须明确职责，规划和协调高等职业教育服务区域发展工作，指导、协调、监督和评价服务区域发展工作。政府和教育部门必须制定高等职业教育社会活动管理办法、标准和实施细则，规范政府、企业、学校和其他参与机构的合作行为。

第四，建立社会化服务的平台。政府主管部门，拥有着一定的资源分配权利，要充分发挥自己的优势，将高等职业院校、企业和行业的资源进行整合，构建一个政府、企业和学校三方资源共享的服务区域发展平台，创造一个良好的交流环境，建立密切有效的联系。比如，政、行、企、校共建市域产教联合体，在人才、科研、生产等环节共同开展管理活动。

（二）加大职业教育投入，健全财政保障机制

提高高等职业教育服务区域发展职能，既要有健全的服务区域发展体系，又要有相应的经费保障。为满足社会对高素质人才培养的要求，为社会提供更好的服务，高等职业院校既要购置先进的实验、训练设备，又要有充足的经费，提高自身的教学水平。为此，必须加大对高职教育的投资力度，并在此基础上构建健全的资金保障体系。

一方面，各级政府要在严格落实现有政策的前提下，适当调整转制方式，调整教育开支结构，加大对高职教育的投入，在政策和资金上保证对高职教育的支持，从而推动高职教育的发展。

另一方面，政府应制定优惠政策，鼓励社会力量以各种方式投资高等职业教育。其中包括投资于资源、土地、设备，以及实现包括技术和人才在内的合作文化，促进实验和培训设备的开发，为租赁项目提供资金支持，并为高等职业院校参与社会福利活动提供更多资金支持，以改善教育条件，加强教师队伍建设，充分利用社会资源优势，使高等职业教育办学使命与区域发展相容，与合作企业“共赢”，进而服务区域经济生态高质量发展。

（三）以人为本，优化高等职业教育结构

迈克尔·富兰认为：“结构调整的改革有相当多的层面并且非常复杂，充

满着不确定性。”[①]社会经济的发展离不开高等职业教育所培养的人才。高等职业教育应始终坚持“以人为本”，培养优秀的高素质技术技能型人才，以满足社会对职业技能人才的需求。为了提高高等职业教育的社会绩效、提高学生的服务技能，需要系统地构建一个符合现代职业教育和培训特点的结构体系，以岗位技能为出发点，以学生为中心，以实现他们的成长和个性发展为落脚点。为了满足各级合格技术人员的教育需求，要设立从专科、本科到研究生的不同级别的学位。

目前，大多数高等职业院校只属于专科层次，毕业生只能获得专科学位，希望接受高等教育的应届毕业生只能通过大三的专升本考试进入自己梦寐以求的大学继续深造。国家和各级政府必须优化高等职业教育结构，引导一批本科高等学校转型为应用技术类高等职业教育，以及将现有的符合条件的高等职业院校或者专业破格升为本科层次院校或者本科专业，可以招收普通高中毕业生或专科层次高职毕业生，使高等职业院校学生享受平等的升学机会，为学生的成长提供空间。与此同时，高等职业教育可以采用双重领导制度，即学校和企业共同领导，开展校企联合培训，提高人才培训质量。

（四）采用分权和授权管理，扩大高等职业教育办学自主权

各部委必须转变职能，将部分管理权适当移交给学校，授权或权力下放的机构必须有强烈的责任感，加快政府职能转变，明确地方在职业教育管理中的作用，明确高等职业教育机构办学的权利和义务，通过法律法规、财政手段和政策文件来对高等职业教育进行引导和干预。

第一，在高等职业教育的学科专业设置方面，政府部门应该给予学校足够的自主权，这样才能让高等职业教育及时地响应经济和社会发展的需求，跟上企业转型升级的步伐，同时，政府也可以构建一个人才调查体系，对人才的缺口做出科学的预测，从而指导高等职业教育科学地设置专业。

第二，政府应赋予高等职业教育办学主体足够的用人自主权。高等职业教育需要重视、强调学生实践和操作技能发展，它在培养高素质人才的同时，也在培

---

① 迈克尔·富兰. 变革的力量：透视教育改革[M]. 中央教育科学研究所，加拿大多伦多国际学院组织译. 北京：教育科学出社，2004.

养高素质的高等职业教育师资队伍。政府应该采取相应的措施，并给予适当的支持，帮助高等职业院校从社会企业中聘用管理技术人员和行业专家为全职或兼职的教师，支持高等职业院校自己选择教师；对“双师型”教师，可按实际情况自行给予其相应的绩效薪酬待遇。

第三，在制定录取办法和学费使用等方面，政府应赋予高等职业教育机构足够的管理自主权，并为促进人才结构的均衡发展提供适当的指导。集权与分权相结合，可以最大限度地发挥高等职业教育的办学活力，加快应对经济、社会和产业结构调整，为经济社会发展提供高质量的服务，促进区域经济生态发展。

（五）加强高等职业教育宣传，营造良好氛围

高等职业教育要提升服务区域发展能力，离不开社会的参与，也需要国家的支持。因此，政府通过各种新兴媒体讨论职业教育在经济社会发展中的重要作用、政策和指导方针。在高等职业教育服务区域发展中，传播优秀的典型事件和贡献，在全社会树立了重视高等职业教育的理念，加强高等职业教育在公众中的声誉和认可度，并定期组织职业教育培训，根据实际情况灵活制订活动内容。建议通过举办丰富多彩的教育活动和利用教育和职业培训方面的突出成果宣传高等职业教育服务区域发展贡献；高等职业教育提供优秀的技术人才和示范组织，开放校园和教育设施，积极弘扬技术工人群体和手工艺品精神，做好职业教育。树立社会形象，为政府积极投资创造有利环境，社会的高度认可和积极参与也会激发年轻人学习职业技能的热情。

二、坚持市场需求为导向，增强高等职业教育内涵建设

在提升自己的服务区域发展能力的过程中，高等职业教育要遵循“走出去，请进来”的原则，与社会保持紧密的联系，对市场的需要进行充分的研究，并对社会的需要进行及时响应，以市场的实际需要为基础，对学校的学科专业进行调整，并强化教师队伍，有针对性地为政府、行业和企业提供优质的服务区域发展。

（一）以需求为导向，加强学科专业建设

高等职业教育的学科专业是办学的基础，直接决定着高等职业教育提供服务区域发展内容的方式。强化学科专业建设，是提高服务区域发展能力的一条重要路径。通过把握地区发展需求，以就业为导向，对学科专业建设思路进行调整，对专业结构进行科学调整，构建岗位群管理机制，强化为经济发展所需的学科专业建设。

第一，树立正确的服务区域发展观。高等职业教育在开展学科建设和岗位技能强化管理时，必须综合考虑当地经济社会发展的需要，从长远的角度合理规划高等职业教育的学科和职业环境。在设置专业时要根据学校实际办学条件和师资力量综合考虑，不能盲目跟风，学生的实际就业情况不容忽视。此外，由于缺乏资金，容易设置一些成本低、速成的专业，造成学科涉及面广，学生无法学得精，毕业之后无法满足当地经济社会需求，无法为当地社会发展提供强有力的人才。因此高等职业教育必须选择有利于当地经济社会发展的产业，以及战略性新兴产业，了解产业发展趋势，培养出符合当地经济产业发展的高质量人才。

第二，合理设置学科专业。高等职业教育的专业设置与社会企业发展有着直接的关系，高等职业教育要结合当地产业发展进行相关专业的设置，满足以学生就业为导向的产业结构调整的需要；大力发展围绕区域产业集聚的专业群，逐步形成服务当地基础产业发展的特色专业；科学制定人才发展计划，在满足当地经济发展的同时，提高当地社会效益。

第三，完善专业动态调整机制。淘汰与当地经济发展关系不密切、职业同质化程度高、人才提升质量低的行业，逐步减少注册数量，发展与当地经济增长关系密切的专业，提高社会服务意识和人才技能水平。适当扩大招生规模，加强学科专业建设，在专业设置与当地经济社会发展需求之间寻求动态平衡。

（二）以服务为宗旨，增强师资队伍力量

提高高等职业教育社会绩效的关键是提高教师服务区域发展的能力。学校向社会提供的科研技术服务需要高等职业教育教师的配合及参与，如果教师服务区域发展意识和服务区域发展的能力较低，那么就很难参与服务区域发展。所以，要想培养出符合社会发展的技术技能型人才，高等职业教育教师不仅要有扎实的理论知识，还需要有丰富的实践经验。目前，高等职业教育的师资力量普遍较

弱，学校应引入更灵活的选聘机制，建立“双导师”流动机制，提高教师教学能力，增强优质师资队伍力量。

其一，高等职业教育必须创新教育模式，可以聘用具有企业实践经验的人员作为专职教师。应聘者需要有一线实际工作经验，同时，也需要引进一部分高素质的兼职或客座教师，以提高教师的技术服务能力。

其二，发展高等职业教育应利用校企合作单位，积极寻求国家支持，提高高等职业教育教师的社会绩效。高等职业教育教师应定期派遣教师到政府单位和制造业企业学习交流，了解企业未来发展新方向，丰富自身实践经验，提高服务区域发展意识。

其三，高等职业教育要积极邀请企业专家作为创业导师，聘请大批专业技术人员和企业管理人员担任兼职教师，确保学校培养的学生与企业的实际岗位相匹配。

（三）创新运行机制，搭建服务区域发展平台

当前，在高等职业教育提供服务区域发展的过程中普遍存在的问题是，科技成果转化率不高，资源配置程度不足，人才培养质量不高。高等职业教育机构可以与政府和企业界合作，创建服务区域发展平台，建立与学校和社会联系的平台，通过平台与社会建立联系，了解服务区域产业发展的实际需求。同时，服务区域发展平台是了解高等职业教育服务内容、提供高效率社会绩效水平的重要窗口。

第一，建立技术平台，丰富服务区域发展内容。了解政府和企业在与社会沟通过程中的动态和发展需求，例如技术服务中心和研究中心，推动技术团队提供技术支持服务。通过搭建的社会化服务平台来满足其发展需求，并将科技成果转化为现实生产力，提高科技成果转化率。

第二，建立资源共享平台，加强文化资源管理的共享管理。高等职业教育机构可以通过与社区共建的服务平台向社会提供资源共享服务，并得到学校教育资源的支持。例如，高等职业院校可以与当地社区合作，利用学校现有的资源成立老年大学，为社区居民提供艺术课程的学习，还可以利用学校现有器材建立老年活动中心，开设健身器材室供小区居民培训。高等职业院校还可以利用其收藏的资源与社区合作，建立社区图书馆，向社区居民提供学习资源。

第三，建立网络信息平台，扩大覆盖范围。许多国外著名大学的官方网站提

供可以免费下载的公共课程，供那些想要利用业余时间继续学习的人使用。近年来，国家层面组织高等职业院校建立“公共网络课程”，并将其公开在官网，形成一批线上课堂，让更多人通过参加公开的在线课程来提高专业知识和技能。此外，高等职业院校还可以利用微博、微信、抖音等建立网络媒体，开设公众号，定期发布科学知识，向更多普通公民宣传科学、文化和专业知识，以此扩大高等教育的影响力，提高高等教育机构的知名度和影响力。①

第四，在学校里办厂或办企业。高等职业院校可利用自身的优势专业和优势资源，设立校内工厂或企业，也可寻求社会企业的力量，与企业共建、共享校内外实验实训基地，比如，汽车专业可以开设驾校或汽车修理厂，印刷工程专业可以开设对外营业的印刷包装厂等，这些实体经济企业不仅能够为学生们提供生产一线的实习环境，还能够锻炼学生们的实际操作能力，创造出经济效益，实现教学资源与生产资源整合共享，是高等职业教育实现服务区域发展的一个重要载体。

三、校企双主体协同发展，形成利益共同体

高等职业教育校企深度融合涉及地方政府、高等职业院校、行业协会、企业等多个主体，只有将各方面的力量都充分调动起来，共同参与到高职职业院校构建之中，才能让高职职业院校取得更大的突破，从而更好地发挥出人才培养模式创新的功能，让高等职业院校可以在培养高素质创新型、复合型、应用型人才方面取得更大的突破，从而支持国家战略全面落实，促进区域经济高质量发展。企业是高职职业院校校企深度融合的主体之一。只有将作为高等职业教育建设的主体之一的企业的作用充分激发出来，才能使高等职业教育的管理体制更加完善，才能更好地促进校企的深度融合，培养出社会与企业需要的高质量、复合型技术技能型人才。在推进校企深度融合过程中，既可以发挥校企合作的优势，又可以搭建产教融合平台，在企业课程建设、教学改革、产学研服务、校企合作课程建设等各环节中，发挥出更好的优势，从而实现最优调配校企资源，让企业及企业人才成为高等职业教育的重要资源，最大限度提升高等职业教育的自我造血功

① 刘强，林启德. 基于校企合作的协同育人平台构建研究[J]. 文化创新比较研究，2019，(34)：142-143.

能，促进产业链、创新链、教育链、人才链的深度融合，形成健全和完善的高等职业教育共建机制，充分发挥高等职业院校、企业的综合作用，促进高等职业教育产业学院向纵深发展，推动高等职业教育的高质量发展。

校企深度融合生态系是在政府、市场等多因素的影响与调控下，高等职业院校与企业双主体以多方面、多模式、可持续的方式，实现校企"产""教"融合、校企文化融合等，实现"人才、资金、技术、平台、管理"等多要素的联动，主体双方互利共赢、协同发展，校企共建服务区域发展需要的"双主体协同、三维度融合、多要素联动"校企深度融合生态系统模型，形成新型的校企合作关系与产教科融合发展体系，实现稳固的校企合作生态系统、校企命运共同体（参见图8-1）。

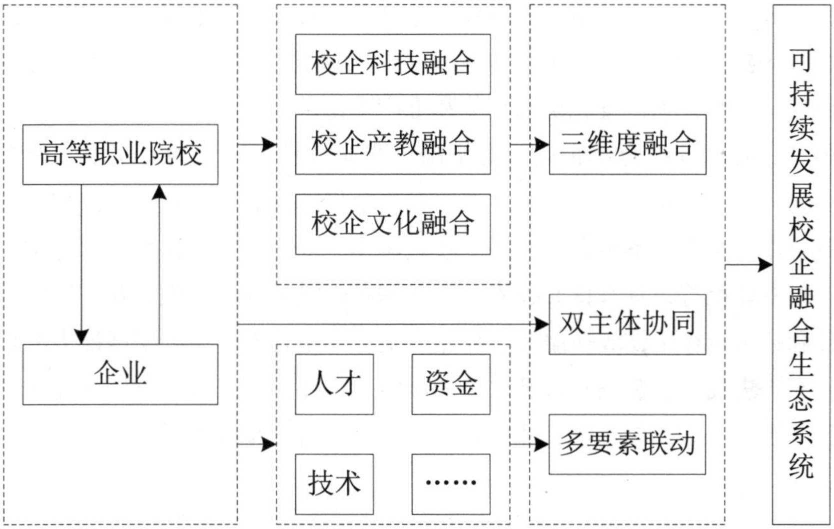

图8-1　"双主体协同、三维度融合、多要素联动"校企深度融合生态系统模型

（一）创新校企深度融合的理念，有效推进"校企双主体"的协同发展

创新校企深度融合的理念和提高服务地方经济发展的意识，以及有效选择合作企业，是高等职业教育推进"校企双主体"协同发展的关键要点。通过改变发展观念、提升合作模式和意识，高等职业教育可以更好地满足地方经济发展的需求，为当地提供急需的高素质技术技能型人才，促进经济的可持续发展。

第一，创新校企深度融合的理念。进一步引导全体教师进行思想上的转变，充分认识到高等职业教育的内涵发展、转型发展、特色发展离不开校企深度融合，在新的形势下，校企深度融合对全面提升教育质量、扩大就业创业、推动地方经济发展起到了非常重要的作用。为此，高等职业教育要不断创新校企深度融合的理念，校企合作的模式要随着环境条件的改变进行及时调整与优化，扭转高等职业院校与企业之间对人才培养的供需不吻合，企业不愿意、不敢接受高等职业教育的学生等局面，使高等职业院校与企业之间的融合具有协调性与同步性，让企业不仅愿意与之合作，而且合作积极性强。

第二，提高服务地方经济发展的意识。目前，我国高职教育的硬件条件和科研水平还远远落后于普通高等教育。为此，高等职业院校要改变自己的发展观念与思维，要有服务区域发展、促进地方产业转型升级的意识，承担起服务当地的责任，发挥其地域优势、学科优势和人才培养优势，为当地提供急需的促进经济可持续发展的高素质技术技能型人才。高等职业院校要主动适应地方的发展需求，做好技术服务和科技成果的转化和推广工作。

第三，有效选择合作企业。对于高等职业教育来说，为了实现“校企双主体”之间的有效合作，必须合理地选取与之合作的企业，否则就会出现“大企业不愿意合作，小企业不感兴趣”的“校企协作”局面。一是在校企合作中，应选取与本校专业相符，具有良好技术、装备和管理能力的规模性企业，同时，把技术服务和技术转移工作放在服务合作企业上；二是培养学生的实践能力，重点培养与具有先进技术、装备及管理水平的实践性人才；三是校企合资建立研究开发和试验基地，以寻找在技术、装备和管理上具有行业领导水平的国内外著名企业为目标。

（二）完善校企合作运行机制，大力推进“三维度融合”

校企合作的过程中必须注重“内涵”建设。高等职业教育需要继续推进教育体制改革，完善校企合作运行机制，加大人才引进与培养力度，加大教育科研的内容与力度，建立健全教育科研推广一体化的长效机制，实现专业设置、人才培养、科研研究与产业转型升级、区域发展等目标的协调统一。进一步加强校内资源的有效整合，大力推进科技融合、产教融合、文化融合三个维度相结合的校企合作运行机制（参见图8–2），深度开展校企合作，将科技创新与企业需求、企业先进技术对接，实现学科专业与企业转型、区域经济发展战略对接；高等职业院校教学过程与企业生产过程融合，实现高等职业院校专业链与企业产业链融合；

将企业文化与校园文化融合，实现师生、企业员工认可的校园、企业文化精神。

学校与企业之间的“三维度融合”，需要健全的工作机制、激励机制和约束机制等，是学校与企业之间深度融合的重要保证。一是以最优整合资源、实施项目式经营，创新高等职业教育校企深度融合的管理机制，调动高等职业院校各院系校企协作的积极性、主动性，提升工作效能。二是学校与企业的“三维度融合”是一个二元主体的复合组织体系，其具体表现为合作协议的签署和实施、技术项目的联合攻关和多元文化的交互作用。为了激励学校与企业之间积极进行“三维度融合”，应制定出一套科学的专门的评价体系与奖励体系。三是校企“三维度融合”要有序化、规范化，否则无法达到预期的深度融合，造成“校企合作半途而废”，三维度也只能停留在协议层面。为此，要构建并健全一系列切实可行的、具有实际意义的、具有监督机制、调控机制等特点的高等职业教育校企深度融合的一系列约束机制。

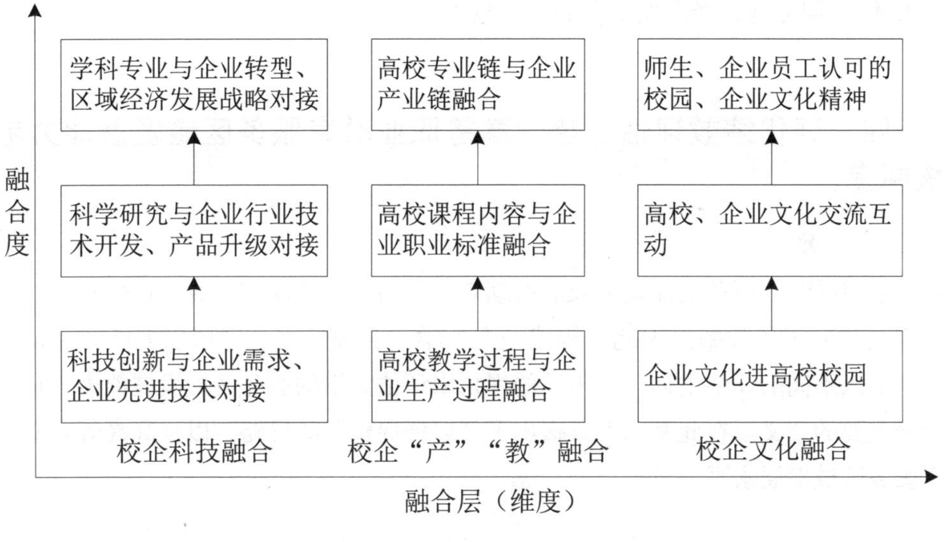

图8-2　校企“三维度融合”模型

（三）“多要素联动”，校企形成利益共同体

校企合作中的主体、主导、参与者等要加大对资源的投入，并主动承担起相应的教育社会责任，有效推进“人才、资金、技术、平台、管理”等校企深度融

合生态系统构成的多要素联动，形成校企利益共同体。“政府、高等职业院校、企业、学生”在“尽自己的责任、做自己的贡献”的时候，都会享受到学校和企业之间的利益，都会被看作校企合作的利益主体。学校与企业之间的“合作利益”具有“个体利益”与“公共利益”之分，学校与企业之间的合作关系是以学校与企业为主体的。“个体利益”在高等职业教育中表现为：获取学校缺乏的经费和技术师资等；提升高等职业院校毕业生的就业素质，增强他们的竞争能力，培养高素质技术技能型人才等。“个体利益”在企业中体现为：生产成本的下降；寻找能够直接进入岗位的杰出人才；利用高等职业院校的研究成果，使其成为生产力，从而提升其生产效率等。“承担教育的社会责任，协同培养应用型人才”，是政府赋予高等职业院校、企业的共同责任，也是一种公共事业。合作效益的实现受到主客观条件的限制，是由校企合作双方“人才、资金、技术、平台、管理”等因素综合作用的结果。为此，高等职业院校与企业应积极推动“人才、资金、技术、平台、管理”等多方面的互动，推动学校与企业结成“协同培养应用型人才”“服务地方经济发展”的统一整体。

四、强化绩效评估，建立高等职业教育服务区域发展能力考核制度

政府的公共服务功能是以政府的绩效为导向，以公众与企业为评价对象，旨在提高政府工作效率。因此，构建一个科学、合理的服务区域发展能力评估体系，引入不同的评估主体，从不同的视角来评估大学的服务区域发展能力，具有十分重要的意义。在此基础上，提出了“以评促建”的思路，以提高高等职业教育服务区域发展水平。

（一）疏通反馈通道，引入多元评价主体

评价主体是指对别人的绩效做出评价的评价者，是服务区域发展的承担者或发动者。[1]高等职业教育服务区域发展能力评估对象的选取将直接关系到其服务

① 刘宁. 高等职业教育服务区域发展能力评价研究[D]. 曲阜师范大学，2014.

区域发展能力评估的科学性、公平性和合理性，因此高等职业教育服务区域发展能力的评价主体应多元化。高等职业教育作为区域性教育，为地方经济社会发展提供服务，服务对象众多，大致概括为：地方政府、地方行业企业、学生和家长。高等职业教育服务区域发展能力的评价主体分类如下。

（1）教育行政部门。作为高等职业教育的监督机构，它有责任和义务组织合格的专家对其服务区域发展能力进行系统评估，客观地提出高等职业教育在服务区域发展方面存在的问题。

（2）行业企业。高等职业教育办学离不开行业企业一线，行业企业是学生实习或实践的场域，是服务和教学实践的基础。企业能直接了解高等职业教育培养的人才是否符合企业发展。当前，高等职业教育越来越强调校企合作和产学研一体化。因此，企业界在评估职业院校的社会福利质量方面有发言权。

（3）教师。作为教学的一线工作者，他们对社会工作有着最真实的感受和直观的理解，能够根据实际情况做出相对公正的评价。

（4）学生家长。学生家长身为学校学生的监护人，都想让自己的孩子有一个美好的未来，会运用自己的社会经验和成熟的眼光，对高等职业教育的实际情况进行客观、真实的评价，并从自身的角度给出意见，以提升高等职业教育社会认可度，增加高等职业教育办学信心。

（5）高等职业院校。高等职业院校也应该作为评价主体之一，对服务区域发展工作展开自我总结、自我评价，并进行自我调节，从而对自身的优势和劣势有更充分的把握，这对高等职业教育提高自身的服务区域发展能力有很大帮助。

（6）第三方机构。第三方机构对高等职业教育服务区域发展能力进行评价得到了国家的认可和支持，这是由于第三方机构跟高等职业教育之间不存在任何的利益关系，而且它们还拥有专门的评价工具和方法，可以站在一个中立的角度上，对高等职业教育服务区域发展能力进行评价，而且评价结果还具有一定的社会公信力。

（二）以质量为目标，建立科学评价体系

服务区域发展的内容因高等职业院校的不同而不同，服务区域发展的形式和能力也各不相同，学校的供给和社会需求因地制宜。因此，国家和地方政府必须改变传统的评价模式。对服务区域发展能力的评价，既要基于对高等职业院校人员培训或教育水平的横向评价，也要加强绩效评价，建立具体的评价指标体系，

提高高等职业教育服务区域发展功能的重要性。具体来说，可以采取以下措施。

第一，明确评价目标和评价指标。评价体系应基于服务区域发展的实际需求，确定评价目标和相应的评价指标。这包括高等职业教育的教育质量、科研水平、人才培养效果等方面。

第二，量化评价标准和权重。对于每个评价指标，应设定具体的量化标准，并确定不同指标的权重，以反映其在评价体系中的重要性。这有助于提供客观的评价结果，使评价体系更加科学可靠。

第三，考虑多维度评价。服务区域发展涉及多个领域和因素，评价体系也应综合考虑各方面的表现。除了教育质量和科研水平，还可以考虑学生就业率、企业合作情况、技术转移和社会影响等因素。

第四，定期进行评估和调整。评价体系应定期进行评估和调整，以适应不断变化的需求和环境。通过持续的评估和反馈，可以及时发现问题和不足，并采取相应的改进措施，提高高等职业教育服务区域发展能力。

参考文献

[1]卡尔·雅思贝尔斯.什么是教育[M].童可依译.北京：生活·读书·新知三联书店，1991.

[2]Wong K，Cheng K. Educational Leadership and Change：An International Perspective[M]. Hong Kong：Hong Kong University Press，1995.

[3]刘桂林.中国近代职业教育思想研究[M].北京：高等教育出版社，1997.

[4]David K. Reflective Teaching & Learning in the Health Professions：Action Research in Professional Education[M]. Oxford：Blackwell Publishing Ltd，2001.

[5]Don Passey，Andreas Breiter，Adrie Visscher. Next Generation of Information Technology in Educational Management[M]. Berlin：Springer，2001.

[6]南国农.教育信息化建设的几个理论和实际问题（上）[J].电化教育研究，2002，（11）：3-6.

[7]拉瑞·P.纳希.道德领域中的教育[M].刘春琼，解光夫译.哈尔滨：黑龙江人民出版社，2002.

[8]Drummond J. Care of the self in a knowledge economy：higher education，vocation and the ethics of Michel Foucault[J]. Educational Philosophy and Theory，2003，（1）：57-69.

[9]曲学勇.我国高职教育管理的现状分析及改革建议[J].职教论坛，2003，（15）：30-32.

[10]迈克尔·富兰.变革的力量：透视教育改革[M].中央教育科学研究所，加拿大多伦多国际学院组织译.北京：教育科学出社，2004.

[11]郅庭瑾.教会学生思维[M].北京：教育科学出版社，2004.

[12]杨为群，董新伟.高等职业教育学校管理[M].沈阳：东北财经大学出版社，2004.

[13]栗洪武，杨建华，陈鹏等.现代教育学学习指导[M].北京：中国社会科学出版社，2004.

[14]顾小清.面向信息化的教师专业发展：行动学习的实践视角[M].北京：教育科学出版社，2005.

[15]P. B G，S. L H，J.R. L，et al. Inspiration，Perspiration，and Time：Operations and Achievement in Edison Schools[M]. California：RAND Corporation，2005.

[16]Gerald P G，Gerald G. School Leadership：Beyond Education Management[M]. Oxford：Taylor and Francis，2005.

[17]Phillip B，Richard S. Higher Education and Corporate Realities：Class，Culture and The Decline of Graduate Careers[M]. Oxford：Taylor and Francis，2005.

[18]杨晓宏，梁丽.全面解读教育信息化[J].电化教育研究，2005，(01)：27-33.

[19]韦恩·K.霍伊.教育管理学：理论·研究·实践[M].范国睿译.北京：教育科学出版社，2007.

[20]L. F J，Gloria B L. Strengthening the African American Educational Pipeline：Informing Research，Policy，and Practice. New York：State University of New York Press，2007.

[21]王小梅，陈解放，曾令奇等.高等职业教育院校管理模式研究与实践[J].中国高教研究，2007，(05)：37-41.

[22]姜大源.职业教育学研究新论[M].北京：教育科学出版社，2007.

[23]董维佳，宋建军.高等职业教育教学质量管理概论[M].南京：南京大学出版社，2007.

[24]陈华，鲁亚平.高等职业技术学院学生教育管理工作研究[M].成都：四川大学出版社，2007.

[25]郑葳，李芒.学习共同体及其生成[J].当代教育科学，2007，(5)：18-22.

[26]斯诺登.学校领导与管理：重要概念、个案研究与模拟练习[M].李敏，杨全印译.上海：华东师范大学出版社，2008.

[27]丁钢，黄锦樟.聆听世界：多元社会中的教育领导[M].上海：华东师范大

学出版社，2008.

[28]赵苗苗.教师专业成长影响因素分析[J].晋中学院学报，2008，(02)：113-115+121.

[29]李秀伟.教育言无言[M].桂林：广西师范大学出版社，2009.

[30]郭玉梅.高等职业教育实践教学管理研究[M].北京：中国农业大学出版社，2009.

[31]Arthur Tattnall，Ardie Visscher，Andrew Finnegan，et al. Evolution of Information Technology in Educational Management[M]. Berlin：Springer，2009.

[32]约翰·罗尔斯.正义论[M].何怀宏，何包钢，廖申白译.北京：中国社会科学出版社，2009.

[33]郭玉梅.高等职业教育实践教学管理研究[M].北京：中国农业大学出版社，2009.

[34]刘彦文.高等职业教育原理与教学研究[M].北京：中国轻工业出版社，2009.

[35]秦桂芳.我国高等教育质量评估存在的问题、对策与思考[J].国家教育行政学院学报，2009，(11)：24-27.

[36]张琼，桑雷.高职院校社会服务责任刍议[J].学校党建与思想教育，2010，(32)：65-66.

[37]徐平利.职业教育的历史逻辑和哲学基础[M].桂林：广西师范大学出版社，2010.

[38]孙霄兵.推进教育优先发展政策与制度建设研究[M].北京：教育科学出版社，2010.

[39]程方平.教育能真正改变吗？[M].南京：南京师范大学出版社，2011.

[40]陈桂生.聚焦教育价值[M].北京：教育科学出版社，2011.

[41]杨军.浅析高职院校学生的特点与教育管理方法[J].黑龙江教育学院学报，2011，(10)：48-49.

[42]陆正林，顾永安.高等教育分类的方法论思考[J].教育发展研究，2011，(11)：54-57.

[43]李巧针.从大学的组织特性谈我国大学校长遴选制改革[J].江苏高教，2011，(5)：23.

[44]C. J H. The American Academic Profession：Transformation in Contemporary

Higher Education[M]. Maryland：Johns Hopkins University Press，2011.

[45]Stephen Billet，Amanda Henderson. Developing Learning Professionals[M]. Berlin：Springer，2011.

[46]Higgs J，Barnett R，Billet S，et al. Practice-Based Education—Perspectives and Strategies[M]. Leiden：Brill Sense，2012.

[47]Lina Markauskaite，Peter Goodyear. Epistemic Fluency and Professional Education[M]. *Berlin*：*Springer*，*Dordrecht*，2012.

[48]Davis E，Starr W K，Elzinga G K，et al. A Higher Education：Baylor and the Vocation of a Christian University[M]. Waco：Baylor University Press，2012.

[49]柳斌.改造我们的教育[M].北京：人民教育出版社，2012.

[50]黄荣怀，张进宝，胡永斌，等.智慧校园：数字校园发展的必然趋势[J].开放教育研究，2012，(04)：12-17.

[51]彭会平，董梅.高职院校建立多层次经费保障体系的思考[J].社会科学家，2012，(S1)：126-127.

[52]成立平.专家型校长办学是高职教育的必然选择[J].职业技术教育，2012，(21)：38-40.

[53]季苹.教什么知识：对教学的知识论基础的认识[M].北京：教育科学出版社，2013.

[54]王庆杰.高职教育发展新视野[M].北京：光明日报出版社，2013.

[55]蔡中宏.教育社会发展研究：基于文化和人的视角[M].北京：中国社会科学出版社，2013.

[56]方红.知识·德性·审美：教师境界的反思与重建[M].北京：中国社会科学出版社，2013.

[57]刘晓欢.职业教育质量研究专论[M].天津：天津大学出版社，2013.

[58]王建国. 教师管理与学生管理[M].北京：北京理工大学出版社，2013.

[59]赵昕，张峰.基于产业集群的职业教育专业集群基本内涵与特征[J].职业技术教育，2013，(04)：36-40.

[60]刘宁.高等职业教育服务区域发展能力评价研究[D].曲阜师范大学，2014.

[61]田来社.影响高职院校教学质量的主要因素及对策[J].中国职工教育，2014，(12)：52-53.

[62]畅铁民.组织信任与教师绩效薪酬偏好[M].北京：中国社会科学出版社，

2014.

[63]杨现民.信息时代智慧教育的内涵与特征[J].中国电化教育，2014,（01）：29-34.

[64]联合国教科文组织.教育：财富蕴藏其中[M].联合国教科文组织总部中文科译.北京：教育科学出版社，2014.

[65]刘寒春.高职院校定位的功能系统分析——以铜陵职业技术学院为例[J].南通纺织职业技术学院学报，2014,（03）：92-95.

[66]于忠海.教师教育的机理：与学生共生[M].成都：电子科技大学出版社，2014.

[67]王雪飞.数据挖掘在高校贫困生校园卡流水数据中的应用研究[D].东北师范大学，2014.

[68]荣荣，杨现民，陈耀华等.教育管理信息化新发展：走向智慧管理[J].中国电化教育，2014,（03）：30-37.

[69]付兴国.现代高等职业教育论[M].北京：中国轻工业出版社，2014.

[70]基国林，李德方.基于胜任力的高等职业教育校长选任面试探析[J].职业技术教育，2015,（20）：64-67.

[71]刘晓.利益相关者参与下的高等职业教育办学模式改革研究[M].杭州：浙江大学出版社，2015.

[72]刘宝剑.教育：神圣、神奇不神秘[M].北京：教育科学出版社，2015.

[73]任长松.探究式学习：学生知识的自主建构[M].北京：教育科学出版社，2015.

[74]屠莉娅.从概念化到审议：课程政策过程研究[M].山东：山东教育出版社，2015.

[75]杜威.我的教育信条[M].罗德红，杨小微译.上海：华东师范大学出版社，2015.

[76]贾文胜，梁宁森.基于校企共同体的高职院校“双师型”教师队伍建设[J].中国高教研究，2015,（01）：92-95.

[77]曹英国.积极教育视域下高等职业院校学生教育管理体系的构建[J].北京工业职业技术学院学报，2015,（2）：61-64.

[78]Antonia Kupfer. Educational Upward Mobility[M]. New York：Palgrave Macmillan, 2015.

[79]Eacott S. Educational Leadership Relationally—A Theory and Methodology for Educational Leadership, Management and Administration[M]. Leiden: Brill Sense, 2015.

[80]梅友松，黄红英. 地方高校转型发展研究[M].北京：光明日报出版社，2015.

[81]李德方.做一个胜任的校长：高职院校校长胜任力研究[M].北京：知识产权出版社，2015.

[82]基国林，李德方.基于胜任力的高等职业教育校长选任面试探析[J].职业技术教育，2015,（20）：64–67.

[83]李德方.我国高职院校校长选任的现状特点及问题研究[J].职教论坛，2015,（19）：42–45.

[84]曹英国.积极教育视域下高等职业院校学生教育管理体系的构建[J].北京工业职业技术学院学报，2015,（2）：61–64.

[85]王卓.高等教育质量评价研究[M].长春：吉林大学出版社，2016.

[86]陈小姣.基于“互联网+”背景下高职院校教务管理智能化研究与应用[J].现代职业教育，2017,（28）：124–125.

[87]陈桂香.大数据对我国高校教育管理的影响及对策研究[D].武汉大学，2017.

[88]联合国教科文组织.反思教育：向“全球共同利益”的理念转变？[M].联合国教科文组织总部中文科译.北京：教育科学出版社，2017.

[89]中国财政科学研究院《中央与地方间职业教育事权和支出责任划分》课题组，白景明，韩凤芹等.中央与地方间职业教育事权和支出责任划分[J].财政科学，2017,（9）：68–80.

[90]Ong S Y. Dao of Managing Higher Education in Asia[M]. Singapore: World Scientific, 2017.

[91]Hanesova D, Hanes P. Understanding and Nourishing Christian Vocation to Higher Education in a Postcommunist Society[M]. Oxford: Taylor & Francis Ltd, 2017.

[92]李建宁，邢敏.大学生就业指导[M].北京：北京理工大学出版社，2017.

[93]张耀嵩.高等职业教育办学体制机制研究[M].上海：复旦大学出版社，2017.

[94]刘兆东.技工院校精细化管理工作实务[M].济南：山东科学技术出版社，

2017.

[95]李德方，王明伦.高等职业教育发展新论[M].北京：知识产权出版社，2017.

[96]张典兵，王作亮.教师专业发展[M].徐州：中国矿业大学出版社，2017.

[97]袁振国.未来教育对教师的挑战[J].课程教材教学研究（小教研究），2017（Z5）：93.

[98]李承先.高等职业教育新论[M].北京：中国书籍出版社，2018.

[99]祝智庭，魏非.教育信息化2.0：智能教育启程，智慧教育领航[J].电化教育研究，2018，（09）：5-16.

[100]许旭丹.高等职业教育管理创新模式及应用实践探究[J].湖北函授大学学报，2018，（9）：3-5.

[101]Dennison F W，Shenton K. Challenges in Educational Management[M]. Oxford：Taylor and Francis，2018.

[102]Komariah A，Kurniatun C T，Kurniady A D，et al. Educational Administration Innovation for Sustainable Development[M]. Oxford：Taylor and Francis，2018.

[103]Peille E，Buckle G，Gallen D. Higher Professional Education for General Practitioners[M]. Leiden：CRC Press，2018.

[104]Swanick T，Jackson N. The General Practice Journey：The Future of Educational Management in Primary Care. Leiden：CRC Press，2018.

[105]Peille E，Buckle G，Gallen D. Higher Professional Education for General Practitioners. Leiden：CRC Press，2018.

[106]李承先.高等职业教育新论[M].北京：中国书籍出版社，2018.

[107]许旭丹.高等职业教育管理创新模式及应用实践探究[J].湖北函授大学学报，2018，（9）：3-5.

[108]赵明霞.高职课堂学习共同体的建构与评价[J].江苏工程职业技术学院学报，2018，（04）：87-90.

[109]白弋枫.高等职业教育专业结构动态调整研究[J].高教学刊，2018（12）：191-193+196.

[110]周赟莹.高职院校现代信息技术平台的教务管理研究[J].教育现代化，2018，（38）：245-246.

[111]杨英.以信息化推动职业教育教学现代化的中国探索研究[D].江苏师范大学，2018.

[112]钟莉娟.高职院校校企合作中的校长能力研究[D].浙江工业大学，2018.

[113]花树洋，程继明.大数据时代高职院校学生教育管理的现状审视及发展对策[J].教育与职业，2019，(03)：36-40.

[114]杨元妍.高等职业教育教师专业发展生态论[M].北京：中国纺织出版社，2019.

[115]Smith P H. Enhancement and constraint：Student-mothers' experiences of higher vocational education，emotion and time[M]. London：Routledge，2019.

[116]Tester C S.，Wolcott M D. Describing education management and perceptions in health-system pharmacy：A survey of medical institutions[M]. Hoboken：Wiley，2019.

[117]Dashper K.，Fletcher T. "Don't call me an academic"：Professional identity and struggles for legitimacy within the vocational field of events management higher education[M]. Oxford：Elsevier Sciene Ltd，2019.

[118]约翰·杜威.民主主义与教育[M].王承绪译.北京：人民教育出版社，2019.

[119]安东尼·塞尔登，奥拉迪梅吉·阿比多耶.第四次教育革命：人工智能如何改变教育[M].吕晓志译.北京：机械工业出版社，2019.

[120]程红兵.好的教育，面向未来：我眼中的教育人物[M].上海：华东师范大学出版社，2019.

[121]阿兰·柯林斯，理查德·哈儿弗森.教育大变局：技术时代重新思考教育[M].陈家刚译.上海：华东师范大学出版社，2019.

[122]吴伟.高职教育内部质量保证与评价体系研究[M].北京：中国纺织出版社，2019.

[123]张晋.高等职业教育实践教学体系构建研究[M].北京：光明日报出版社，2019.

[124]徐兰，贺茉莉，易熙琼.数字化时代"三教"改革助推高等职业教育高质量发展的实践进路[J].成人教育，2023，(02)：60-66.

[125]周建松.高等职业教育优质学校建设综论[M].杭州：浙江工商大学出版社，2019.

[126]马成荣，孙杨."双高计划"视域下高职院校专业结构优化调整的路径与策略[J].职业技术教育，2019，(24)：12-17.

[127]刘强，林启德.基于校企合作的协同育人平台构建研究[J].文化创新比较研究，2019，(34)：142-143.

[128]史真真.新时代背景下高等职业教育赋能乡村振兴的策略研究[J].现代职业教育，2019，(13)：182—185.

[129]刘小花.高职院校治理能力的现状与提升路径研究[D].天津职业技术师范大学，2019.

[130]艾尔弗雷德·诺斯·怀特海.教育的目的[M].张佳楠译.北京：教育科学出版社，2020.

[131]Landry P. Educational Leadership, Management, and Administration through Actor Network Theory[M]. Oxford: Taylor and Francis, 2020.

[132]Chapman J, Evers C. Educational Administration. Oxford: Taylor and Francis, 2020.

[133]Budi B W, Asma A, DiMauro Z K, et al. Proceedings of the International Conference on Educational Management and Technology[M]. Amsterdam: Atlantis Press, 2020.

[134]Köps é n J. Demands-based and employer-driven curricula: defining knowledge in higher vocational education and training[M]. London: Routledge, 2020.

[135]Anikin I Y. The use of technological cycles in the management of an educational institution by integrating marketing technologies[M]. Geneva: Inderscience Enterprises Ltd, 2020.

[136]Batista N C, Pereyra M A. The Democratic Management of the Public School in Contexts of Local Educational Reforms: A Comparative Study between Brazil and Spain[M]. Phoenix: Arizona State University, 2020.

[137]Rivera J, Alarc ó n V. Model for assessing the quality of marketing-management education[M]. W Yorkshire: Emerald Group Publishing Ltd, 2020.

[138]Jaik K. Brain drain from vocational to academic education at upper-secondary level? An empirical analysis for Switzerland[M]. New York: Springer, 2020.

[139]Burns C J, Natale S M. Liberal and vocational education: the Gordian encounter[M]. W Yorkshire: Emerald Group Publishing Ltd, 2020.

[140]Sancak M. Partisan politics of skills in middle-income countries: Insiders, outsiders and the vocational education system of Turkey[M]. London: Sage Publications, 2020.

[141]郭芹，方来，高春艳.现代教学管理与校园建设研究[M].长春：吉林人民出版社，2020.

[142]周建松，陈正江.中国特色高等职业教育发展道路探索与研究[M].杭州：浙江工商大学出版社，2020.

[143]雷炜.高等教育质量保障体系研究[M].杭州：浙江工商大学出版社，2020.

[144]刘建林，朱晓渭.陕西高等职业教育改革创新实践研究[M].北京：北京理工大学出版社，2020.

[145]柴蓓蓓.信息时代下高等职业教育发展[M].长春：吉林出版集团股份有限公司，2020.

[146]陈国青，曾大军，卫强等.大数据环境下的决策范式转变与使能创新[J].管理世界，2020，(02)：95-105+220.

[147]蒋丽华，丁永久.高职学习共同体：基于概念演变、内涵特质及其构建策略的分析[J].江苏高职教育，2020，(03)：17-21+44.

[148]黄文武.大学教师“非升即走”制度安排的利弊分析[J].江苏高教，2020(06)：89-96.

[149]刘志.研究生导师和学生关系问题何在——基于深度访谈的分析[J].教育研究，2020，(9)：104-116.

[150]李楠.百万扩招形势下高等职业教育改革与人才培养研究[J].产业与科技论坛，2020，(23)：127—128.

[151]徐浪静，许金友．大思政视角下地方文化资源的开发与利用——以“衢州有礼”课程思政实践探索为例 [J]. 中国职业技术教育，2020，(17)：83-87.

[152]嵇梦丽.高职院校教育管理信息化建设问题与对策研究[D].中国矿业大学，2020.

[153]李瀑菲.胜任力视角下高职院校校长职业发展叙事研究[D].贵州师范大学，2020.

[154]胡钦太，伍文燕，冯广，潘庭锋，陈卓，邱凯星.人工智能时代高等教

育教学评价的关键技术与实践[J].开放教育研究，2021，（05）：15–23.

[155]汤彪.数字化教育：基于大数据和智能化场景应用下的教育转型与实战[M].北京：中华工商联合出版社，2021.

[156]徐志娟.高职教育教学管理和教学方法创新分析[J].科学咨询（教育科研），2021，（10）：14–15.

[157]吴颖惠，王陆，江虹.变革与治理：大数据时代的教师专业发展[M].北京：北京师范大学出版社，2021.

[158]陈艳，王泌宝，徐利云等. 基于高职院校产学研合作创新人才培养模式的研究[J].河北农机，2021，（6）：64–65.

[159]Samaraweera D，Gee E C M. Educate，Train & Transform：Toolkit on Medical and Health Professions Education[M]. Singapore：World Scientific Publishing Company，2021.

[160]Yasuko K. English Learners ‘Access to Postsecondary Education：Neither College nor Career Ready[M]. Idaho：Multilingual Matters，2021.

[161]Critchley J，Naha boo Z，Rao N. Early Career Teachers in Higher Education[M]. London：Bloomsbury Publishing，2021.

[162]Davis C，Parmenter L. Student–staff partnerships at work：epistemic confidence，research–engaged teaching and vocational learning in the transition to higher education[M]. London：Routledge，2021.

[163]Naz F，Muhammad G. Knowledge management based human capital development improves higher educational institutes’ performance[M]. Geneva：Inderscience Enterprises Ltd，2021.

[164]Reynolds D，McKimm J. Educational management and leadership in Wales：promise，performance and potential[M]. London：Routledge，2021.

[165]Hartman N S，Karriker J H. Preparing managers for a reconfigured world：management education’s new gig[M]. Yorkshire：Emerald Group Publishing Ltd，2021.

[166]Bischoff I，Hauschildt J. Party ideology and vocational education spending：Empirical evidence from Germany[M]. Oxford：Oxford University Press，2021.

[167]Oswald–Egg M E，Renold U. No experience，no employment：The effect of vocational education and training work experience on labour market outcomes after higher education[M]. Oxford：Pergamon–Elsevier science Ltd，2021.

[168]Graf L，Lohse A P. Conditions for cross-border policy transfer and cooperation：Analysing differences between higher education and vocational training[M]. London：Sage Publications，2021.

[169]廖伏树.创新视角下的高等职业教育管理[M].北京：光明日报出版社，2021.

[170]蒋庆荣.中国高等职业教育治理模式研究[M].长春：吉林大学出版社，2021.

[171]廖伏树.创新视角下的高等职业教育管理[M].北京：光明日报出版社，2021.

[172]陈浩齐.智能制造产教融合实训基地建设实践探究[J].大学，2021，（14）：21-23.

[173]徐志娟.高职教育教学管理和教学方法创新分析[J].科学咨询（教育科研），2021，（10）：14-15.

[174]王国光.全面质量管理视域下高职院校实践教学质量管理路径研究[J].职教论坛，2021，（11）：60-67.

[175]葛佳丽，陈瑞坤，徐莉 . 社会主义核心价值观引领下高校校园文化建设中的问题与对策 [J]. 沧州师范学院学报，2021，（4）：110-113.

[176]杨祎辰 . 基于新媒体技术构建高校思政育人共同体的路径研究 [J]. 中国职业技术教育，2020，（26）：47-50.

[177]方兵.当高职教师“遇上”人工智能：机遇、挑战与应对 [J]. 南京航空航天大学学报（社会科学版），2021，（1）：101-105.

[178]宋亚峰.高职专业群生态系统的协同进化研究[D].天津大学，2021.

[179]李文.职业教育信息化的生态体系研究[D].天津大学，2021.

[180]李秋宇.新公共管理视角下高职院校社会服务能力提升研究[D].西华师范大学，2021.

[181]王震.云南省高职院校专业设置研究[D].云南民族大学，2021.

[182]伊曼努埃尔·康德.论教育[M].宋溟译.北京：教育科学出版社，2022.

[183]石加友，苗国厚.大学生思想政治教育管理学[M].北京：光明日报出版社，2022.

[184]段甜甜.提质培优背景下江西高职院校专业设置的现状研究[D].江西科技师范大学，2022.

[185]吴丽梅.改革开放以来我国高职院校“双师型”教师政策演进研究[D].南昌大学，2022.

[186]刘文霞.高职院校与“一带一路”企业的合作模式研究[D].华东师范大学，2022.

[187]邹文.四川省政府推进职业教育产教融合的问题研究[D].电子科技大学，2022.

[188]司一凡.高质量发展视域下高职教育产教融合协同机制研究[D].内蒙古师范大学，2022.

[189]张华敏.高职院校“多元联动”班级共同体构建研究[D].西南大学，2022.

[190]何会林.“双高计划”背景下江西高职院校技术技能人才培养质量提升策略研究[D].江西科技师范大学，2022.

[191]张琪.高职教师在线教学胜任力模型建构与应用研究[D].广东技术师范大学，2022.

[192]郑文龙，欧阳光华.高等教育高质量发展：内涵、挑战与路径 [J]. 现代教育管理，2022，(6)：46–53.

[193]罗红杰 . 意识形态具象化：意识形态叙事实践的诠释与建构[J].大连理工大学学报（社会科学版），2022，(2)：9–15.

[194]月华，张明丽.高校创新创业教育体系的整体性治理[J]. 思想理论教育，2022，(2)：101–106.

[195]Buford V M，Sharp J M，Skeleton J M. Mapping the Future of Undergraduate Career Education：Equitable Career Learning，Development，and Preparation in the New World of Work[M]. Oxford：Taylor and Francis，2022.

[196]Gericke E. Vocational guidance in general and vocational education schools in Germany：The relevance of informed choice for successful vocational education and the legacy of Aloys Fischer[M]. Oxford：Oxford University Press，2022.

[197]Silliman M，Virtanen H. Labor market returns to vocational secondary education[M]. Nashville：American Economic Association，2022.

[198]Schmid E，Haukedal C L. Identifying resilience promoting factors in vocational education and training：a longitudinal qualitative study in Norway[M]. New York：Springer，2022.

[199]Grønning M，Kriesi I. Skill Endowment Through Vocational Education and Training Programmes and Early Career Mobility[M]. Lisbon：Cogitatio Press，2022.

[200]Lu L. Psychometric Model of College Students Based on Time Series Analysis and Its Application in Educational Management[M]. London：Wiley-Hindawi，2022.

[201]Dalby D，Noyes A. Mathematics curriculum waves within vocational education[M]. London：Routledge，2022.

[202]Black A M. Vocational and mature student success in higher education foundation programmes[M]. London：Routledge，2022.

[203]刘明珠，彭泽平.高等职业教育高质量发展：现实逻辑和实现路径[J].职业技术教育，2022，(25)：19-23.

[204]蔡文伯，田璐.高等职业教育高质量发展：路径黏性、迟滞效应与引导策略[J].职业技术教育，2022，(04)：11-17.

[205]沈中彦，孙丹.我国职业教育高质量发展的研究热点和趋势展望[J].教育与职业，2022，(03)：13-19.

[206]任璐，张大伟.信息化背景下高职院校教学管理改革创新研究[J].吉林化工学院学报，2022，(06)：88-90.

[207]刘林山.类型教育视域下高职院校专业群建设要义、现实问题与推进策略[J].教育与职业，2022，(07)：36-43.

[208]潘庆云.新形势下高等职业教育管理体制的现状与改革分析[J].安徽职业技术学院学报，2022，(01)：62-66.

[209]刘晓明.基于TQM的高职院校课程质量管理体系诊断与改进[J].产业与科技论坛，2022，(02)：223-225.

[210]蒋小燕，张晨，韦庆昱.高职院校高质量发展的理论内涵、现实挑战与实践进路[J].教育与职业，2022，(24)：65-69.

[211]高巍，郭茜."互联网+"背景下课堂学习共同体的建构与思考[J].江苏教育研究，2022，(12)：8-12.

[212]王子寅.高职院校社会服务的实践现状与发展策略[J].职教通讯，2022，(06)：18-24.

[213]杜小华.浅析职业院校课程思政建设路径[J].新疆职业教育研究，2022，(02)：1-4.

[214]Salas-Velasco M. Vocational education and training systems in Europe：A

cluster analysis[M]. London：Sage Publications，2023.

[215]Park K H，Yu J. Labor market performance gaps and the role of secondary vocational education at meister high school in Korea[M]. Oslo：Taylor & Francis As，2023.

[216]Wongmonta S. Revisiting the wage effects of vocational education and training（VET）over the life cycle：The case of Thailand[M]. Oxford：Pergamon-Elsevier science Ltd，2023.

[217]Attari A T M A.，Essa E B. Arab scholarship in educational administration，management and leadership：An overview[M]. London：Sage Publications，2023.

[218]郭媛媛，王帅.多元主体协同视角下市域产教联合体建设：内在机理、实然困境和应然路径[J].职业技术教育，2023，（8）：41-49.

[219]中共中央办公厅，国务院办公厅.关于深化现代职业教育体系建设改革的意见[EB/OL]. https：//www.gov.cn/zhengce/2022-12/21/content_5732986.htm?trs=1，2022-12-21.

[220]2022年全国教育事业发展统计公报[EB/OL]. http：//www.moe.gov.cn/jyb_sjzl/sjzl_fztjgb/202307/t20230705_1067278.html，2023-07-05.

[221]我国职业教育改革重心由“教育”转向“产教”[EB/OL]. https：//edu.cctv.com/2022/12/29/ARTIR1NhAODH9OQijVq5lvtV221229.shtml，2022-12-29.

[222]关于印发《职业教育产教融合赋能提升行动实施方案（2023—2025年）》的通知[EB/OL]. https：//www.ndrc.gov.cn/xwdt/tzgg/202306/t20230613_1357506_ext.html，2023-6-13.

[223]杨开城，窦玲玉，张慧星.我们到底应该实现什么样的教育产业化[J].现代远程教育研究，2023，（3）：47-54.

[224]陈禹.新时代高职院校学生教育管理工作创新探究[J].科教导刊，2023，（17）：146-148.

[225]李新生.高质量高等职业教育产教关系发展的逻辑、困境与策略[J].职业技术教育，2023，（04）：38-46.

